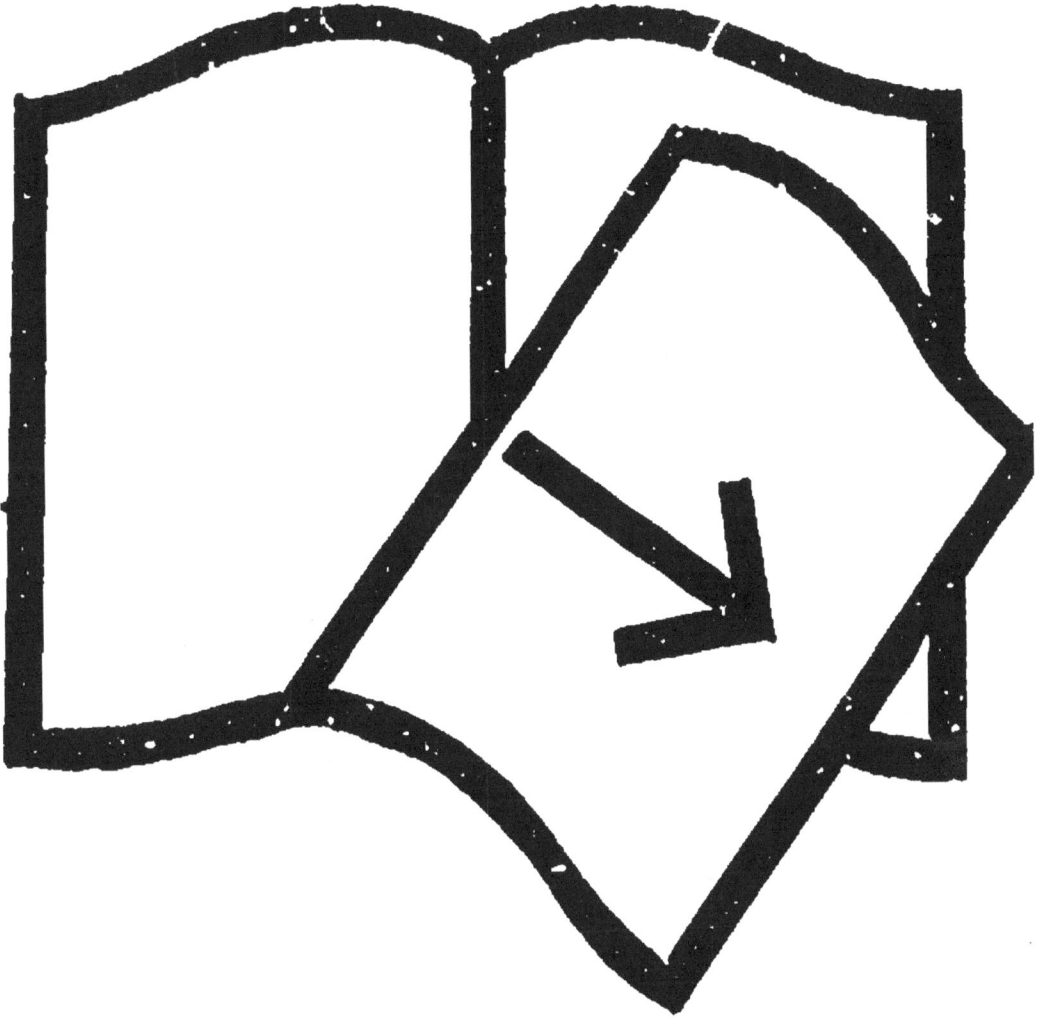

Couvertures supérieure et inférieure
manquantes

L'AMOUR

DANS

L'HUMANITÉ

13908. — IMPRIMERIE A. LAHURE

9, rue de Fleurus, 9

L'AMOUR

DANS

L'HUMANITÉ

ESSAI

D'UNE ETHNOLOGIE DE L'AMOUR

PAR

P. MANTEGAZZA

Professeur d'Anthropologie et Sénateur du royaume d'Italie

Traduit par ÉMILIEN CHESNEAU

PARIS

F. FETSCHERIN ET CHUIT, ÉDITEURS

Libraires de l'École Nationale des Beaux-Arts

18, RUE DE L'ANCIENNE-COMÉDIE, 18

1886

AVIS AU LECTEUR

Cet ouvrage complète *la Trilogie de l'amour* dont font partie les deux volumes déjà publiés : *la Physiologie de l'amour* et *l'Hygiène de l'amour*.

Ami lecteur, toi qui depuis longues années m'accompagnes avec une attention bienveillante dans mes études sur l'homme, ne prends pas en mauvaise part le livre audacieux que je te présente et qui constitue une page des plus importantes de la psychologie humaine. Si tu ne regardes que le titre ou ne lis que quelques pages, il se peut que tu le juges mal ; mais, quand tu l'auras lu en entier, je suis sûr que tu seras ému, comme je l'ai été en l'écrivant. Cacher les plaies du cœur humain au nom de la pudeur peut sembler de la vertu ; ce n'est au con-

traire qu'hypocrisie ou peur. La science moderne, qui nous prépare une morale plus
franche, plus vraie et plus sûre, ne peut
s'appuyer que sur la connaissance entière
et profonde de l'homme tout entier. Voici
pourquoi, espérant en un homme meilleur,
j'ai voulu montrer l'homme du passé et
l'homme d'aujourd'hui. Lis donc mon livre
sans malignité, honnêtement, comme je l'ai
pensé et écrit.

P. MANTEGAZZA.

L'AMOUR DANS L'HUMANITÉ

CHAPITRE PREMIER

LES FÊTES DE LA PUBERTÉ

L'arrivée du Dieu. — Les fêtes de la Puberté. — Fêtes et initiations des jeunes Cafres et des nègres de Loango — Fêtes et rites analogues pour saluer la puberté des jeunes Australiens. — Les Alfourous de Céram.

Nous autres peuples pudibonds et hypocrites, qui avons appris à rougir devant un caleçon ou devant certains mots que nous cachons au fond des dictionnaires, nous n'avons ni fêtes pour saluer la venue du Dieu d'amour, ni rites pour la célébrer. Souvent même, le père et la mère ignorent que leur fils est devenu homme, que leur fille est devenue femme. C'est la blanchisseuse seule qui connaît le secret; elle en rit cyniquement et en commente les particularités avec la femme de chambre et la cuisinière de la famille, et les soliloques nocturnes et les corridors sombres cachent comme un crime l'acquisition d'une force vive qui transforme et double la vie.

Dans cette pudique réserve, tout n'est pas blâmable : c'est peut-être la prescience, la divination inconsciente d'une perfection plus grande. Mais aujourd'hui, ni assez sauvages pour aller nus, ni assez vertueux pour idéaliser la nudité, nous ne fêtons pas la venue de la puberté. Beaucoup de peuples, par contre, plus incultes que nous, saluent l'aube de l'amour par des fêtes et des cérémonies qui ont une importance considérable pour l'étude de la psychologie comparée. A ce point de vue, nous examinerons rapidement les usages des Cafres et des Australiens.

Quand les jeunes Cafres sont pubères, elles sont admises dans le cercle des femmes avec des cérémonies que le chaste missionnaire Neuhaus ne veut pas décrire. Il se contente de déclarer qu'on s'y abandonne à un libertinage effréné[1].

Selon Reclus, à l'âge de six mois, la petite fille chez les Zoulous est soumise à l'amputation d'une phalange (le plus souvent la dernière de l'annulaire gauche). Cette phalange est enfouie dans de la bouse de vache fraîche sur laquelle on fait égoutter le sang de la blessure. Cette galette est alors placée sur le faîte de la hutte.

Dans quelques endroits, le père arrache de la queue de la plus belle vache quelques poils dont

1. C. Z. Neuhaus, *Mémoires de la Société d'anthropologic allemande*, 1882, p. 205.

la mère fait une tresse spéciale qu'elle attache
au cou de l'enfant et qui lui sert d'amulette.
Cette vache est sacrée; elle ne peut être vendue
ni prêtée sous aucun prétexte. Elle devient la
sœur et la compagne mystique de l'enfant, à laquelle on croit qu'elle communique sa vigueur et
sa santé.

Devenues femmes, les jeunes Cafres doivent subir une initiation. Une matrone en réunit quelques-unes, les conduit à la rivière et les installe
entre les joncs et les roseaux. Elle préside à l'éducation, qui dure de six semaines à six mois; elle
les instruit dans les travaux et les arts féminins
et d'abord dans le maniement de la bêche. Cette
éducation s'accompagne de coups et de mauvais
traitements. Pendant ce temps, les jeunes filles ne
peuvent boire de lait, elles doivent remplacer leurs
vêtements par de la cendre et de l'argile blanche
et se faire une couverture de joncs, un collier et
une ceinture de graines de citrouilles pour s'assurer une fécondité digne de ces cucurbitacées. De
temps en temps, elles s'habillent en homme et
prennent des travestissements bizarres; elles
brandissent des armes et des bâtons et font mille
folies; tout leur est permis. Il est prudent de les
éviter, elles pourraient vous tuer impunément.

Elles attendent la visite du grand serpent qui
doit les instruire du dernier mystère. Quand il
leur est apparu, la cérémonie touche à sa fin,

Elles se rasent tous les poils du corps et passent la dernière nuit de leur noviciat à chanter, à siffler et à souffler dans des roseaux; puis elles allument un grand feu dans lequel elles jettent leurs vêtements de joncs en dansant autour et en battant des mains et des pieds.

Le lendemain matin, elles se baignent, se débarrassent de la boue qui les couvre, se teignent en rouge, s'oignent d'une graisse qui les rend brillantes et retournent à leur village où on les reçoit avec des fêtes. Elles nomment reine une d'entre elles qui choisit comme roi un jeune homme et toutes élisent un cavalier. Aucune ne doit rester seule, et s'il en est de trop timides pour se chercher un compagnon, il est du devoir des matrones de leur en procurer un.

Le mot d'ordre est de se divertir : c'est un hymne d'amour. S'il arrive un accident, les parents du coupable offrent des vaches à la famille de la jeune fille et achètent celle-ci, pourvu qu'elle ne soit pas trop chère. Au besoin, ils achètent l'enfant, à moins que le grand-père paternel n'en veuille pas.

Chez les nègres de Loango, quand une fille a ses règles pour la première fois, on la conduit dans une cabane spéciale et jusqu'au jour où elle sera pourvue d'un mari, elle est sacrée vierge (*nkumbi* ou *tschikumbi*), mot qui indique aussi la membrane hymen. Chacune de ces cabanes ne

peut contenir que trois jeunes filles. Elles sont
confiées par leurs parents à une femme qui au
au moment opportun doit les instruire des choses
de l'amour. Le son d'une petite cloche et la fer-
meture de la porte indiquent aux curieux (spécialement du sexe fort) que la maison est inviolable.
Au contraire, lorsque la clochette ne se fait pas
entendre et que la porte est ouverte, on peut entrer dans le sanctuaire de la virginité, rire et y
faire de la musique. Les vierges sont frottées
de poudre rouge et ointes d'huile de palmier.

Cette claustration virginale dure au plus la
période intermenstruelle, mais elle peut se pro-
longer beaucoup plus longtemps par la volonté
des parents ou le désir de la jeune fille. La claustration terminée, la vierge se rend au bord de la
mer ou de la rivière, elle se lave, se peint ou se
graisse de nouveau, puis, habillée et parée, elle
est portée en triomphe par ses compagnes. Des
chants et des danses peu décentes célèbrent cette
consécration de la femme. Pechuel-Loecksa vit une
fois sur une natte une représentation fort élo-
quente de la première nuit d'amour.

Dans presque toutes les tribus australiennes, un
homme n'est admis au mariage que s'il a passé
par une initiation qui le sacre *Homme*. Quelquefois les tortures qu'on lui inflige sont si cruelles

qu'il y laisse la santé ou 'la vie, et Dawson se demande si cette institution n'a pas le même but que l'antique bain spartiate[1].

Dawson a observé cette célébration de la virilité chez les Australiens du district occidental de Victoria; on l'appelle *katnecck* dans le dialecte « *chaap Wuurong* », *katnitt* dans le dialecte « *kuurn kopau nott* » et *tapnet* dans le dialecte « *peek whuurong* ». Durant le cours de son initiation le jeune néophyte est appelé *kutnect*. La cérémonie dure douze mois, mais on n'arrache pas les incisives supérieures, comme dans d'autres tribus. L'auteur se contente de dire qu'on arrache au néophyte tous les poils de la barbe, qu'on lui fait boire de l'eau mélangée de boue, après quoi on le rend à sa tribu. Il est ensuite introduit auprès de la jeune fille qui doit être sa femme. Ils peuvent se regarder mais non se parler. Lorsque la barbe du jeune homme est repoussée et la jeune fille nubile, elle quitte sa tribu et on la confie à sa belle-mère ou aux parents de l'époux.

Brough-Smyth[2] dit que chez les Australiens les rites de la puberté furent toujours enveloppés

---

1. Collins, un des plus anciens écrivains qui aient traité des mœurs australiennes, a dès 1798 décrit ces cérémonies comme elles se pratiquaient alors à Port-Jackson (*An account of the English Colony in New South Wales*), London. 1798.

2. Brough Smyth. *The Aborigines of Victoria*, etc., Londres, 1879, vol. I, p. 53 et suivantes.

d'un grand mystère et que lorsqu'ils étaient sauvages la révélation du secret aurait été punie de mort. Aujourd'hui pourtant ces rites nous sont connus en grande partie, parce que beaucoup d'indigènes sont venus vivre parmi nous et que plusieurs se sont adoucis au point de nous permettre d'assister à leurs solennités. Smyth décrit ainsi le rite *tib-but*, auquel on soumet à Victoria les jeunes gens de quatorze à quinze ans.

Le *tib-but* est accompli par un homme marié ayant une grande influence dans la tribu. Il s'empare du garçon et commence par lui raser les cheveux avec un éclat de quartz très effilé en laissant seulement une bande d'un quart de pouce allant de la nuque au front. La partie tondue est recouverte d'argile. Le vêtement est un étrange ajustement, fait de bandes de peau d'*opossum*. La plus grande partie du corps restée nue est barbouillée d'un mélange de craie, de boue, de poudre de charbon ou autre ordure. Bien que cela se fasse le plus souvent pendant l'hiver, le néophyte ne peut se vêtir.

Ainsi accoutré, il va errant à travers le campement, portant une corbeille sous le bras; il y ramasse toutes les saletés possible et crie continuellement : *Tib-bo-bo-bo-but!* Personne ne lui parle ni ne le rudoie; on semble le craindre. Aussitôt qu'il aperçoit quelqu'un sortir d'une cabane, il lui lance le contenu de son panier, mais il ne peut ni entrer dans les huttes, ni rien jeter à une femme qui va chercher de l'eau.

Après un certain nombre de jours variables, suivant des circonstances connues seulement des anciens, et quand ses cheveux commencent à repousser, il est confié à des femmes qui le lavent, peignent son visage de rayures noires et dansent devant lui. Dès ce moment il est devenu homme et il lui est permis d'aller dans une tribu voisine enlever une jeune fille et en faire sa femme. Cette cérémonie a été observée par Thomas, mais Smyth croit qu'elle n'est en usage que chez les tribus des côtes. Le rite change dans les diverses parties de la colonie.

Le jeune homme devenu nubile est conduit par trois notables de la tribu au milieu d'une forêt où il reste deux jours et une nuit. A l'aide d'un morceau de bois fait exprès, il se casse les deux dents incisives médianes supérieures; il revient au camp, il les confie à sa mère, puis il retourne à la forêt; il y demeure deux nuits et un jour. Pendant ce temps la mère cache les dents au point de jonction des deux plus hautes branches d'un eucalyptus. Dès ce moment l'arbre devient sacré, mais il n'est connu que de quelques personnes de la tribu et jamais du néophyte. Si celui-ci vient à mourir, l'arbre décortiqué et brûlé à sa racine reste desséché comme un monument élevé au défunt.

Plus singulière encore est la cérémonie de la puberté des jeunes filles australiennes de Victoria et qu'on nomme : *Mur-rum Tur-uk-ur-uk*. Lorsque la fille a de dix à treize ans, on allume deux feux éloignés d'une centaine de yards du village. Ils ne peuvent être faits qu'avec des écorces d'arbre et ils sont entretenus par une vieille qui s'assied à côté en silence. Alors la jeune fille est conduite hors de sa cabane par ses amies, toute couverte de poudre de charbon, et on la peint de grandes raies blanches. Elle est ensuite placée sur une estrade et on lui fait tenir à la main droite un rameau dépouillé de ses feuilles et qui à ses petites branches porte autant de boulettes de farine ; alors quelques jeunes gens, une vingtaine environ, s'approchent d'elle et jettent à ses pieds un petit bâton, prennent avec la bouche une des boulettes placées sur le rameau, puis la crachent dans le feu et, s'éloignant, frappent des pieds, sautent et dansent comme s'ils faisaient un *Corrobboree*.

À peine ont-ils terminé que les vieilles gardiennes des feux se rapprochent de la néophyte, ramassent les bâtons jetés par les garçons et creusent une fosse profonde pour les enfouir, afin, paraît-il, d'empêcher les sorciers de prendre à la jeune fille la graisse de ses rognons. Lorsque les branches enterrées sont pourries, la jeune fille peut se croire à l'abri des sorciers et des esprits malins. Ces bois enfouis, les vieilles femmes

demandent à la jeune fille le rameau que jusqu'a-
lors elle avait tenu à la main et le brûlent dans
les deux feux qu'elles ont réunis en un seul.

La mère vient alors faire descendre sa fille du
piédestal et la conduit à la hutte du père. La nuit
suivante, on fait un grand *Corrobboree* dirigé par
le père et auquel prennent part les jeunes gens
qui ont accompli le rite. Ceux-ci doivent respecter la néophyte, et même la défendre jusqu'à ce qu'elle ait pris un mari. Elle peut
pourtant choisir librement entre eux un amant,
montrant ainsi qu'elle est devenue véritablement
femme.

L'initiation des jeunes gens s'appelle *narra-
mang* (fabrique de jeunes gens) chez les indigènes
des tribus du Murrumbidgee, du Murray, de
l'Ovens et du Goulburn. Le jeune homme est conduit dans un endroit éloigné et pendant la nuit,
les *coradje* (prêtres et médecins), peints et parés
de plumes, commencent la cérémonie. Ce sont des
exorcismes et des actes de magie après lesquels
on arrache les deux incisives médianes supérieures
avec un morceau de bois taillé en ciseau et avec
un tomakwaw. Après cette opération, le jeune
homme est caché dans une espèce de cabane de
branches entre-croisées de façon à ne laisser passer
aucune lumière et autour de lui dansent et chantent
les femmes tenant en main une torche allumée ;
pendant un mois il ne peut voir que les *coradje*,

et s'il était aperçu par une femme il mourrait.
Passé ce temps il peut manger la viande du cygne
noir, du canard musqué et de l'émou.

Smith nous donne une strophe du chant des
femmes, dans le *narra-onang* :

> Maintenant tu es malade,
> Mais bientôt la barbe poussera
> Et de la viande magique du canard musqué
> Tu pourras te nourrir avec les hommes.

A. W. Howitt de Bairnsdale, dans le Gippsland,
communiqua à Smith une note sur une autre
forme d'initiation que l'on nomme *jerryale*, mot
qui désigne aussi les jeunes gens soumis à l'initiation. Les *jerryale* s'asseyent par terre et chacun a
derrière lui une jeune fille assise de la même façon et qui s'appelle *growun* ; lorsqu'il y a plus de
jerryale que de *growun*, une jeune fille se place
entre deux jeunes gens. Les hommes de la tribu,
rangés en file devant ces couples, s'avancent à un
signal donné en frappant le sol avec des bâtons
et en criant *ai-ee-ee-ee-ei!* et, à chaque cri, ils
font mine de jeter de la terre contre les néophytes.
Les hommes dans cette circonstance, au lieu de
l'os habituel traversant le nez, portent une tige
d'herbe, et, autour des yeux, leur peau est couverte de poudre de charbon.

Cette cérémonie se répète tous les jours pendant deux semaines, de quatre heures de l'après-
midi jusque vers dix heures du soir en changeant

d'emplacement de façon à passer de l'une à l'autre tribu. Outre le cri de *ai-ee-ee-ee-ei!* il existe aussi celui de *bu-ee-bu-ee-bu-ee* : on en ignore la signification. Pendant tout ce temps, les mères des jeunes gens se rendent au camp où ils se trouvent, en frappant sur des peaux sèches d'opossum, tandis que leurs fils sont assis par terre devant elles dans le silence le plus absolu.

Une autre cérémonie vient ensuite. Les *jerryale* se mettent tous nus sur une file; derrière se tiennent les *growuns* sans autre vêtement qu'un petit jupon de plumes d'émou et une couronne de cordes sur la tête. Elles tiennent à la main un bâton dressé avec des branches attachées à l'extrémité. Alors les hommes s'avancent portant un faisceau de branchages longs d'un pied dans chaque main et chantant : *oo-oo-oo-oo-yay-yay-yay-yay-yay*, etc. Quand ils sont près des jeunes filles, ils leur jettent les morceaux de bois un à un; elles les ramassent et les frappent l'un contre l'autre en chantant la même chanson que les jeunes gens. Alors les hommes s'avancent. Chaque *jerryale* a un compagnon, une sorte de marieur appelé *bullera-wreng*, qui a soin de lui. Deux de ces marieurs saisissent le néophyte par le flanc et le lancent en l'air aussi haut que possible en criant : *nurt*.

Je ne fatiguerai pas le lecteur par les détails de cette cérémonie qui n'a rien de cruel, mais qui consiste en une série de gesticulations, de chants et autres démonstrations qui nous semblent solennellement puérils, peut-être simplement parce que nous n'en connaissons pas la signification. Si l'on veut en savoir plus long, on aura recours à l'ouvrage de Smyth [1].

John Green de Coranderck, dans l'Yarre supérieur, parle de l'initiation des jeunes gens des deux sexes. Quand un garçon atteint l'âge de treize ans, il est conduit loin du campement par quelques anciens de la tribu où ils font un *mi-mi*. Il reste éloigné un mois pendant lequel on l'instruit de toutes les légendes de sa race. Ce temps écoulé, on lui arrache une des incisives supérieures. Alors, vêtu de peau d'opossum, il retourne à sa cabane et devient un *wang-goom*.

Lorsqu'il atteint l'âge de dix-huit ans, il est pour la seconde fois conduit loin de la tribu par les anciens; on le peint comme un guerrier et à l'aube un des vieillards le frappe, lui commande de se vêtir et lui dit : « Maintenant tu es un *gee-bowah* ». Il lui est alors permis d'aller nu et de prendre femme. Il part du camp et s'en va chercher de la nourriture pour les vieillards. Quand il revient, tous s'enfuient, feignant d'avoir honte de sa nudité; mais il se met à leur recherche et leur donne à manger.

1. *Op. cit.*, p. 64.

Lorsque au contraire il s'agit d'une jeune fille nubile, ce sont de vieilles femmes qui l'emmènent. Elles serrent avec une corde diverses parties de son corps pour la faire enfler et souffrir horriblement. Puis on la lave, on dénoue les cordes, on la couvre de plumes d'émou et elle retourne à sa hutte; elle est alors *ngarrindarakock*, c'est-à-dire jeune fille à marier.

Green ajoute qu'à de certaines époques les femmes doivent s'éloigner du campement, ne point passer où passent les hommes, ni traverser l'eau, ni toucher du bois, ou tout autre objet touché par un homme; puis, après s'être lavé tout le corps, elles s'en retournent à leur cabane.

Le révérend Bulmer, du lac Tyers au Gippsland, affirme qu'aucun jeune garçon ne peut être admis parmi les hommes, ni jouir des droits de la virilité sans subir des cérémonies d'initiation. Quelques tribus de Murray leur arrachent les incisives supérieures, d'autres leur rasent les cheveux ou la barbe du menton. On leur inflige toujours des combats où se manifeste leur courage. Il se fait aussi d'autres choses que l'on ne peut raconter.

Voici la cérémonie en usage chez les Narrinyesi, suivant le révérend Taplin : Lorsque la barbe du jeune garçon est poussée à une suffisante longueur, il est fait *narumbe, kaingani* ou jeune homme. Quelques membres des différentes tribus doivent assister à la cérémonie. Le plus souvent le rite s'accomplit sur deux jeunes gens à la fois. Pendant la nuit, on les enlève et les femmes cherchent à les défendre en jetant des tisons enflammés, mais en vain. Les néophytes sont emmenés au loin. On leur arrache des touffes de cheveux et de barbe, puis on les enduit de la tête aux pieds d'un mélange d'huile et d'ocre rouge. Pendant trois jours et trois nuits les *kaingani* ne doivent ni manger ni dormir. Ils peuvent boire seulement de l'eau qu'ils aspirent avec un roseau et, durant plusieurs mois, il leur est interdit de boire dans un gobelet Au bout de ces trois jours, ils peuvent enfin dormir, mais en appuyant la tête seulement sur deux bois en croix fichés en terre. Pendant six mois, ils doivent aller nus, ayant autour des reins un semblant de vêtement.

Ils ne cessent d'être *narumbe* qu'après avoir eu la barbe arrachée trois fois et qu'elle a repoussé chaque fois de la longueur de deux pouces. Il leur est défendu pendant ce temps de prendre aucune nourriture venant des femmes et ils doivent encore s'abstenir de vingt sortes différentes de venaison. Tout ce qu'ils possèdent devient *narumbe* et ne peut être touché par une femme. Il ne leur est pas encore permis de se marier, mais ils peuvent faire l'amour avec les femmes les plus jeunes de la tribu. Toute violation de ces rites est punie de mort.

Carlo Wilhelmi, dans ses notes sur les indigènes de Port-Lincoln, parle des rites secrets connus seulement des adultes qui transforment un garçon en homme. Il paraît que l'initiation comprend trois périodes et le jeune homme est appelé du nom de la dernière période parcourue. Il entre dans la première à l'âge de quatorze ou quinze ans. On sait peu de chose des cérémonies qu'elle comporte. Elles ont lieu secrètement et ni les femmes ni les enfants ne peuvent y assister. On sait seulement que l'on ferme les yeux des néophytes, que l'on prononce d'étranges paroles, qu'on fait de la musique; puis on leur rend la liberté. Deux ou trois mois après, le novice doit se peindre le visage en noir et ne parler qu'à voix basse. Quelques années après, il entre dans la seconde période; on l'appelle alors *pardnapas* et il est soumis à la circoncision.

La dernière cérémonie, qui est la plus importante, se célèbre entre dix-huit ou vingt ans. De ce moment, les jeunes gens sont appelés *wilyal-kinyes*. On désigne des commissaires ou *inda-nyanas*, chargés de veiller à l'exécution de tous les rites. Le jeune garçon est pris de force par le commissaire choisi par lui, qui l'assied sur un pan de son vêtement. On lui ferme les yeux et les femmes sont conduites hors des cabanes. Elles

crient, pleurent, simulent une grande affliction.
En même temps les jeunes gens sont partis loin
du campement. Les commissaires se rangent en
cercle, chacun ayant son novice en face de lui et
lui bouchant les yeux avec les mains pendant une
heure et plus, et de temps en temps ils font entendre des plaintes prolongées et douloureuses,
qui ressemblent à peu près à *ge-e-ch*. Ils sont
ensuite emmenés secrètement dans un lieu encore plus éloigné; on les couche par terre et on
les enveloppe de couvertures; on réunit des branches d'arbre et l'on crie, mais ce qui est réellement important ce sont les nombreuses blessures qu'on leur fait avec des morceaux de quartz;
ils reçoivent alors le nom qu'il porteront toute
leur vie. Ce baptême est tellement sérieux que le
nom donné ne doit jamais avoir appartenu à un
homme mort ou vivant. Habituellement on les
forme en ajoutant *alla, illi* ou *ulla* au radical
d'un verbe.

C'est à ce moment de la cérémonie que quelques
hommes s'ouvrent une veine de l'avant-bras, et
les jeunes gens doivent sucer les premières gouttes
de sang qui s'échappent de la blessure. Puis ils
s'agenouillent et appuient les mains sur le sol
dans une posture horizontale. Sur le dos de
chacun on fait tomber du sang qu'on laisse se
coaguler. Alors un homme désigne de son pouce
les endroits de la peau qui doivent être scarifiés.

Ce sont le milieu du cou, les épaules et les lombes.

Les incisions doivent être longues d'environ un pouce; elles se nomment *manka* et sont l'objet d'un grand respect, puisqu'on n'en peut parler devant les femmes ni les enfants. Les autres incisions faites pendant l'enfance sur la poitrine et les bras n'ont au contraire aucun caractère sacré et ne sont que des ornements. Les plaies sont très douloureuses parce qu'on les agrandit ou plutôt déchiquette continuellement avec des éclats de quartz pour les rendre très profondes et obtenir une belle cicatrice. Sous ces tortures, le novice ne bouge pas un muscle, ne pousse pas un cri. Les hommes se groupent autour du patient et ils crient :

Kanaka Kanya, marra marra,
Karndo Kanya, marra marra,
Pilberri Kanya, marra marra.

Paroles dénuées de sens ou de signification inconnue.

La cruelle opération finie, les jeunes gens se lèvent et il leur est permis d'ouvrir les yeux. Ils voient alors deux hommes qui frappent des pieds et, se mordant la barbe, se jettent contre eux en agitant violemment le *witarna*[1]. Ce n'est cependant

1. Le *witarna* est un morceau de bois long de onze pouces, large de quatre, auquel on attache une longue corde et que les indigènes font tourner autour de leur tête en produisant une vibration particulière. On le tient absolument caché aux enfants et aux femmes, et lorsque celles-ci entendent au loin son

qu'une menace. Quand les jeunes gens ont tra-
versé toutes ces épreuves, ils, peuvent porter les
ornements qui distinguent l'homme et surtout
le paquet de cheveux humains autour de la taille.
Au dernier moment on donne à ces *néo-hommes*
des conseils de morale et spécialement celui
d'éviter les disputes, de ne pas bavarder à haute
voix, de ne pas toucher les femmes, pendant
quatre ou cinq mois. On leur enlève du cou
une corde d'*opossum* qu'ils portaient pendant ce
temps, on leur arrose le corps de sang, et tout est
terminé.

Collins raconte qu'entre huit et seize ans garçons
et filles doivent subir le *gna-noong* ou perforation
de la cloison des narines, afin d'y passer un roseau
ou un os. Dans cette période de temps on arrache
aux garçons une dent incisive. Il décrit[1] cette
mutilation et en donne des dessins. Elle s'accompagne de scènes guerrières et de rites singuliers
et compliqués.

Au bord des fleuves Macleay et Nambucco la
cérémonie de l'initiation virile est toute différente[2]. Là on n'arrache pas les dents. On fait des

bourdonnement, elles comprennent aussitôt que les hommes
assistent à quelque cérémonie secrète et elles font grande
attention de ne pas s'en approcher.

1. Collins, *An account of the English Colony in New South
Wales*, 1804, p. 565-574.

2. Hodgkinson, *Australia, from Port Macquarie to Moreton
Bay*.

invitations aux hommes des tribus voisines et ils se réunissent au sommet d'une colline où tous les arbres ont été *tatoués* et *entaillés* d'incisions et de sculptures très compliquées. Les femmes se tiennent au moins à 2 milles de là, et celle qui s'approcherait, serait mise à mort. Le premier soir on danse l'habituel *corroboree*. Les jeunes gens se tiennent la tête en bas près du feu et on leur passe au cou la bandelette d'*opossum*. On recommence l'exposition au feu et chaque fois on leur donne un nouvel emblème de la virilité : une fois le *nulla-nulla*, une autre le *boomerang*, puis la lance. Cependant les assistants simulent une bataille ou une chasse.

Les cérémonies entrevues seulement par Hodgkinson durent quinze jours et se terminent par une danse spéciale à laquelle prennent part les jeunes gens; les femmes peuvent y assister. Les jeunes gens à cette occasion se peignent le corps de dessins blancs et se mettent dans les cheveux les plumes du cacatoès[1].

A. W. Howitt a publié dernièrement une étude très approfondie sur les cérémonies d'initiation en usage chez les Wolgal, les Ngarego, les Theddoras, les Murring de la côte et les Wiraijuri,

---

1. Wood a aussi donné une relation sommaire des divers usages par lesquels chaque tribu australienne consacre la venue de la virilité, *The natural history of man. Australia*, etc. London, 1870, p. 75 et suivantes.

toutes tribus du sud-est de l'Australie et qui forment un groupe naturel à des mœurs analogues.

Il est curieux de voir combien elles sont compliquées chez un peuple aussi peu intelligent. En général, ce sont les hommes du même nom, *exogames*, qui initient les jeunes gens d'un autre nom, et l'identité de la méthode constitue une espèce de parenté ou du moins de communauté.

L'initiative de la cérémonie est prise par un des hommes les plus influents, soit de sa propre autorité, soit après avoir entendu le grand conseil formé de guerriers, d'orateurs, de sorciers, des chefs des *totem*, etc., etc. Lorsque les jeunes garçons à initier sont assez nombreux, le chef envoie un messager annoncer la cérémonie. Comme emblème de sa mission il est revêtu d'un habillement viril et il porte l'instrument de musique sacrée enveloppé d'une peau pour rester caché aux yeux des femmes et des enfants. On prépare le terrain pour la cérémonie, qui peut être entière et solennelle, *bunan*, ou abrégée, *kadjawalung*. La première dure trois ou quatre jours, la seconde un ou deux. Le terrain est aplani et circulaire comme une aire. Les jeunes gens sont placés devant de grands feux afin d'éprouver leur résistance à la douleur. Chacun tient devant lui le *yamstick* de sa mère où pend la bandelette virile et les autres objets dont on le revêtira. C'est au milieu de ce cercle que s'exécutent des danses préliminaires auxquelles les femmes et les enfants peuvent prendre part. Un sentier conduit de ce cercle au petit *bunan* où doit avoir lieu l'arrachement des dents. On écarte les femmes avant de faire la procession des néophytes le long de ce chemin.

Nous renvoyons le lecteur curieux à l'ouvrage original d'Howitt[1]; nous nous bornerons à signaler quelques particularités. Quand la procession commence, chaque *kabo* ou parrain avertit son élève de ses devoirs. Il doit :

1° Ne pas regarder autour de lui, mais marcher les yeux toujours baissés, à moins que son parrain ne lui indique quelque chose;

2° Ne pas rire, ni manifester le moins du monde qu'il s'aperçoit de ce qui se fait sur lui;

3° Prêter au contraire la plus grande attention à tout ce qu'on lui dit.

On l'avertit que s'il désobéit à quelqu'un de ces ordres, il sera battu, sinon tué par le pouvoir magique des anciens qui l'assistent. Ce qui donne un caractère religieux à la cérémonie, c'est qu'on emploie des paroles différentes du langage habituel. La procession, très solennelle, se fait dans un lieu éloigné de plusieurs milles. On s'arrête souvent et à chaque halte on célèbre des cérémonies qui ont pour but de divertir, d'instruire ou

1. A.-W. Howitt, *De quelques rites australiens d'initiation Journal of the Anthrop. Instit.*). May 1884, p. 432.

d'épouvanter les néophytes; on représente des scènes de chasse, et danse. C'est dans ces haltes que les jeunes gens connaissent pour la première fois le pouvoir magique des sorciers dont ils ont si souvent entendu parler dans leur enfance. Le campement magique est l'endroit destiné à la cérémonie de l'arrachement des dents. On commence par allumer un feu magique, les néophytes se couchent sur un lit de branches et se couvrent de leurs vêtements et de couvertures. En même temps on exécute des danses, des chants, des scènes mimées et de magie. Lorsque les hommes paraissent las et plus disposés à dormir qu'à continuer, le mugissement du *mudji* se fait entendre dans la forêt et le son de cet instrument sacré ranime l'ardeur des néophytes, de leurs parrains et compagnons.

L'initiation consiste dans l'arrachement des deux incisives médianes supérieures ou seulement de la médiane gauche. Là encore on imite avec des hurlements le bruit du tonnerre, on se livre à des danses sacrées et l'on représente des scènes effrayantes. L'extraction des dents se fait avec un ciseau et un marteau de bois. On emploie aussi les dents, et l'opérateur applique ses propres incisives sur celles du néophyte. Il faut s'y reprendre parfois souvent avant que l'opération réussisse, et Howitt a compté jusqu'à treize coups. Lorsque les dents sont solides, ce qui nécessite un grand coup de marteau, on dit que le jeune homme a trop fréquenté les femmes.

Les dents arrachées, on s'efforce de consoler la victime en lui disant que les épreuves sont terminées et qu'il doit seulement éviter de ne pas cracher le sang qui coule dans sa bouche. Il est conduit devant le feu magique et revêtu des bandelettes et autres insignes de la virilité. Puis viennent des représentations mimées où, à côté de bouffonneries ridicules, on trouve de véritables enseignements moraux. Les leçons sont pourtant singulières : par exemple on manque de respect aux vieillards; on représente des scènes de pédérastie ou de viol, puis on dit aux néophytes : *Vous ne devez pas faire cela, sous peine d'être tués.*

Pendant ces longues cérémonies, les anciens projettent continuellement leurs mains d'une façon rythmée vers les néophytes comme s'ils voulaient les magnétiser : cela signifie qu'ils font passer dans les jeunes gens l'influence sacrée du dieu Daramulun, qui a institué de toute éternité ces cérémonies et assiste en esprit à l'initiation. Il y a aussi dans ces rites une véritable adoration de ce dieu. Il est représenté par une statue en terre d'homme qui danse. C'est autour de cette idole que les anciens donnent aux néophytes une leçon de théologie. Voici une définition du Daramulum qui vraiment ne diffère pas beaucoup du Dieu chrétien : Voici le maître (*biamban*) qui peut aller partout et faire ce qu'il veut.

Puis, au retour, il y a encore une procession avec bain et autres cérémonies sans fin. Le noviciat pourtant dure encore un certain temps, pendant lequel le néophyte doit s'abstenir de certains aliments, et doit être continuellement instruit par les anciens de la tribu ; ce n'est que plus tard qu'il est admis aux assemblées où il doit se taire et écouter. C'est alors seulement qu'il peut prendre femme. Les dents extraites sont confiées à un chef ou à un ancien, plus tard au père du néophyte, puis à lui-même.

Chez les Alfourous de Céram, le jeune homme pubère revêt pour la première fois le *dijdako*, et son père change de nom, c'est-à-dire qu'il ajoute au sien celui de son fils, et il en est ainsi jusqu'à la virilité de chacun de ses fils. Plus son nom est long, plus il est considéré. La femme est plus estimée et aimée que les femmes mahométanes, et elle n'est jamais battue. Bien que peu vêtue, elle est chaste et modeste. Le mari a le droit d'être polygame, mais il est toujours monogame. Le mariage se fait en payant une somme aux parents de l'épouse ou en se vendant à eux comme artisan.

Les Maoris de la Nouvelle-Zélande ne consacrent pas la virilité par des rites spéciaux, mais le tatouage du corps est principalement réservé aux hommes. Les femmes ne sont tatouées que sur les lèvres d'une façon grossière et en rouge.

Il paraît que dans quelques parties de la Californie, la jeune fille, au moment de la puberté, est enterrée et le sol est battu de verges [1].

Chez les Chibcha de l'Amérique centrale, l'apparition de la puberté chez une jeune fille était saluée par des fêtes particulières.

Waitz dit qu'au cap Palmas, chez les Mandingos de la Sierra-Leone, chez les Fantis et dans l'Akrou, les jeunes filles nubiles sont parées et conduites en procession, ce qui indique qu'elles peuvent se marier. Chez les Veis, l'arrivée de la puberté des deux sexes est consacrée par une grande cérémonie religieuse, et l'on punit de mort celui ou celle qui révèle les rites à un individu de l'autre sexe.

1. Schoolcraft, V, p. 215.

CHAPITRE II

PUDEUR ET CHASTETÉ DANS LES RACES HUMAINES

le père Salvado — Iles des Anachorètes. — En Afrique et au Japon — Pudeurs diverses — Mitzi-mitzi. — Libertinage. — Antipodes de la pudeur. — Moralités diverses. — Fêtes Dionysiaques.

Dans «ma *Physiologie de l'amour* j'ai consacré un chapitre entier à la psychologie de la pudeur [1], promettant d'en donner plus tard l'histoire ethnique. Je la tracerai à grands traits. Vouloir décrire toutes les formes de la pudeur et ses diverses lois serait donner la physiologie entière de toutes les races humaines, car il n'y a peut-être pas deux peuples sur la terre, peut-être même deux individus, qui ressentent au même degré et expriment de la même façon cette émotion complexe dans laquelle s'enchevêtrent tant d'éléments divers, des sens, des sentiments et des pensées.

Il est difficile de dire d'une façon absolue s'il y a un peuple où la pudeur manque complètement. Ainsi les femmes tasmaniennes sont tout à fait

1. *Physiologie de l'amour*, chap. v, p. 93.

2

nues, mais lorsqu'elles sont assises par terre en
compagnie elles se couvrent le mont de Vénus
avec leur talon; et aussi probablement les indigènes
de la Polynésie, que quelques voyageurs ont vus
sacrifier à l'amour devant tous, auraient refusé
de faire en public des concessions qu'ils auraient
facilement faites dans le secret de la hutte ou le
silence des bois.

Dans ma *Physiologie de l'amour* j'ai proposé de
diviser les peuples en *impudiques*, *semi-pudiques*
et *pudiques*, voulant créer grossièrement une
échelle ascendante de zéro à un degré élevé de
pudeur. La femme Néo-Calédonienne qui soulevait
le petit tablier pour montrer la porte de l'amour
aux marins français en les invitant à y entrer,
représenterait le zéro de la pudeur, tandis que le
cent ou le mille serait atteint par la femme qui,
désespérée de ne pas avoir d'enfant, préférerait
mourir plutôt que de se soumettre à un examen
au spéculum.

Nous adoptons presque toujours un critérium
grossier et souvent faux pour juger le degré de la
pudeur d'une race, la trouvant d'autant moins
pudique qu'elle est peu vêtue. Or, nous verrons des gens nus, ou presque nus, qui ont
une excessive réserve; nous connaissons des
hommes et des femmes auxquels il ne manque
aucune partie de l'habillement compliqué de l'Européen et qui sont, au contraire, par instinct, par

vice ou par habitude, complètement débauchés.

Personne n'a peut-être, sans le savoir, écrit une
page plus vraie sur la pudeur dans ses rapports
avec les mœurs, que le Père Salvado dans son
voyage bien connu en Australie:

« Les sauvages, pendant l'hiver, à cause du
froid, se couvrent à grand'peine les épaules d'une
peau de kangourou, mais l'été ils ne se couvrent
pas du tout, n'étant nullement choqués de leur
nudité dans l'état de dégradation où ils se trouvent. En effet, les hommes et les femmes se pré-
sentaient souvent entièrement nus devant nous,
sans supposer qu'ils faisaient une chose incon-
venante et étaient une cause de scandale.

«Pour aider à leur civilisation et les soustraire
à cet état misérable, nous décidâmes que quiconque viendrait au monastère manger la soupe ou
travailler la terre, devait être couvert d'un manteau
de peau de kangourou. Mais la raison de cette loi ne
fut communiquée à aucun d'eux pour ne pas les
exciter à la malice. Cependant, bien que cette malheureuse population n'ait aucune idée de la
pudeur, les mille fois où j'ai dormi et voyagé avec
eux, jamais je ne me suis aperçu d'aucune action
déshonnête. Il en est bien autrement parmi les
sauvages qui fréquentent les villes et les districts
habités par les Européens! Tous exécutèrent
l'ordre donné, mais il arriva pourtant une fois que

deux femmes, absolument nues, se présentèrent
pour recevoir leur portion de soupe. Comme nous
la leur refusions à cause de leur nudité, elles
coururent à l'endroit où elles avaient dormi,
prirent leur manteau et, le posant sur l'épaule
gauche, se présentèrent de nouveau en demandant leur soupe ; bien qu'elles fussent nues comme
auparavant, elles croyaient avoir parfaitement
obéi à nos ordres. De ce fait *nous avons pu voir
qu'il n'y avait en elles aucune malice*, aussi
nous leur donnâmes ce qu'elles réclamaient. Ces
femmes qui n'étaient pas du pays imitèrent ensuite
les autres et se couvrirent comme on le leur or-
donnait[1]. »

Si la pudeur était née du besoin de couvrir et
protéger les parties génitales, les hommes
devraient, pour plusieurs raisons, être plus pudiques que les femmes, qui ont moins de surface
à cacher et qui l'ont déjà naturellement pro-
tégée. Au contraire, c'est une règle presque
générale que les femmes se couvrent les parties
génitales beaucoup plus que les hommes.

Dans les îles des Anachorètes, hommes et
femmes vont nus, sauf les parties génitales, mais
les hommes ne se les couvrent que pour la forme
avec des lanières d'écorce peu adaptées à leur
but et qui se laissent facilement déplacer. Les

---

1. Salvado, *Mémoires historiques sur l'Australie*, etc., Rome,
1851, p. 220.

femmes au contraire se les couvrent parfaitement avec un petit tablier de feuilles[1].

Cependant on ne peut mettre en doute que l'habillement dans ses formes diverses ne s'accorde souvent avec les besoins de la pudeur. Dans une étude rapide nous verrons comment la feuille de vigne s'élargit, s'allonge ou disparaît. Sinon toute, une partie du moins de l'histoire ethnique de la pudeur résulte de cette étude.

Les nègres de Loango sont extrêmement pudiques et les femmes qui rencontrent un Européen se couvrent le sein avec le même geste que la Vénus de Médicis. Lorsqu'elles se baignent, elles avertissent les hommes par des cris afin qu'ils ne s'approchent pas. Le même fait se reproduit dans les pays froids d'un autre hémisphère, chez les Tehuelches (Amérique septentrionale).

Moi-même, en descendant des Nilgherries pour me rendre à Metapollium, dans le sud de l'Inde, j'ai vu les jeunes filles cacher leur beau sein d'un manteau en me voyant, ce qu'elles ne faisaient pas devant les hommes de leur race.

Une reine de Balonda comparut devant Livingstone absolument nue ; elle était peinte en rouge et elle portait des ornements au cou. Les femmes du même pays vont aussi nues, et si elles recherchent quelque chiffon européen, c'est bien

1. Strauch, *Remarques ethnologiques sur la Nouvelle-Guinée*, etc.. *Zeitschrift für Ethn.*, Berlin, 1877, p. 3).

plutôt pour s'orner que pour se couvrir. Les hommes au contraire sont un peu plus habillés; ils portent autour des reins une bande de peau de chacal qui retombe en avant et en arrière.

Les Wa-Chaga de l'Afrique orientale et équatoriale ne connaissent pas la pudeur, ils se couvrent rarement et seulement pour combattre le froid. Livingstone raconte avoir eu avec lui plusieurs Makololos chez lesquels l'habillement, comme celui de beaucoup d'autres tribus africaines, se réduisait à un morceau de peau attaché à la ceinture et passé entre les cuisses. Pourtant les femmes des Balondas riaient de l'indécence des Makololos, bien que chacun de ceux-ci eût pu, avec son vêtement, donner assez d'étoffe pour couvrir trois ou quatre d'entre elles.

Les Bubè de Fernando-Po sont tout à fait nus, et si les hommes portent un chapeau, c'est pour se défendre des serpents qui vivent sur les arbres. Les obliger à se vêtir c'est leur infliger un véritable sacrifice et le capitaine Burton ne pouvait les persuader de se couvrir même à une altitude de 10 000 pieds, où ils trouvaient pourtant un grand plaisir à se réchauffer au feu. Il dit aussi que l'usage de cette nudité absolue est due à un vœu : celui de ne se vêtir que lorsqu'ils auront exterminé tous les M. Pongwe.

Les Japonais s'habillent, mais ils sont impudiques; leurs femmes se baignent entièrement nues

au milieu de la rue et font aux Européens les
gestes les plus ingénus pour connaître les dimensions de leurs organes génitaux. Leurs petites
filles ont parmi leurs jouets des boîtes à surprise
d'où sortent des phallus teints en rose.

Les femmes de Musgo de l'Afrique centrale se
couvrent scrupuleusement les fesses, laissant la
partie antérieure du corps absolument nue. Cette
limite de la pudeur à une seule partie du corps
rappelle ces femmes égyptiennes et arabes qui,
surprises par les Européens la face découverte, se
cachent la tête avec leurs jupes, laissant voir le
reste.

Parmi les Nueir de l'Afrique, les hommes vont
tout à fait nus, les petites filles n'ont qu'un petit
tablier d'herbes et les femmes ne portent qu'une
bande sur les reins.

Chez les Deika, les femmes seules doivent se
couvrir, parce que l'habit est indigne d'un homme.
Ils appellent les Nubiens *femmes* parce qu'ils sont
habillés, et Schweinfurth était nommé par eux avec
mépris : « La femme turque ».

Chez les Bongo, les hommes et les femmes se
couvrent fort peu. Chaque matin les femmes se
rendent au bois voisin : une poignée de feuilles et
un petit paquet d'herbes forment leur habillement
de la journée. Et pourtant, chez une peuplade
si peu vêtue, les enfants à peine sevrés ne dorment
plus dans la même cabane que leurs parents et

les aînés ont une hutte spéciale ; ils se réunissent pourtant à la famille aux heures des repas.

Les femmes du Monbutto vont presque nues, ne portant par devant qu'une poignée de feuilles de bananier ou un morceau d'écorce d'arbre pas plus grand que la main. Elles sont très débauchées.

Les femmes des Ivilis de l'Afrique équatoriale, invitées par le marquis de Compiègne à lui céder des tissus de nattes très fines rayées de rouge qui leur ceignaient les reins, s'en dépouillaient avec la plus grande indifférence, avides d'avoir en échange un petit miroir ou des verroteries.

Les nègres de l'Afrique centrale sur le Baghirme ne se couvrent qu'avec un petit tablier de peau qu'ils portent par derrière, se contentant de cacher leurs parties génitales en rapprochant les cuisses. Les femmes ne portent qu'un cordon autour du corps, auquel elles attachent par devant et par derrière des feuilles qu'elles renouvellent chaque jour. Quelquefois pourtant elles ont une ceinture de cuir tressé large de deux doigts où pendent de longues franges de peau avec des coquilles et des perles.

Chez plusieurs tribus cafres on ne porte qu'un tablier extrêmement petit ; mais plus il est petit, plus on est honteux lorsqu'il se déplace.

Les Baendas Pezis sont absolument nus et ils disaient à Livingstone vouloir aller nus parce que

tels les avait faits leur dieu. Il habilla deux petites filles de dix ans et la pudeur se développa
aussitôt (?). Après deux semaines, elles se cou-
vraient le sein lorsqu'on traversait la hutte où
elles couchaient.

Les femmes Ashira de l'Afrique ne se vêtent
que lorsqu'elles sont mariées, et la légère ceinture qu'elles portent est plutôt un ornement qu'un
vêtement.

Strauch a vu les indigènes des îles des Anachorètes ne se couvrir que les parties génitales.
Les hommes se servaient de tresses d'écorces
qu'ils passaient entre leurs jambes. Ils ne s'inquié-
taient pas pourtant si elles restaient appliquées
sur ce qu'ils devaient cacher; aussi on peut dire
que ce n'était qu'un vêtement *pour la forme*.
Les femmes étaient plus vêtues avec une espèce
de tablier de feuilles et d'écorces d'arbre. Elles se
livraient sans réserve aux étrangers.

Les Quassamas de l'Afrique sont tout à fait
nus. Dans les îles Pelew on n'avait aucun vêtement, et les indigènes touchaient avec surprise
les habits des premiers Européens qu'ils virent,
croyant que c'était leur peau. Dans les parties
découvertes ils prenaient les veines superficielles
pour un tatouage. Pourtant ils étaient pudiques
au point que les hommes et les femmes se bai-
gnaient dans deux endroits différents. Si un
homme venait à passer près du bain des femmes,

il devait annoncer son arrivée par un cri, et si un autre cri lui répondait, il devait immédiatement changer de chemin.

Les Garo de l'Inde se couvrent peu, mais les femmes sont modestes et les jeunes gens, arrivés à un certain âge avant de se marier, vivent à part des femmes et mangent dans des cases faites spécialement pour eux[1].

Dans la Nouvelle-Bretagne, les hommes et les femmes ne se couvrent même pas les parties génitales. Dans les îles des Anachorètes, hommes et femmes vont presque nus : les hommes se passent une tresse d'écorces sur les parties génitales, sans s'inquiéter pourtant si elles restent couvertes ou non ; les femmes, au contraire, se couvrent avec soin d'un petit jupon de feuilles.

Dans le Nouvel-Hanovre, on voit des femmes pubères et impubères sans jupon. Une ceinture spéciale, pourtant, distingue les femmes mariées des veuves. Les hommes tiennent souvent leur scrotum de la main gauche, la verge passée entre le pouce et l'index.

Au golfe de Mac-Cluer, dans la Nouvelle-Guinée, les femmes étaient tenues cachées et les indigènes montraient une grande inquiétude lorsque les Européens se dirigeaient vers leur cabane. A

---

1. Godwin Auston, *On the Stone Monuments of the Khas-Hill Tribes*, etc , *The Journal of the Anthrop. Inst.*, 1871, p. 123.

Mauat, dans la même île, les femmes se vêtent ; les hommes restent nus. Quand Wyatt Gill reprocha à des chefs d'aller nus, ils s'indignèrent : « Comment ! vous voudriez que nous soyons semblables aux femmes ? Le vêtement est seulement pour elles. »

Dans les îles Andaman, les femmes se couvrent les parties génitales avec des feuilles qu'elles changent lorsque la chaleur du corps les a desséchées. Les hommes portent aussi des feuilles de pandanus, mais ils les oublient souvent chez eux.

Plusieurs tribus de l'Amazone vont tout à fait nues. Les enfants, chez les Tchuelches, ne vont nus que jusqu'à 6 ou 8 ans, mais même lorsque leurs parents les chaussent de petits souliers faits de la peau des pattes antérieures du guanacco, ils protestent et se sauvent dans la neige les pieds nus.

Dans mon voyage au Paraguay, j'ai vu des enfants des deux sexes aller nus dans les rues de la capitale, et dans un village j'ai vu une jeune fille déjà pubère nue comme Ève et qui, sans aucune honte, offrait du feu pour allumer le cigare d'un de mes compagnons.

Labillardière décrit l'usage que font les indigènes des îles de l'Amirauté de la *Bulla ovum* qu'ils perforent pour y mettre le gland. Ils étaient honteux lorsqu'ils se l'ôtaient pour la vendre, et s'ils avaient une ceinture autour des reins ils se retiraient à l'écart afin de couvrir les parties gé-

nitales privées de cette coquille. La compression
qu'exerce la coquille sur la partie supérieure du
prépuce produit souvent une tumeur.

Une belle jeune femme des îles des Amis disait
de temps en temps : *Tabou mitzi mitzi* (il est défendu de faire l'amour), c'est-à-dire qu'elle voulait
rester fidèle à son mari[1]. Les jeunes filles ve-
naient à bord et se livraient aux marins ; en par-
tant, elles disaient : *Bongui mitzi mitzi*, ce qui
veut dire : Nous avons fait l'amour et demain
nous le ferons encore.

Labillardière vit aussi deux jeunes filles néo-
calédoniennes, l'aînée d'environ dix-huit ans, qui
montraient aux marins leurs parties sexuelles,
qu'elles ont l'habitude de couvrir d'une frange.
Elles s'offraient pour un clou ou autre objet de
même valeur, mais elles voulaient être payées
d'avance !

Ainsi, de même que la pudeur varie chez les
différents êtres, de même chaque race a une
conception particulière de la valeur morale du
coït. C'est aussi sur cette conception qu'est fondée en grande partie la constitution différente de
la famille, comme nous le verrons plus loin. Ici
je veux seulement montrer les limites naturelles
où la pudeur du vêtement devient la pudeur des

---

1. Beaucoup de voyageurs ont assuré avoir vu des indigènes
des Mariannes et des Carolines sacrifier publiquement à l'a-
mour.

actes génitaux ; ce sentiment mesure donc d'une certaine façon la moralité des divers peuples relativement à l'amour.

Sur les degrés inférieurs de la société, la femme pubère est désirée par le mâle, de même que le mâle est désiré par la femelle. La nudité, la facilité des occasions rendent les embrassements inévitables, et les amours de la jeune fille sont considérés comme des actes naturels. Elle n'a pas été achetée, elle n'a juré fidélité à personne, elle n'est pas la propriété d'un homme et elle peut jouir librement de sa jeunesse, en accordant ses caresses à qui lui plait. D'où cette formule générale qui peut s'appliquer à une grande partie des races inférieures : *amour libre chez les jeunes filles ; amour réservé plus ou moins à un seul homme après le mariage.*

L'amour libre des filles tantôt n'est soumis à aucune restriction et par suite peut entraîner toutes ses conséquences (fécondation); tantôt au contraire il est permis sous cette réserve qu'il n'y aura pas de grossesse. Il en est ainsi par exemple chez les tribus cafres, où nous avons vu des débauches sexuelles saluer la venue de la puberté. La jeune fille prend et donne le plaisir, mais sans avoir d'enfants; autrement l'imprudent ou le maladroit devra l'épouser. Le moyen habituel de l'éviter est d'accomplir le coït *in ore vulvæ.*

Ce libertinage malthusien n'est que trop connu chez nous, et beaucoup de jeunes filles vont à l'autel et jurent une fidélité éternelle à un homme seul après avoir pratiqué toutes les voluptés avec plusieurs amants. Ainsi, dans un endroit de l'Italie les jeunes filles accordent des rendez-vous nocturnes avec la plus grande facilité et souvent se laissent posséder par des voies anormales, ne tenant qu'à une seule chose : rester vierges ou du moins stériles.

L'idée qui s'attache au rapport des sexes contribue grandement à entretenir ce libertinage. Là où cet acte est considéré simplement comme la satisfaction d'un besoin naturel, hommes et femmes s'y abandonnent en toute liberté, sans remords ; tandis que si avant d'arriver au sanctuaire il faut renverser les barrières de la pudeur, des lois religieuses et de l'opinion publique, alors l'union des sexes est une chose sérieuse, difficile, compliquée, et le saint amour s'éteint dans les satisfactions lubriques de la masturbation et de la prostitution.

Plus l'amour est simple, plus il se réduit à la rencontre de deux êtres de sexe différent, plus rare est la jalousie et moins compliquée la législation ; plus au contraire il s'entoure de pudeur, d'hypocrisie, de sophismes, de réticences et d'obscurité, plus le mécanisme en est sensible et délicat, mais en même temps fragile.

Lisez ces deux anecdotes, et mesurez quel abîme mental les sépare : Nous sommes dans un village de Sardaigne. Le maître de la maison, par suite de l'hospitalité bien connue de ce pays, a reçu à sa table plusieurs voyageurs avec la plus grande cordialité; les femmes ne s'asseyent pas, mais servent leurs hôtes dans leurs costumes riches et pittoresques. L'une d'elles, la fille, est jeune, belle, provocante et, le sein mal retenu par l'étoffe rouge lacée d'or, ronge son frein rêvant de liberté. Un des hôtes ne sait pas résister à la fascination et il serre furtivement la main qui lui présente le plat. Cet acte, en lui-même bien innocent, est aperçu par le père et les autres membres de la famille. Les uns pâlissent, les autres rougissent : un silence imprévu et solennel indique l'orage qui gronde au fond des cœurs. Un signe imperceptible renvoie toutes les femmes ; le repas continue, mais ce sont les serviteurs qui font le service.

Transportons-nous dans un pays où le maître de la maison ordonne aux femmes et aux filles de laver les pieds de son hôte et de masser tout son corps. Le général Ferrier, présenté au gouverneur Timour-Beg avec une lettre de recommandation du Khan de Sirpool, eut à subir le massage que la femme et les filles de Son Excellence lui firent avec leurs mains molles et velues; mais il dut bientôt les prier de cesser.

C'est à peu près ce que raconte Marco Polo, qui à Ghendon, dans le Thibet, vit son hôte se retirer pour le laisser jouir librement des faveurs de ses femmes.

Ici les pôles de la pudeur et de la jalousie sont véritablement bien éloignés l'un de l'autre, mais ils peuvent l'être encore plus.

Chez certains peuples polygames, une femme qui se couvre la face devant un étranger peut être punie de mort; ailleurs, l'étranger est mis dans son lit pour l'honorer de ses caresses!

Entre ces extrêmes, nous trouvons toute une chaîne de demi-pudeurs, de libertinages cachés, de réserves infinies. En voici quelques anneaux :

Le libertinage des filles, en quelques points de Sumatra, est puni sévèrement d'une peine pécuniaire.

L'infidélité est rare parmi les Orang-Benua et est punie de mort.

Chez les Battas de Sumatra les propos obscènes et les actes déshonnêtes sont frappés d'amendes.

Les Potowatomi (nord de l'Amérique) sont très obscènes dans leurs paroles, mais chastes dans leurs actions.

Chez les Colusci l'adultère est puni de mort ou de l'obligation pour le séducteur de vivre avec la femme séduite et de payer la moitié des dépenses nécessaires à son entretien.

Plusieurs voyageurs ont célébré la chasteté des femmes de Nutka (Amérique du Nord).

Chez les Chinook de l'Amérique, les jeunes filles sont libertines et les femmes chastes.

Les jeunes filles malgaches ont une vie très dissolue avant leur mariage et ne sont regardées comme coupables que lorsqu'elles se donnent à un esclave.

Aux Mariannes et aux Philippines on n'exigeait pas la chasteté chez les jeunes filles. On en offrit spontanément à Kotzebue et à ses compagnons pour leur tenir compagnie pendant la nuit. Les jeunes filles dormaient ensemble dans des huttes spéciales.

Généralement en Polynésie les jeunes filles sont très dissolues avant leur mariage et il est seulement honteux (par exemple à Tonga) de changer trop souvent d'amant. Les jeunes filles dormaient ensemble dans une hutte où les jeunes gens pouvaient les visiter.

A Samoa il y avait plus de retenue, chaque lit était séparé par des cloisons de nattes. Jusqu'en 1840, la syphilis était inconnue dans cette île, bien que l'amour fût permis aux jeunes filles avec les étrangers, mais non avec les indigènes. Les jeunes filles de Mauna s'offraient spontanément aux forçats de La Pérouse et par l'entremise de leurs parents. De même aux îles Hawaï, Cook avait trouvé les femmes sans pudeur. Il paraît pourtant que dans tous ces cas il s'agit des femmes des classes les plus basses parce que au contraire les femmes des nobles et des chefs étaient très pudiques.

A Taïti, il paraît que la dissolution était au comble, et les rapports sexuels faisaient le sujet de toutes les conversations entre hommes et femmes. Tous les voyageurs sont cependant d'accord pour dire que l'arrivée des Européens contribua beaucoup à l'augmenter. Le coït se faisait en public.

A Noukahiva, parmi les femmes qui offraient leur amour aux étrangers, il y avait une enfant de 8 ans, et lorsque le missionnaire Harris l'eut refusée, les femmes vinrent en cachette pendant qu'il dormait vérifier s'il était un homme. Bougainville et La Pérouse parlent aussi de femmes qui se mettaient nues pour exciter les marins qu'elles trouvaient trop timides.

Les Toupi du Brésil n'exigeaient aucune retenue chez les jeunes filles, mais ils exigeaient la chasteté chez les femmes mariées.

Grijalva trouva sur la côte de l'ancien Mexique des femmes et des jeunes filles réservées et chastes, mais il raconte aussi qu'à Campoallar et autre part les indigènes offraient leurs filles aux Espagnols envahisseurs.

Au Mexique, le séducteur d'une esclave devenait esclave de son maître, si elle mourait en état de grossesse. L'amour avant le mariage n'était point puni par les lois, mais il était regardé comme un délit. Spécialement dans les classes élevées, et si la jeune fille devenait enceinte, le séducteur devait l'épouser ou ne la voir plus. Le concubinage se cachait comme une honte, mais quelquefois il se terminait par un mariage légitime. Pourtant on blâmait extrêmement un mariage célébré sans le consentement des parents.

A Tlascala, les jeunes gens qui étaient admis au service du temple, s'ils n'étaient mariés à vingt ans, étaient soumis à la peine humiliante d'être rasés et chassés.

Pendant un certain temps l'infidélité fut fort rare chez les Californiens.

Dans le Nicaragua l'épouse infidèle était chassée mais non tuée. Elle ne pouvait se remarier, mais elle restait maîtresse de ses biens. Si la femme s'enfuyait de chez son mari, il ne pouvait plus la reprendre. Il existait des fêtes où l'on s'abandonnait à toutes les obscénités. Même chez les jeunes filles la chasteté n'était pas non plus un devoir strict.

Les Chibcha avaient des fêtes publiques qui étaient de véritables orgies.

Les indigènes de l'Amérique septentrionale sont célèbres par leur peu de chasteté. A quelques exceptions près (par exemple les Apaches) elle est presque inconnue. Le mari tient tout au plus

à la vertu de sa femme comme à un droit de propriété, mais la femme avant son mariage fait ce
qu'elle veut. Dans d'autres tribus elle est parfaitement libre, même après son mariage, et le mari
ne s'en occupe aucunement.

Dans plusieurs tribus de l'isthme de Panama
les femmes d'une situation relevée croiraient
commettre une action vile et vulgaire en se refu-
sant aux sollicitations. L'homme généralement
prend autant de femmes qu'il peut en entretenir.

A Benin, le séducteur d'une jeune fille est forcé
de l'épouser et au Dahomey aussi, mais il doit
payer une somme aux parents.

A Loango les jeunes filles ne peuvent parler aux hommes qu'en présence de leur mère.
Chez les Edeeyahs de Fernando-Po, la séduction
d'une jeune fille est punie comme un crime. A la
Côte-d'Or, la jeune fille séduite est couverte de
poussière et de boue par ses amies et voisines,
puis traînée et précipitée à la mer au milieu des
outrages. Elle n'en meurt pourtant pas, et après
avoir pris un bain elle s'en retourne chez elle
sans être plus inquiétée. Une prêtresse l'orne de
chaînes magiques et de plumes de perroquet pour
lui ramener la tranquillité. Le séducteur doit
l'épouser ou au moins payer une somme. Les
parents assurent à l'époux la virginité de la jeune
fille, mais si la déclaration n'est pas reconnue
vraie, ils doivent restituer les présents et le prix

d'achat. Si l'époux calomnie la jeune fille et si l'on peut prouver qu'elle est vierge, il doit payer une amende.

Les Tiapys ne tiennent pas beaucoup non plus à la chasteté de leur femme avant le mariage, mais ils ne veulent pas être trompés.

Dans cette question, il y a deux éléments distincts : les apparences et la réalité.

Deux peuples également débauchés, c'est-à-dire qui consacrent une égale énergie à la satisfaction de leurs sens, peuvent la dépenser dans le secret de l'alcôve ou la porter au dehors.

Souvent un peuple nous paraît chaste seulement parce qu'il est hypocrite ; deux choses très différentes, mais que l'on peut souvent trouver réunies. Aujourd'hui nous ne célébrons plus les fêtes d'Osiris, les bacchanales ni les orgies indiennes au premier mois du printemps, mais à Paris et dans les autres grandes capitales de l'Europe, dans le silence de la nuit et derrière les murs de maisons publiques et privées, on s'abandonne à des orgies que la plume la plus audacieuse ne saurait décrire.

Qu'il nous suffise de rappeler qu'il y a peu d'années, dans une grande ville d'Italie, on ouvrit un concours avec un prix pour l'heureux mortel qui donnerait par l'amour lesbien le plus de jouissances à la femme. Les conditions requises étaient : *force, grâce et variétés de méthode.* Il y eut des préparatifs solennels, jury et nombreux concurrents. J'ai connu le vainqueur....

Les fêtes d'Osiris chez les Égyptiens, les fêtes Dionysiaques chez les Grecs, ne pouvaient pas être plus obscènes; les femmes en fureur portaient en cercles des phallus énormes qu'elles agitaient au moyen de cordes.

Le docteur Reichenau, voyageant à la Côte-d'Or, assista à une fête analogue qui se célébrait à l'époque de la récolte. Là aussi on portait en cercle des phallus de bois ou des emblèmes virils de différentes grandeurs, on les agitait à l'aide de cordes devant des essaims de jeunes filles et de femmes ivres de joie.

Dans les fêtes de Déméter en Sicile on présentait des pâtisseries de miel et de sésame en forme d'organes génitaux, et je ne fais que rappeler les *phallophores* que suivaient les jeunes Grecques portant en procession Bacchus avec trois phallus et les matrones qui couronnaient de fleurs les emblèmes de la virilité triomphante.

On sait moins que dans des temps voisins de nous, au moyen âge, aux fêtes des saints Côme et Damien, on vendait publiquement des phallus de cire : ce qui est encore peu de chose relativement à ce que faisaient les Cataristes manichéens de Carthage qui répandaient leur semence sur l'eucharistie.

CHAPITRE III

L'ACCOUPLEMENT ET SES DIFFÉRENTES FORMES

L'accouplement et ses formes ethniques. — L'hymen et sa rupture. — Valeur diverse de la virginité dans les diverses races. — Les restrictions ethniques de l'amour.

Le langage humain a paru à des métaphysiciens une chose tellement miraculeuse qu'elle ne pouvait s'expliquer par la physiologie des centres nerveux; ils firent donc intervenir un être suprême pour enseigner la parole aux bipèdes sans plumes qui sans ce miracle seraient encore muets comme les poissons. Je ne sais si ces métaphysiciens trouvent aussi nécessaire l'intervention de la divinité pour enseigner à l'homme et à la femme la manière de s'unir dans un embrassement fécondant. Pourtant chez les nègres de Loango, il règne une tradition curieuse qui explique comment l'homme et la femme ont appris à faire l'amour.

Nzambi (le Créateur) louait la femme parce qu'elle avait résisté à la tentation de manger le fruit de Dieu, mais il trouvait mal qu'elle fût plus

forte que l'homme. Alors il l'ouvrit et en re-
tira les os pour la rendre plus petite et plus faible.
Quand il voulut la recoudre, le fil n'était pas
assez long : il dut donc laisser à la peau une petite ouverture, ce dont la femme se montra très
mécontente. L'homme pour la consoler chercha
comment il pourrait fermer ce trou, et.... le reste
se devine. C'est ainsi qu'hommes et femmes apprirent à faire l'amour.

Il semble démontré par ces traditions qu'on
peut être à la fois nègre de Loango et métaphysi-
cien. Nous pourtant qui ne sommes ni nègres ni
métaphysiciens, nous croyons que l'homme n'a
eu besoin d'aucun maître pour apprendre à s'unir
à la femme. L'accouplement est un mouvement
réflexe automatique, qui se transmet et s'exécute
comme la respiration et la succion du sein mater-
nel. Un homme et une femme pubères et amoureux, innocents comme Adam et Ève avant le péché, enfermés dans une chambre ou libres dans
une forêt, après s'être rapprochés, s'être embras-
sés et serrés l'un l'autre, trouveraient sans le
vouloir, je dirai même sans le savoir, le chemin
de la volupté par laquelle on crée un nouvel être.

J'ai pu constater un fait très rare parmi nous
qui démontre cette vérité. Un jeune villageois
innocent et pur comme l'eau de roche, se trouva
dans une étable avec une jeune fille innocente et
pure comme lui et se sentit irrésistiblement

poussé à vouloir la posséder. Celle-ci le laissa faire tout ce qu'il voulut. Le jeune homme sentant sortir un liquide inconnu et que dans son ignorance il croyait être la moelle de ses os, courut en pleurant vers sa mère et lui raconta ce qui était arrivé, croyant que quelque chose s'était cassé en lui.

Cela doit arriver plus souvent chez les peuples sauvages que parmi nous, qui n'allons pas nus. J'ai vu de mes yeux, au Paraguay, des enfants des deux sexes tout à fait nus jouer librement entre eux, et je crois que plus d'une fois, par curiosité et par amusement, ils essayent l'accouplement bien avant la puberté, ce qui dilate peu à peu les parties génitales de la femme, d'où résulte probablement une défloraison graduelle sans violence.

Celui qui a visité le musée du Louvre à Paris, doit certainement s'être arrêté devant un jeune satyre (n° 276) aux lèvres minces, au rire lascif et cynique. Il a la bouche relevée, les ailes du nez ouvertes et l'œil tendu vers un objet convoité. Cette expression est certes une des plus naturelles parmi celles qui précèdent l'accouplement, et une femme qui se sent regardée ainsi doit éprouver une fascination irrésistible qui la jette inconsciente dans les bras de l'homme. Je connais aussi une jeune fille innocente qui, ayant dans la main un membre viril qu'un débauché lui avait présenté, éprouva un tel élan de désir qu'elle se mit à crier comme crient beaucoup de femelles au premier assaut du mâle. Ces faits, et beaucoup d'autres encore, ne prouvent que trop éloquemment la spontanéité des unions dans tous les temps et dans tous les pays, et cela doit être su de tous ces parents qui connaissent la théologie et la métaphysique, mais qui n'ont jamais ouvert le livre de la nature.

Ils doivent mettre leur enfant à l'abri des surprises des sens, car plus d'une fois la femme est vaincue par la femelle et la virginité s'en va dans un naufrage qu'aucun baromètre ou observatoire météorologique n'eût pu annoncer.

Dans la société, pleine de tant d'éteignoirs religieux et moraux, nous réussissons pourtant à cacher les mouvements des organes sexuels, et ainsi il arrive que nous avons besoin de leçons pour faire l'amour, et que la femme plus timide et plus ignorante que nous, apprend de l'homme comment on fait les hommes. D'autres fois ce sont les vendeuses d'amour qui enseignent au jeune garçon comment on cueille le fruit de l'arbre de la science du bien et du mal. J'ai vu un jeune homme vertueux et religieux qui voulut porter intacte à l'autel sa virginité. Il resta huit mois vierge dans le lit de sa femme. Celle-ci, effrayée des premières douleurs de la défloraison, persuadait à son trop ignorant mari qu'il n'avait pas dû prendre le bon chemin, ou du moins qu'il devait y marcher autrement ; si bien qu'il dut avoir recours à un médecin qui lui donna en riant la leçon d'amour.

Tout homme de n'importe quelle race, pourvu qu'il soit pubère, peut s'unir à une femme également d'une race quelconque, et aujourd'hui la science a fait pleine justice de cette fausse croyance qu'il y avait des races stériles entre elles.

Le comte de Strezelecki assure qu'une Australienne, après avoir conçu d'un blanc, ne peut plus avoir d'enfant avec un homme de sa propre race [1]. Brough Smyth combat cette idée qui a été adoptée trop légèrement par d'autres ethnologues, et il cite ce fait suffisamment éloquent. Le révérend Hartmann, de la station de Lake Hindmarck, a vu une Australienne pure avoir deux métis d'un blanc, puis avoir un Australien pur d'un homme de sa race. Une autre eut un métis d'un Européen et, aussitôt après, un petit Australien pur d'un Australien.

Green a connu une femme Bocat de la tribu Yarra qui eut un métis, puis deux Australiens purs ; il a connu aussi une femme de la tribu Goulburn qui eut un métis qu'elle tua et, plus tard, quatre Australiens purs.

Le révérend H. Agenauer, de la station du lac

1. *Description physique de la Nouvelle-Galles du Sud et de la terre de Van-Diémen*, p. 346.

Wellington, a connu une femme qui eut d'abord deux métis, puis six Australiens purs; dans deux autres cas, il vit des Australiennes avoir successivement des métis ou des Australiens purs, suivant qu'elles s'étaient unies à des Européens ou à des indigènes.

Les métis sont eux-mêmes féconds, tant avec des métis qu'avec des Européens ou des Australiens.

Il est rare, mais pourtant il est arrivé, que des Européennes se soient livrées librement à des Australiens et qu'elles en aient eu des fils, et Brough Smyth en cite des exemples (*Op. cit.*, p. 97).

Les observations sur les formes et les dimensions des organes génitaux dans les diverses races sont encore peu nombreuses; il est pourtant démontré que les nègres ont généralement le membre viril beaucoup plus volumineux que les autres peuples, et j'ai moi-même vérifié ce fait pendant les quelques années où j'exerçai la médecine dans l'Amérique méridionale. A ce volume des parties génitales chez le mâle correspond une plus grande largeur du vagin chez les négresses. Falkenstein a trouvé que les nègres de Loango ont le pénis très gros et que leurs femmes nous reprochent l'exiguïté du nôtre. Il combat l'idée singulière de Topinard, d'après lequel ce serait dans l'état de flaccidité que l'on pourrait constater cet énorme volume, le pénis se réduisant au contraire dans l'érection. Falkenstein a aussi observé que chez les nègres de Loango, comme chez nous, le début de la menstruation présente de grandes différences individuelles (de douze à dix-sept et même à vingt ans).

L'homme est sans aucun doute l'animal qui peut faire l'amour du plus grand nombre de façons différentes, grâce à la flexibilité de ses mouvements et à la grande mobilité de son membre viril.

Les *figuræ Veneris* de Forberg sont au nombre de 48 et surpassent donc de douze les 36 manières de l'Arétin ; mais quelle pauvreté en comparaison avec les anciens livres indiens qui donneraient, selon certains voyageurs, des centaines de figures érotiques ! Cette question est importante au point de vue non seulement anthropologique et ethnique, mais encore théologique et religieux. Quelques positions, suivant les casuistes, sont permises, d'autres constituent un péché ! — « Excessus conjugum fit, quando uxor cognoscitur retro, stando, sedendo, a latere, et mulier super virum. »

Un grand spécialiste en ces questions de métaphysique amoureuse à l'usage des confesseurs, dit dans le chapitre: *De circumstantia, modo vel situ:* — « Situs naturalis est ut mulier sit succuba et

vir incubus, hic enim modus aptior est effusioni
seminis virilis ac receptioni in vas fœmineum ad
prolem procreandam. Unde si coitus aliter fiat
nempe sedendo, stando, de latere, vel præpostere
(more pecudum) vel si vir sit succubus et mulier
incuba, innaturalis est. »

Et autre part :

« Sed tamen minime peccant conjuges si ex
juxta causa situm mutent nempe ob ægritudinem,
vel viri penguedinem vel ob periculum abortus :
quandoque ait S. Thomas, sine peccato esse potest quando dispositio corporis alium modum non
patitur [1]. »

Dans un autre livre très curieux dédié *à Sa
Sainteté notre seigneur Benoît XIV*, Girolamo dal
Portico, clerc régulier de la congrégation de la
Mère de Dieu, consacre 770 pages in-4º à l'étude
théologique de l'amour et s'étend dans des distinctions subtiles sur les caresses permises et dé-
fendues [2].

Quel abîme entre ces instructions méticuleuses
et les conseils que donnait un bon chrétien, mais
non théologien, l'illustre médecin français Am-
broise Paré :

1. Craisson, *De rebus venereis ad usum confessoriorum*,
Paris, 1870.
2. Gli amori tra le persone di sesso diverso disaminato co'
principj della morale teologica, per istruzione di novelli con-
essori. Lucca, 1751.

« L'homme estant couché avec sa compagne et espouse, la doit mignarder, chatouiller, caresser et émouvoir, s'il trouvait qu'elle fût dure à l'esperon : et le cultivateur n'entrera dans le champ de Nature humaine à l'estourdy, sans que premièrement n'aye fait ses approches, qui se feront en la baisant... aussi en maniant ses parties génitales et petits mamelons, afin qu'elle soit esprise des desirs du mâle (qui est lors que la matrice lui frétille), afin qu'elle prenne volonté et appétit d'habiter et faire une petite créature de Dieu et que les deux semences se puissent rencontrer ensemble; car aucunes femmes ne sont pas si promptes à ce jeu que les hommes[1] ».

J'ai pu voir dans beaucoup de peintures modernes de l'Inde et du Japon et dans les précieux ivoires qui ornaient le trône d'or d'un roi du Tanjore au quinzième siècle les plus étranges et les plus ingénieuses positions érotiques. D'après elles, on croirait que tous les hommes emploient leur imagination à inventer des voluptés nouvelles et des groupes d'acrobatie amoureuse. Pour les théologiens casuistes du moyen âge, ce sont autant de péchés mortels, puisque l'accouplement idéalement moral devrait avoir lieu avec le moins de plaisir possible et le moindre contact des corps pour arriver à l'unique fin de la procréation.

1. A. Paré, *Œuvres complètes*, édition Malgaigne, t. II, p. 410. Paris, 1840.

L'homme a fatigué la fantaisie et le dictionnaire au service de la débauche. Dans chaque langue, les organes génitaux et le coït sont extrêmement riches en synonymes et la seule langue française du seizième siècle avait plus de trois cents mots pour exprimer l'accouplement et quatre cents noms pour indiquer les parties génitales de l'homme et de la femme.

La position la plus généralement adoptée dans l'accouplement est celle où la femme est renversée et l'homme entre ses cuisses. Sur les vases de l'ancien Pérou, dans les peintures de Pompéi et de l'Inde vous verrez plusieurs fois représentée cette forme classique que les ingénieux Toscans appelèrent *angélique* pour bien marquer qu'elle était plus commode et plus agréable que toute autre.

Le docteur O. Kersten racontait au docteur Ploss avoir vu souvent les Szuaheli du Zanzibar se placer sous leurs femmes, qui meuvent leur corps comme si elles voulaient moudre du grain. Ce mouvement qui accroît la volupté de l'homme se nomme *digitischa* et est enseigné aux jeunes filles par les vieilles femmes de la tribu; il paraît que cet apprentissage est difficile, car l'enseignement dure 40 jours. Dans ce pays, c'est une grave offense de dire à une femme qu'elle ne sait pas faire le *digitischa*. Ploss ajoute que ce mouvement est aussi connu dans les Indes Néerlandaises.

Dans le Soudan, assure le docteur A. Brehm, la femme aime se tenir debout; elle se courbe en avant les mains appuyées sur les genoux, tandis que l'homme se place par derrière. Dans les peintures de Pompéi on voit souvent cette figure érotique. Les Esquimaux aussi préfèrent ce procédé. Les Konjagi agiraient de même.

Les Kamtschadales croient que l'accouplement ordinaire ou angélique est un grand péché et que l'homme doit être couché avec la femme de flanc, parce que les poissons font ainsi et qu'ils se nourissent spécialement de poissons.

Péchuel Loesche dit que les nègres de Loango font l'amour de flanc, et il ajoute qu'ils choisissent probablement cette position à cause de l'excessif volume du membre viril; mais il fait remarquer que les Tschutschis et les Namolos préfèrent aussi cette position sans avoir la même excuse[1]. A Loango, on ne fait l'amour que les portes closes, jamais par terre, mais sur un lit élevé, la nuit et sans témoins,

Dans le même pays, celui qui séduit une jeune fille impubère porte malheur au pays et un sacrifice expiatoire est nécessaire. On punit aussi ceux qui font l'amour avant l'âge légal de vingt ans. Chez eux l'accouplement n'est point défendu aux femmes enceintes.

1. Pechuel Loesche, *Les indigènes de Loango* (*Zeit. für Ethn*), 1878, II. 1, p. 26.

On sait peu de choses des goûts particuliers des diverses races à ce sujet, mais il est indubitable que les Australiens font l'amour d'une manière singulière. Plusieurs voyageurs ont pu les voir faire l'amour *coram populo*. Il suffit d'offrir à un homme un verre d'eau-de-vie; il cherche une femme et représente avec elle la scène demandée. Cette forme d'accouplement serait pour nous ou impossible ou très incommode. Miklucho-Maclay rapporte une de ces scènes dans laquelle l'homme, impatient de gagner le verre de *gin*, quitta tout à coup la position nationale et dit : « Je finirai à l'anglaise. » Il étendit la femme à terre et se mit sur elle [1].

Au Gerland [2], les femmes australiennes ont les parties génitales plus en arrière que nous; pour cette raison, les hommes font le coït par derrière [3].

M. Leunier, directeur du musée du Havre, a eu la bonté de m'envoyer deux copies de dessins de Lesueur, par M. A. Noury, peintre distingué du Havre. Ces dessins, pris sur les manuscrits d'un voyage autour du monde fait au commencement du siècle, représentent le coït des

---

1. *Zeit. für ethn. Verhand.* 1881, p. 57.
2. *Anthrop. der Natur völker*, partie VI, p. 714.
3. George Fletcher Moore dit que l'accouplement australien s'appelle : *mu-yang*, et Ploss le décrit avec beaucoup de détails, *Op. cit.*, vol. I, p. 230.

Tasmaniens d'après nature. Ce peuple aujour-d'hui disparu faisait l'amour comme les Australiens d'à présent; c'est là un nouvel argument qui démontre la parenté ethnique de ces deux peuples.

Nous n'avons pas de statistique qui donne un aperçu ethnographique sur la vigueur génitale des diverses races humaines. Mais nous pouvons affirmer avec une rigueur presque scientifique que les nègres en général sont les plus puissants de tous et que les peuples polygames, à cause du grand exercice de leurs organes génitaux, les ont plus vigoureux et plus prompts[1]. Les Turcs, les Arabes, les Indous, dépensant généralement moins de force intellectuelle et ayant dans leurs *harems* un riche assortiment de femmes, peuvent nous surpasser facilement dans les joutes amou-reuses.

Le premier accouplement est chez les femelles humaines caractérisé par le fait singulier de la défloraison, c'est-à-dire la rupture de la membrane hymen qui ferme plus ou moins l'entrée du vagin[2].

Il paraît que toutes les femmes ont l'hymen,

1. Sur la mesure de la vigueur génitale chez les divers individus, voir Mantegazza, *Hygiène de l'amour*, 4ᵉ édit., Milan, 1881, p. 89 et suivantes.
2. Sur la virginité au point de vue psychologique, voyez Mantegazza, *Physiologie de l'amour*, p. 102.

mais nous ne savons pas si la race donne quelque caractère spécial à sa forme ou à sa résistance. Rien que chez nous, elle est tantôt semi-lunaire, tantôt circulaire, tantôt très fragile, tantôt, assez résistante pour exiger l'intervention chirurgicale. Elle peut aussi quelquefois manquer, et j'ai constaté l'absence complète de l'hymen chez une petite fille de six ou sept ans. Ce cas ne doit pas être très rare, puisque A. Paré, Dulaurens, Graaf, Pinoeus, Dionis, Mauriceau, Palfyn ont nié son existence comme partie intégrante et nécessaire des organes sexuels de la femme.

Arrêtons-nous un peu sur ce petit lambeau de chair sur lequel l'amour et l'orgueil ont suggéré les idées les plus étranges qui aient jamais habité dans la cervelle humaine. L'hymen est placé transversalement à la partie supérieure du vagin; il le ferme complètement en arrière et présente en avant une échancrure au niveau du méat urinaire. Il a généralement la forme d'une demi-lune dont le bord convexe est soudé à la paroi inférieure et latérale du vagin; son bord antérieur est concave vers l'urèthre et laisse une ouverture à la partie inférieure de l'orifice vaginal.

Au musée anatomique de Heidelberg, vous verrez toutes les variétés de formes de l'hymen, que le docteur Garimond réduit à trois :

1° *Hymen à ouverture centrale.* — Elle peut être circulaire et se trouver sur la ligne médiane ou de côté ; elle peut aussi être ovale ou quadrangulaire.

2° *Hymen en forme de demi-lune à ouverture antérieure.* — Parfois cette ouverture est subdivisée en deux plus petites par une membrane perpendiculaire dont l'extrémité s'insère au-dessus du méat.

3° *Hymen imperforé ou criblé de petits pertuis.* — Comme variété on trouve l'hymen divisé d'avant en arrière dans toute sa longueur par une fente irrégulière ; parfois l'orifice est double, etc., etc.

C'est sur l'existence de cette petite membrane si fragile et si variée de forme, que les jurisconsultes et les savants ont versé des torrents d'encre pour décider du viol, des jeux amoureux ou même de la masturbation. Et pourtant nous avons autour de nous bien des jeunes filles qui ont prostitué tous les orifices de leur corps, sauf la porte de Vénus, et sont pourtant anatomiquement vierges, de même que nous avons vu des cas de grossesse avec l'hymen intact[1] !

Nous n'écrivons pas un livre de médecine légale et nous devons nous occuper seulement de la

---

1. Voir à ce propos : Guérard, *Sur la valeur de l'existence de la membrane hymen comme signe de virginité* (Ann. d'hygiène, 1872, 2ᵉ série, t. XXXVIII, p. 409); Bergeret, *Des fraudes dans l'accomplissement des fonctions génératrices*, Paris, 1873; Courty, *Traité pratique des maladies de l'utérus et de ses annexes*, p. 3... ...ylor, *Jurisprudence médicale*, 3ᵉ éd.,

valeur donnée à la virginité chez différents peuples.

Tantôt l'homme lui a donné une importance telle, qu'il en a fait le seul garant de la pureté de la femme, tantôt il l'a considéré comme un obstacle aux joies de l'amour et il a laissé à d'autres la fatigue de la rompre.

Je crois que si l'on pouvait établir une statistique exacte des divers peuples qui ont l'une ou l'autre de ces opinions, on trouverait supérieur le nombre de ceux qui donnent une grande valeur à la virginité. Il est du reste très naturel qu'il en soit ainsi : l'homme est heureux et fier d'entrer le premier dans le temple, et il satisfait à la fois ses deux passions principales, l'orgueil et l'amour ; il croit en outre avoir plus de sécurité : ce qu'il a possédé le premier ne sera pas possédé par d'autres.

La virginité des peuples d'une haute idéalité a été transportée par eux jusque dans le ciel, et tous les chrétiens adorent une mère de Dieu qui est vierge. Gengis Khan fut aussi cru fils d'une vierge et considéré comme un être au-dessus de l'humanité. Dans la Bible, on lit que le mari pouvait répudier l'épouse qu'il n'avait pas trouvée

p. 807 ; Rose, *De l'hymen*, thèse de Strasbourg, n° 862, 2° série, 1865 ; Toulmouche, *Mémoire sur les attentats à la pudeur et le viol (Ann. d'hygiène, 1864)* ; D' Garimond, *De l'hymen et de son importance en médecine légale (Ann. d'hygiène publique)*.

vierge, et si l'accusation était confirmée par les anciens de la tribu, la femme était lapidée. Si au au contraire elle avait été calomniée, le mari payait une amende et la répudiait.

En Perse, l'épouse doit être vierge, et le mari qui ne l'a pas trouvée intacte la première nuit peut la répudier sur une simple déclaration. Pour conjurer ce danger, les parents d'une jeune fille qui a péché la marient à un pauvre diable ou à un jeune garçon qui doit affirmer sa virginité; alors elle peut se remarier avec un homme d'un plus haut rang. D'autres fois les jeunes filles, quel-ques heures avant le mariage, avec deux points de suture à travers les grandes lèvres se refont une virginité. Elles donnent ainsi au crédule mari le sang de leur fausse vertu[1].

Il paraît pourtant que tous les maris ne sont pas aussi débonnaires. Quelquefois, en Égypte, le mari s'enveloppe le doigt indicateur de la main droite d'une fine mousseline, l'introduit dans le vagin et le retire ensanglanté, le montrant aux parents comme une preuve irrécusable de virginité. Ainsi font encore les Nubiens et les Ara-bes, mais chez les premiers c'est le mari qui déflore l'épouse devant témoins, tandis que chez les Arabes l'opération est faite par une matrone.

---

1. On est épouvanté de lire que la Quartilla de Pétrone ne se souvenait plus d'avoir été vierge : « *Junonem meam iratam habeam, si unquam me meminerim virginem fuisse!* »

Ploss[1] assure que les catholiques d'Égypte déflorent l'épouse par le coït devant les mères des deux époux. Pallas raconte qu'il est d'usage chez les Ostiaks et les Samoïèdes que l'époux fasse un cadeau à sa belle-mère lorsqu'elle lui présente les signes de la virginité.

Les Slaves ont la virginité en grand honneur. Dans la Russie méridionale, l'épouse, avant de s'approcher de son mari, doit se montrer entièrement nue à des témoins afin de prouver qu'elle n'emploie aucun artifice pour simuler ce qu'elle n'a pas. Il est d'usage aussi d'appeler quelqu'un pour déflorer l'épouse la première nuit des noces si l'époux ne peut le faire.

Certaines épreuves de la virginité semblent être inventées par la sensualité des curieux, ainsi qu'on peut le voir dans les usages de la Morée et de la principauté de Galles[2].

En Afrique, chez beaucoup de peuplades, on rend l'épouse aux parents lorsqu'elle n'a pas été trouvée vierge. Chez les Szuahelis de l'Afrique occidentale, si la jeune fille est vierge, on restitue à ses parents la moitié de l'argent déboursé. Les nègres Bafiotes, comme nous l'avons déjà vu, appellent l'hymen *nkumbi* ou *tscikumbi*. Ces noms désignent encore la jeune fille depuis le commen-

---

1. Ploss, *la Femme dans la nature et chez les différents peuples.* Leipzig, 1884, t. I, p. 217.

2. Pouqueville, *Voyage en Morée et en Albanie*, 1805.

cement de sa nubilité jusqu'à son premier rapprochement avec un homme. Suivant quelques
voyageurs pourtant, le mari n'attache aucune
importance à la virginité de sa femme ; chose
singulière, puisque les nègres de Loango blâment
la prostitution, mais une *nkumbi* peut faire l'amour
sans perdre l'estime universelle.

En Amérique aussi nous trouvons des peuples
qui attachent une grande valeur à l'hymen. Ainsi,
les indigènes de Nicaragua renvoyaient à ses parents l'épouse qui n'était pas vierge, et il paraît
que les Aztèques y tenaient aussi beaucoup. A Samoa, avant la fin des fêtes nuptiales, l'époux recherchait avec le doigt la virginité de l'épouse, et
la vierge recevait beaucoup de cadeaux du mari
tandis qu'au contraire la femme déflorée était
battue par ses parents.

On donne en Laponie beaucoup de liberté à la
jeune fille, mais l'époux est heureux de trouver
sa femme vierge. En signe d'allégresse, il casse un
verre le lendemain de la première nuit, si dans
la première étreinte il a eu également quelque
chose à rompre. Mais s'il a trouvé le chemin libre,
il jette une pluie de plumes sur les parents de
l'épouse en signe de mépris. C'est du moins ce
que raconte Alquit.

En Europe les jeunes filles même peu vertueuses, et qui ont étudié les formes variées
de la *flirtation*, se marient le plus souvent

vierges [1]. Dans les cas contraires il ne manque
pas de moyens pour simuler une fausse virginité,
qui est vendue plus d'une fois par des entremet-
teuses expertes et intelligentes. Ainsi, peu avant
d'aller au lit nuptial, la jeune fille se fait couler
dans le vagin quelques gouttes de sang des plumes
de pigeon; elle choisit encore pour ses noces le
dernier jour de la menstruation. Une éponge ha-
bilement placée laisse reparaitre le sang au moment de la catastrophe, lorsqu'un *aïe !* opportun
annonce au mari crédule que le temple est violé
pour la première fois et que le voile du *sanctus
sanctorum* a été déchiré réellement par lui. Ajoutez à cela des injections si astringentes qu'elles
peuvent donner au moment voulu, à la prostituée

1. Les débauchés romains achetaient à grand prix la virginité et l'on connaissait des procédés pour la refaire plusieurs
fois. Pour la constater on avait coutume d'entourer le cou de
la vierge avec un fil, et si après la première nuit le fil était
devenu trop court, la défloraison était flagrante. C'est à cette
épreuve que Catulle fait allusion dans son épithalame :

> *Non illam nutrix orienti luce revisens*
> *Hesterno collum poterit circumdare collo.*

Le fil précieux qui avait prouvé la virginité était suspendu
dans le temple de la Fortune virginale et l'on consacrait encore
à la *Virginensis Dea* les autres signes sanglants de la virginité.
Dans la Rome antique, les vierges ne pouvaient pas être sou-
mises à la peine de mort sans avoir été violées par le bourreau.
« *Immaturæ puellæ* (dit Suétone) *quia more tradito nefas
esset virgines strangulari, vitiatæ prius a carnefice, dein
strangulatæ.* »

la plus déchirée par mille clients, une étroitesse de diamètre bien supérieure à celle d'une véritable vierge[1].

Si les hommes, dans le choix de leur compagne, s'attachaient un peu plus à la virginité du cœur et à la pureté de l'âme sans rechercher avec une curiosité maladroite la tache sanglante sur les draps ou sur la chemise, combien de désillusions de moins et de félicités de plus ils auraient dans le mariage!

Bien plus logiques sont ces peuples qui, peu sûrs de la virginité des femmes, les protègent contre toute atteinte par deux bons points de suture (infibulation); mais nous en parlerons plus spécialement à propos des autres mutilations auxquelles l'homme a soumis ses organes génitaux ainsi que ceux de sa compagne.

Au pôle opposé de ceux qui exigent la virginité de l'épouse, on trouve ceux qui n'y attachent aucune importance.

Suivant Hureau de Villeneuve[2], l'hymen n'est pas décrit dans les ouvrages chinois de médecine et de chirurgie, et il explique ce fait en disant que les mères et les nourrices finissent par le détruire

1. Une célèbre courtisane parisienne moderne se vantait d'avoir vendu 82 fois sa virginité.

2. *De l'accouchement dans la race jaune*, thèse de Paris, Ploss, *Op. cit.*, t. I, p. 219.

à l'aide de lavages continuels des organes génitaux. Il en serait de même dans l'Inde.

Epp loue avec enthousiame ces coutumes. Elles
contrastent avec l'absence de propreté de nous
autres Européens qui, par pudeur ou par négli-
gence, changeons ce nid d'amour en un cloaque
infect.

Les anciens Égyptiens faisaient avant le mariage une incision à l'hymen, et saint Athanase
raconte que la défloraison de l'épouse était confiée
chez les Phéniciens à un esclave de l'époux.

Les Caraïbes ne donnaient aucune valeur à la
virginité, et seules les filles des classes les plus
élevées étaient enfermées deux ans avant leur mariage.

Il paraît que chez les Chibchas de l'Amérique
centrale la virginité n'est point du tout estimée.
On y voyait même la preuve que la jeune fille
n'avait jamais su inspirer l'amour.

Les vieilles filles étaient très estimées à l'ancien
Pérou. Il avait des vierges sacrées appelées *femmes
du soleil* qui ressemblaient à peu près aux vestales
romaines. Elles faisaient vœu de chasteté éternelle
et passaient leur vie à tresser et à préparer le
chicha et les pains de maïs pour le roi (Inca).

On dit aussi qu'elles étaient enterrées vives
lorsqu'elles avaient manqué à leur vœu de chasteté, à moins pourtant qu'elles ne pussent prouver
qu'elles avaient conçu, non d'un homme, mais du

soleil. Le séducteur était mis à mort et sa race dispersée.

Plusieurs auteurs dignes de foi assurent que ces vierges étaient gardées par des eunuques. Le temple de Cuzco avait mille vierges et celui de Caranque deux cents. Il paraît pourtant que la virginité de ces vestales était peu sacrée, puisque les rois Incas choisissaient parmi elles leurs concubines ou les donnaient à leurs vassaux et amis préférés. Suivant Torquemada, ces vestales ne restaient dans le temple que trois ans, puis elles étaient remplacées par d'autres. L'Inca en choisissait trois qu'il consacrait prêtresses du soleil, puis trois pour lui-même et il mariait les autres à ses sujets ou bien leur donnait la liberté.

Marco Polo décrit l'exposition des jeunes filles sur la voie publique, faite par leurs mères pour que les voyageurs pussent en user librement. Une jeune fille devait avoir au moins une vingtaine de cadeaux reçus dans ses prostitutions pour pouvoir trouver un mari. Cela n'empêchait pas d'être vertueuse après le mariage et leur vertu très appréciée.

Au Cambodge, un prêtre déflorait l'épouse avec un doigt qu'il lavait dans du vin avec lequel il se mouillait ensuite le front. Suivant d'autres auteurs, ce vin était bu par les parents de l'époux.

Waitz assure qu'en plusieurs pays de l'Afrique on préfère comme épouse une jeune fille qui s'est fait remarquer par plusieurs amours et par une

grande fécondité. Chez les Bramen aussi les femmes
qui ont eu de nombreuses unions coupables se·
raient plus chères à leurs maris.

On ne pouvait jamais constater la virginité chez
les femmes Machacuras du Brésil, et Feldner[1]
en explique la raison en latin : « Nulla inter
illas invenitur virgo, quia mater inde in tenera
ætate filiæ maxima cum cura omnem vaginæ
constrictionem ingredimentumque amovere stu-
det, hoc quidem modo : manui dextræ imponitur
folium arboris in infundibuli formam redactum,
et dum index in partes genitales immissus huc
et illud moretur, per infundibulum aqua tepida
immittitur. »

Dans d'autres pays, on emploie des moyens plus
brutaux. Ainsi chez les Australiens de la rivière
Peake, la pauvre fille est tenue solidement par les
pieds et les mains, tandis qu'un vieillard lui introduit d'abord un doigt, puis deux, puis trois,
puis quatre dans le vagin. Dans d'autres endroits
de l'Australie, on emploie une pierre ou un bâton[2]. Avant le mariage, on déflore les Australiennes avec un fragment de silex, appelé *bogenan*
suivant Hill; Maclucho-Maclay ajoute qu'à une
époque les filles en se mariant recevaient en don
de leurs amies une corde appelée *bougevin*, pour

---

1. W.-Ch.-G. de Feldner, *Voyage à travers plusieurs provinces du Brésil*, Liegnitz, 1828, vol. II, p. 148.

2. Ploss, *Op. cit.*, I, p. 220.

se ceindre les reins avant le coït, ce qui devait favoriser la fécondation.

Chez les Sakalaves de Madagascar, les jeunes filles se déflorent elles-mêmes, quand les parents n'ont pas pourvu à cette opération nécessaire au mariage.

Chez les Balanti de la Sénégambie, une des races les plus dégradées de l'Afrique, les filles ne peuvent trouver de mari avant d'avoir été violées par leur roi, et celui-ci se fait souvent donner des cadeaux importants pour mettre ses sujettes en état de se marier.

Barth (1856), en décrivant Adamaa, dit que le chef des Bagoles couchait la première nuit avec les filles des Fulbes, peuple qui lui était soumis. Des faits analogues nous sont racontés des indigènes du Brésil et des Esquimaux Kinipetous. Dans beaucoup de ces cas, il est difficile de préciser s'il s'agit du droit du plus fort ou d'un goût bizarre de victimes volontaires.

Néère, célèbre hétaïre grecque, à ce que raconte Démosthène, avait sept esclaves qu'elle appelait ses filles, de façon qu'on les crût libres et qu'on payât plus cher pour les posséder. Elle vendit cinq ou six fois leur virginité et finit par les vendre toutes en bloc.

Le dieu Mutinus, Mutunus ou Tutunus de l'ancienne Rome, voyait s'asseoir sur ses genoux les nouvelles épouses, comme pour lui offrir leur vir-

ginité. Saint Augustin dit : « In celebratione nup-
tiarum super Priapi scapum nova nupta sedere
jubebatur. » Lactance ajoute des détails plus
précis : « et Mutunus in cujus sino pudendo nu-
bentes præsident, est illarum pudicitiam prius
deus delibasse videatur. » Il paraît pourtant que
cette offrande n'était pas seulement symbolique ;
et quand elles étaient devenues femmes, elles retournaient sur les genoux du dieu préféré pour
demander la fécondité.

Arnobe rapporte : « etiam ne Tutunus, cujus
immanibus pudendis, horrentique fascino, ves-
tras inequitare matronas et auspicabile ducitis et
optatis ? »

Pertunda était une autre divinité hermaphro-
dite que saint Augustin proposait malicieusement
d'appeler plutôt *Deus Pretundus* (qui frappe le
premier) ; on le portait dans le lit nuptial pour
venir en aide à l'époux. « Pertunda in cubiculis
præsto est virginalem scrobem effodientibus maritis ». (Arnobe.)

La défloraison était confiée aux prêtres chez les
Kondadjis (Ceylan), les Cambodgiens et d'autres
peuples.

Jäger a communiqué à la Société anthropologique de Berlin un passage de Gemelli Caneri, où
l'on parle d'une *strupratio officialis* pratiquée
un certain temps chez les Bisayos des Philippines :

« On ne connaît point d'exemple d'une coutume

aussi barbare que celle qui s'y était établie, d'avoir
des officiers publics, et payés même fort chère-
ment, pour ôter la virginité aux filles, parce
qu'elle était regardée comme un obstacle aux
plaisirs du mari. A la vérité, il ne reste aucune
trace de cette infâme pratique depuis la domina-
tion des Espagnols.... mais aujourd'hui même un
Bisayos s'afflige de trouver sa femme à l'épreuve
du soupçon, parce qu'il en conclut que, n'ayant
été désirée de personne, elle doit avoir quelque
mauvaise qualité qui l'empêchera d'être heureux
avec elle. »

Au Malabar aussi, il y avait des bramines qui
n'avaient d'autre emploi religieux que celui de
cueillir la fleur de la virginité des jeunes filles.
Celles-ci les payaient pour cela et ne pouvaient autrement trouver un mari. Le roi de Calicut lui-
même accorde le droit de première nuit à un bramine; celui de Tamassat l'accorde au premier
étranger qui arrive dans la ville; tandis que le roi
de Campa se le réserve à lui-même pour tous les
mariages de son royaume[1]. Warthema dit que le
roi de Calicut, quand il prenait femme, choisissait
le bramine le plus digne et le plus savant pour
déflorer la jeune fille; pour ce service, il recevait

---

1. De Gubernatis, *Histoire des voyageurs italiens aux Indes
Occidentales*, Livourne, 1875, p. 351. Sur la fonction déflora-
trice des prêtres de l'Inde, voyez p. 193, une lettre de Filippo
Sassetto.

400 à 500 écus. A Tenasserim, les pères priaient
leurs filles de se laisser déflorer par des chrétiens
ou des mahométans. Pascal de Andagoya, qui vi-
sita le Nicaragua de 1514 à 1522, dit qu'un grand
prêtre couchait la première nuit avec l'épouse, et
Oviedo (1535) parlant, des Acovacks et d'autres
Américains, raconte que la femme, pour que le
mariage fût heureux, couchait la première nuit
avec le prêtre ou *piache*, et Gomarra (1551) rapporte le même fait des habitants de Cumana.

Une fois ouverte la porte de l'amour, la majorité
des hommes n'hésite plus à la franchir, à moins
que des lois spéciales, religieuses, morales ou
hygiéniques, n'y mettent des restrictions.

En Esthonie, on croit qu'il est mauvais de posséder sa femme la première nuit, et j'ai connu dans
l'Amérique méridionale des confesseurs catholiques qui déconseillaient à leurs pénitentes d'accepter les caresses de leur mari pendant les trois
ou quatre premiers jours du mariage. Dans certains endroits de l'Esthonie, le mari doit bien se
garder de toucher le sein de sa femme, parce que
plus tard il en résulterait des conséquences fâ-
cheuses pour l'allaitement.

Plus raisonnables sont les restrictions à l'amour
au moment de la menstruation, de la période
puerpérale et de l'allaitement.

Chez les anciens Juifs, la femme devait compter
cinq jours depuis l'apparition du flux menstruel

et en ajouter sept pour la purification ; ce n'est qu'au bout de ces douze jours qu'elle pouvait s'approcher de son mari, après avoir pris un bain. La transgression de ce précepte était punie de mort. Pendant ce laps de temps, les époux ne pouvaient pas même se toucher de la main.

Chez les Mèdes, les Bactriens, les Perses, le rapprochement était aussi défendu pendant la menstruation et l'allaitement. Tout contrevenant était puni de deux cents coups de bâton et d'une grosse amende.

Mahomet, dans le Coran, défend aux maris de s'approcher de leurs femmes aux jours critiques et de les toucher depuis la ceinture jusqu'aux genoux. Les lois mahométanes actuelles interdisent le rapprochement durant la menstruation, pendant la période puerpérale ou quand la femme est malade. Si un Turc épouse une vierge, il doit lui consacrer sept nuits consécutives au début du mariage, tandis que s'il prend une femme qui ne soit pas vierge, trois nuits sont suffisantes.

Il est difficile de mettre d'accord tous les préceptes du Coran, puisque le mari doit au moins une fois par semaine s'approcher de sa propre femme, puis s'en éloigner absolument durant la menstruation huit jours avant et huit jours après, puis pendant toute la période de la grossesse et de l'allaitement, puis pendant les trente jours de jeûne du Ramadan.

Zoroastre limitait le devoir du mari à une seule fois en neuf jours. Cette prescription est peu différente de celle de Solon, qui fixait le minimum à trois fois par mois.

Chez les Druses, le mari ne peut s'approcher de sa femme qu'une fois par mois, après la menstruation, et si le mois suivant le flux menstruel ne paraît pas, il doit s'en abstenir absolument, car elle doit être enceinte.

Les Wakambas et les Wakikugus de l'Afrique Orientale ne peuvent faire l'amour quand les bestiaux sont au pâturage, c'est-à-dire du matin jusqu'au soir, ou dans les voyages, bien que les femmes fassent aussi partie de la caravane. En signe de deuil, à la mort d'un parent ou d'un chef, les Wanikas au contraire prescrivent le coït dans deux circonstances bien différentes : lorsqu'une veuve veut se remarier, un homme d'une autre tribu doit la posséder une fois avant le jour des noces ; s'il meurt une femme des Wikambas, un étranger doit pendant la nuit se coucher avec le cadavre et le posséder. Le matin suivant il trouve une vache liée qui est pour lui. Cet usage est tenu secret et son exécution aussi.

Dans beaucoup de tribus africaines, les hommes ne touchent plus leurs femmes lorsqu'elles sont enceintes ou nourrices ou pendant le flux menstruel. A cette période, à la Côte-d'Or, les femmes se retirent dans des cases spéciales ; à Loango, elles font de même, mais avec les étrangers elles n'observent aucune réserve.

Chez les Wallawallas et les Sélisch de l'Orégon, les femmes dans les jours critiques vivent seules dans des huttes spéciales.

Je n'en finirais plus si je voulais citer tous les peuples chez lesquels la femme, à l'époque de la menstruation, est déclarée impure; et si je voulais donner la longue liste de tous les préjugés qui entouraient autrefois et entourent encore cette période!... J'ajouterai seulement quelques faits peu connus et qui concernent les Australiens.

Il semblera étrange de trouver chez quelques tribus australiennes des restrictions rigoureuses, concernant la menstruation, et si supérieures aux usages européens. Dawson nous le dit en latin, de peur d'offenser les très chastes fils de la blonde Albion :

« Quæ nupta est per menstruandi tempus, sola per se a parte adversa foci domestici dormire cogitur, neque vel cibum vel potum alicujusque capere permittitur. Neque quisquam est qui vel cibum vel potum ab illa tactum consumere velit, ut qui illos invalidos reddat. Innupta autem vel vidua

---

1. Consulter à ce sujet l'ouvrage très complet de Ploss dans le chapitre concernant la puberté et la menstruation, *Op. cit.*, vol. I, p. 169 et suivantes.

2. James Dawson, *les Aborigènes de l'Australie*, etc. Melbourne, etc., 1881, *notes*.

quæ idem patiatur in eadem legem quo ad cibum et potum cogitur; eadem caput pingere atque corpus usque ad medium rubro limo cogitur, neque junioribus innuptis domum menstruantis inire licet. Eadem si cui in semita occurrat, exire debet. Ambulare quidem atque interesse amicorum colloquiis licet neque moleste turbari, neque tamen saltare aut cymbalum agitare in corroboreis licet. »

Dawson ajoute encore en latin, que la nature semble avoir enseigné aux Australiens ce que Moïse, inspiré de Dieu, enseignait aux Hébreux pour conserver leur santé.

Nous autres Européens, tout au contraire, tout civilisés que nous sommes, nous ne respectons ni la femme à l'époque de la menstruation, ni celle qui est enceinte ou en état puerpéral; j'ai connu un général gouverneur d'une province qui aimait tant sa femme qu'il se rapprocha d'elle dans la première semaine après son accouchement; elle redevint enceinte trois jours après, et neuf mois plus tard elle mettait au monde un second enfant. Ce fait peut intéresser la science.

Relativement à la propreté des organes génitaux, beaucoup de sauvages pourraient nous donner des leçons d'hygiène; mais nous sommes monogames et, avant tout, prêcheurs de vertus que nous ne pratiquons pas.

CHAPITRE IV

LES ARTIFICES DE LA VOLUPTÉ

L'Ampallang. — Le hérisson chinois. — Grelots lascifs. — Cylindres
génitaux. — Les Bisajons. — L'île de Ponapé. — Parfums érotiques. — Aphrodisiaques. — Étranges aberrations.

L'homme, non content de la volupté naturelle
due au simple accouplement, a cherché à l'accroître par des artifices nombreux et divers où
son imagination s'est surpassée elle-même.

On savait déjà par les relations des anciens
voyageurs que chez certaines peuplades des îles
de la Sonde et de l'Asie, on garnissait le membre
viril de divers engins pour augmenter la sensation de la femme, mais généralement ces récits
étaient taxés d'exagération. Maintenant il n'est
plus permis de douter, et Miklucko-Maclay nous a
donné une histoire à peu près complète de ces
inventions extravagantes de la luxure humaine.

Il a pu examiner le membre viril d'un Dajak,
conservé au musée de l'hôpital militaire de Batavia. Gland et urèthre sont traversés par un canal artificiel d'un petit diamètre, la pièce anato-

mique étant très réduite de volume. La perforation
se fait au moyen d'une aiguille d'argent. On y
passe un instrument, qui, pendant le coït, frotte
fortement le vagin en procurant une volupté inso-
lite. L'instrument excitateur est une tige munie à
ses deux extrémités d'un trou dans lequel on
passe des soies de façon à obtenir une double
brosse. La tige est d'argent, d'ivoire ou de laiton.
Il paraît que quelques-uns ont une perforation
double, peut-être pour porter deux engins exci-
tateurs ou pour changer la position de la brosse
voluptueuse. Le docteur Steenstra-Toussaint a
certifié à Miklucho-Maclay avoir vu le pénis d'un
Dajak, troué de haut en bas, au-dessus du prépuce. Van Graffen, de Batavia, le premier Européen qui ait fait de longs voyages à l'intérieur de
Bornéo, a communiqué au voyageur russe beaucoup de particularités sur cet usage singulier.

L'opération ne se fait qu'aux adultes. On tire le
prépuce en arrière, on enferme le membre entre
deux attelles de bambou, et pendant huit ou dix
jours on le recouvre de linges trempés dans l'eau
froide. Alors on perce le gland avec une petite
tige pointue de bambou, et l'on introduit dans la
blessure une plume de pigeon trempée d'huile qu'on
renouvelle tous les jours, jusqu'à cicatrisation.

Au travail et en voyage, les Dajaks tiennent
une plume dans le canal ainsi creusé. Quand ils
veulent faire l'amour, ils l'enlèvent et la rem-

placent par l'*ampallang*. L'*ampallang* est une baguette de bois, d'argent ou d'or d'une longueur de 4 centimètres et d'une épaisseur de 2 millimètres. A l'un des bouts, elle porte une boulette d'agate ou de métal, et à l'autre on en fixe une seconde quand l'*ampallang* est en place. Tout l'appareil en place a une longueur de 5 centimètres et une épaisseur de 5 millimètres.

La femme exprime de diverses manières, toutes très réservées, la mesure de l'*ampallang* qu'elle désire. Tantôt elle cache dans un plat de riz offert à l'époux une feuille de bétel roulée en cigarette, tantôt avec les doigts de la main droite placés entre les dents elle donne la dimension. Elle a droit à l'*ampallang*, et si l'homme n'y consent pas, elle peut se séparer. Une fois habituées à ce raffinement, elles ne peuvent s'en passer. Pendant le coït, les hommes cherchent à mettre obliquement leur *ampallang*, de façon qu'introduit dans le vagin, il y reste transversalement.

Van Graafen a vu une seule fois un Dajak qui portait deux *ampallang* l'un derrière l'autre. Tous les autres n'en avaient qu'un, et la perforation était toujours horizontale et au-dessus de l'urèthre.

Riedel a assuré à Miklucho que, au nord de Célèbes, on emploie aussi l'*ampallang* sous le nom de *kambiong* ou *kambi*. Il est muni de deux cordons à ses extrémités, probablement pour changer la direction de l'instrument. Il dit aussi qu'on avait coutume de mettre autour de la racine du gland les paupières d'une chèvre avec ses cils, de façon à procurer plus de volupté à la femme.

A Java aussi, on s'attache autour du gland des lanières de peau de chèvre qui peuvent avoir quelques centimètres de largeur. Parfois, on s'enveloppe tout le membre dans une espèce de fourreau velu de peau de chèvre dont sort le gland seul.

Une autre façon encore plus singulière de rendre le membre viril plus agréable à la femme serait de faire dans le gland quelques blessures profondes et d'y mettre de petits cailloux. Les blessures guéries, le gland prend un aspect bosselé et une plus grand énergie.

C'est un fait analogue à celui dont parle Améric Vespuce, d'après lequel les femmes américaines faisaient grossir artificiellement le pénis de leurs maris[1]. En Chine aussi, les femmes ne sont pas indignes des Dajaks. Dans les longs loisirs de leur captivité domestique, elles s'adonnent à la masturbation, non seulement avec le doigt, mais avec des instruments très raffinés.

Les maris se servent souvent du hérisson que Hureau de Villeneuve décrit en latin dans sa thèse sur *l'accouchement chez la race jaune.*

1. *Relations des découvertes faites par Colomb*, etc., Bologne, 1875, p. 137.

« Hæc barba pennæ caule evulsa in annulum barbillas hirsutas extrinsecus præbentem, volvitur, annulo clauso, fila scynila argento tecta singulam barbillam ab aliis separant. Instrumentum tunc simile est millo aut collari clavi erectis munito.

« Hic annulus hirsutus in sulco, qui glandem et præputium interjacet, inseritur. Frictiones per coitum productæ magnum mucosæ membranæ vaginalis turgorem ac simul hujus cuniculi coarctationem tam maritis salacibus quæritatam, afferunt ».

Les Chinois déconseillent l'usage du hérisson aux femmes enceintes, mais elles s'en servent souvent pour avorter[1].

Dans les anciens ouvrages, nous trouvons décrits des artifices de luxure en usage chez divers peuples. On lit dans *Hakcluyt Soc. India, quinzième siècle :*

« Hac sola in civitate plurimas tabernas rei, quam joci gratia scripsi, ridiculæ lascivæque esse affirmat ; vendi in his a solis feminis ea quæ nos sonalia, a sono, ut puto, dicta appellamus, aurea, argentea, æreaque, in modum parvulæ avelanæ ; ad has virum, antequam uxorem capiat, proficissi (aliter enim rejicitur a conjugio) excela atque elevata paulum membri virilis cute, trudi inter

1. Dr Abel Hureau de Villeneuve, *De l'accouchement dans la race jaune*, thèse de Paris.

pellem et carnem ex his sonaliis usque ad duodc-
cimum, et amplius, prout libuit variis circum
circa locis; inde consuta cute intra paucos sanari
dies; hoc ad explendum mulierum libidinem
fieri; his enim tanquam internodiis, membrique
tumore, femines summa voluptate affici. Multorum dum ambulant membra tibiis repercussa
resonant, ita ut audiantur. Ad hoc Nicolaus
sæpius a mulieribus, quæ cum a parvitate Priapi
deridebant, invitatus, noluit dolorem suum aliis
voluptate esse. »

Cette citation s'accorde parfaitement avec un
passage extrait des voyages de Nicolo de Conti :

« De la rivière et de la cité d'Ara et d'une
agréable coutume qui est en elle. »

. . . .

Là il trouva un usage plaisant ; pour faire rire
il ne manqua pas de dire ce qu'il vit et entendit.

Il y a quelques vieilles femmes qui ne font pas
d'autre métier pour gagner leur vie que de vendre
des grelots d'or, d'argent, de cuivre, de la grosseur
de petites noisettes, faits avec beaucoup d'art ; et
lorsqu'un homme désire une femme ou veut se
marier, elles lui arrangent le membre en lui met-
tant, entre cuir et chair, les petits grelots, car
sans eux il serait refusé, et, suivant sa qualité, il
en achète d'or ou d'argent. Les mêmes femmes
qui les vendent soulèvent la peau en plusieurs
endroits et déposent dedans les grelots en les cou-

sant, et en peu de temps la peau se soude. Quelques-uns en mettent une douzaine et même plus.

Les hommes ainsi ornés sont en grande faveur auprès des femmes, parce qu'on entend leurs grelots quand ils marchent par les rues. Souvent des vieilles lui demandèrent de se laisser arranger de cette façon, mais il ne voulut jamais consentir que d'autres prissent un plaisir avec son déplaisir[1].

(Ici manquent beaucoup de lignes.)

Et dans les manuscrits de Pigafetta, conservés à la bibliothèque Ambroisienne de Milan, on lit p. 94 : « Tous, grands et petits, ont la verge perforée près du gland ; elle est traversée par une plume d'oie qui porte à ses deux extrémités une espèce d'étoile à rayons ou un disque semblable à la tête d'un gros clou. Le cylindre laisse pourtant un passage libre pour l'urine. La chose me paraissait si étrange que je voulus la voir souvent. Chez les vieillards comme chez les jeunes gens, ils n'enlèvent ni le cylindre ni les étoiles. Ils disent que leurs femmes le veulent ainsi, que cela n'empêche pas l'acte de la génération et qu'ils y préparent leurs enfants dès l'âge le plus tendre. Malgré cette bride étrange pourtant, les femmes nous préféraient à leurs maris. »

Noorth et Candish, qui voyagèrent dans ces mers en 1600, ont vu la même chose, mais ils disent

1. Voyez la lettre d'Americ Vespuce dans Ramusio (I, p. 131) et Pavo (*Recherches philosophiques sur les Américains*).

que ce cylindre pouvait s'enlever et ils le considèrent comme un instrument d'infibulation inventé pour éloigner les hommes du vice contre-
nature auquel ils étaient destinées (*Hist. des
voyages*, X, 357). Il faut dire que cet usage a été
abandonné, puisque les récents navigateurs n'en
font pas mention, bien qu'ils parlent d'une sorte
de circoncision employée dans les iles de la mer
du Sud, différente de celle des Juifs, et d'une
autre espèce d'infibulation[1].

« En un autre endroit des manuscrits de Pigafetta (p. 175), on lit :

« Notre vieux pilote nous racontait d'autres
extravagances. Il nous disait que les jeunes gens
de Java s'insèrent de petites sonnettes entre le
gland et la peau du prépuce..... »

Morga, 145 (Hackl, 304) :

« Les naturels des iles Pintadas, et spécialement leurs femmes, sont très vicieux et sensuels,
et leur malice a inventé des manières infâmes
de s'accoupler. »

Dès l'enfance, les hommes se font un trou dans
le membre viril très près du gland : ils y passent
une petite tête de serpent ou de métal. A l'aide de
cet engin ils se livrent avec excès au coït, bien
qu'il en résulte une perte de sang et d'autres in-
convénients pour la femme, etc.

---

1. Cook, voy. V, 241 ; Paw, Rech, *loc. cit.*, IV.

Lindschotten (trad. allem. de J. von Bry, Francfort, 1613) dit qu'au Pegu le pénis est orné d'une
ou deux coquilles grosses comme des noisettes
qui pendent entre cuir et chair et rendent un son
très agréable. Il ajoute que c'est dans le but de
combattre la sodomie, vice auquel on est très en-
clin. Il raconte naïvement ensuite que les femmes
y vont presque nues, ne couvrant leurs parties
génitales que d'un petit pagne qui s'ouvre à
chaque mouvement, de façon à exciter les hommes
et à les éloigner de la sodomie.

Jäger a communiqué cette autre citation em-
pruntée aux voyages de Carletti (*Ragionamenti di
Francesco Carletti*. Florence, 1701, p. 148) :

« Ces peuples Bisajos (Philippines) sont tous
très portés aux plaisirs de Vénus et leurs femmes
ne sont pas moins sensuelles que belles. Ils s'amusent avec elles de différentes manières étranges et
diaboliques, et spécialement une que, si je ne
l'avais pas vue, je n'oserais pas raconter à votre
Seigneurie, de peur d'être tenu pour menteur, mais
puisque, par curiosité et pour m'en assurer, j'ai
donné même quelque argent pour qu'on me mon-
trât ce qu'on m'avait dit, on peut me croire. La
plus grande partie des Bisajos, par invention du
diable et pour donner et avoir un plaisir diabolique avec leurs femmes, se percent le membre
viril, et dans ce trou qu'ils se font presque au
milieu, ils mettent un petit morceau de plomb

qui va d'un bord à l'autre ; à son extrémité est
attachée une petite étoile également de plomb qui
entoure tout le membre en s'écartant un peu de
lui. Au-dessous de la tige de plomb se trouve un
petit trou où l'on passe un rivet afin qu'il ne
puisse tomber. Ainsi armés, ils s'amusent avec
leurs femmes auxquelles ils ne font pas moins
éprouver de douleur au commencement que de
plaisir à la fin, quand elles sont bien échauffées
par les piqûres qu'elles reçoivent de cette étoile,
à tel point qu'au début elles perdent l'envie de ce
qu'elles désirent plus tard. Ils disent pratiquer ce
mode de luxure dans un but de santé, en s'affai-
blissant moins et en satisfaisant leurs femmes
lascives au delà de toute expression ; mais pour
moi, je crois plutôt que c'est une invention de
Satan pour empêcher ces malheureux de se re-
produire. »

Parmi ces artifices de la volupté on peut encore
ranger l'usage observé dans quelques tribus australiennes et chez les nègres Woloffs du Sénégal
de rechercher les filles impubères de façon à augmenter la volupté par la disproportion des organes. En Australie, les vieillards de la tribu, avec
leurs doigts et des bâtonnets spéciaux, dilatent
graduellement le vagin des jeunes enfants pour
qu'ils puissent servir à la luxure.

Dans l'île de Ponapé (Carolines occidentales), on
allonge artificiellement les petites lèvres et le

clitoris des jeunes femmes pour accroître la volupté, et les amants saisissent avec les dents ces organes délicats pour les exciter et les allonger graduellement. Kubary dit que quelques-uns placent dans la vulve de leurs femmes un morceau de poisson qu'ils lèchent. Ils font cela surtout quand ils veulent avoir un fils de la femme préférée. Elle est tellement excitée par cette manœuvre qu'elle laisse échapper son urine; le mari la prend alors et la féconde.

Sur ce terrain, des hommes de la race aryenne la plus pure et du plus bas degré ethnique se donnent la main dans une animalité fraternelle. Si le poisson mis dans la vulve à Ponapé vous fait horreur, je vous dirai qu'en Europe un officier plantait dans le vagin de sa maîtresse des quartiers d'orange avant de les manger, et que beaucoup aiment à recevoir sur leur ventre un des derniers produits de la digestion de leur femme.

Dans la folie de la luxure, les hommes en sont arrivés à manger le sperme congelé (les Priapolithes, suivant Borel) et à manger du pain pétri sur les fesses des femmes. « Fecisti quod quædam mulieres facere solent? Prosternunt se in faciem et discopertis natibus jubent ut supra nudas nates conficiatur panis et, eo decocto, tradunt maritis suis ad comedendum, hoc ideo faciunt ut plus excandescant in amorem illarum. Si fecisti, duos annos per legitimas ferias pœniteas. (Burchard,

XIIe s.) — Mulier qualicumque molimine aut seipsam polluens, aut cum altera fornicans, quatuor annos. Sanctimonialis fæmine cum Sanctimoniali per machinamentum polluta, septem annos. (Ducange.) Cum sanctimoniali per machinam fornicas annos septem pœniteat. »

A l'histoire ethnique de la luxure appartient aussi l'étude des parfums préférés par l'homme dans les parties génitales de la femme. Généralement l'odeur naturelle suffit, mais plusieurs peuples parfument la vulve avec des odeurs spéciales. L'Orient est maître en cet art, et quelques dames européennes ont coutume de se parfumer tout le corps avant d'aller au bal ou à un rendez-vous d'amour [1].

Hartmann présentait à la Société anthropologique de Berlin, dans la séance du 18 octobre 1873, quelques vases troués, en terre cuite, envoyés par J. Hildebrandt, qui servent aux femmes Somalis pour se parfumer les organes génitaux et qui s'appellent en nubien *Kalenqùl* ou *Terenqùl*. On les trouve même dans les cabanes les plus pauvres. Le parfum s'obtient en brûlant de l'ambre, les opercules d'une espèce de *Strombus* qui se trouve

---

1. Sur les mystérieux rapports de l'amour avec le sens de l'odorat, voir Mantegazza, *Physiologie de l'amour*, p. 174. Singulier mélange d'épicuréisme de l'odorat et d'obscénité, une dame de la cour du temps de Brantôme portait en relique les parties génitales de son mari mort, parfumées, embaumées et renfermées dans un étui d'argent doré.

dans la mer Rouge et appelé par les Arabes *dufr*, et le bois de l'*Acacia verek*. Ascherson a fait remarquer à cette occasion que ces fumigations s'emploient aussi en Abyssinie sur une vaste échelle[1].

Saint Augustin a accusé les Manichéens de mêler leur semence à l'hostie consacrée et aux aliments : « Qua occasione vel potius execrabilis superstitionis quadam necessitate cogantur electi eorum, velut eucharistiam conspersans cum semine humano sumere, ut etiam inde sicut de aliis cibis quos accipiunt, substantia illa divina purgetur..... Ac per hoc sequitur eos, ut sic eam de semine humano, quam admodum de aliis seminibus, quæ in alimentis sumunt, debeant manducando purgare. »

A côté de saint Augustin je citerai la croyance toute moderne de quelques prostituées qui avalent la semence humaine comme remède infaillible contre la tuberculose.

Aux artifices de la volupté appartient l'histoire ethnique des aphrodisiaques. Dans mon *Hygiène de l'amour*, j'ai cité les raffinements enseignés par le grand Avicenne. Le docteur Arnaud de Villeneuve a osé écrire des recettes « ad virgam erigendam »; il cite aussi celles de Guillaume d'Aquitaine: « Ut desiderium in coitu augmentetur; — Ut mulier habeat dulcedinem in coitu..... »

1. Issel décrit des usages semblables sur les côtes de la mer Rouge qu'il a étudiées comme naturaliste.

Celse dit que les plantes qui stimulent les sens sont : le thym, la centaurée, l'hysope et surtout le népenthès et même la rue et l'oignon. — Canidie connaissait une boisson aphrodisiaque, « poculum desiderii » (comme dit Horace). Quelques eaux minérales étaient aussi dotées de vertus aphrodisiaques (poculum desiderii). Martial recommande l'usage des bulbes (les uns traduisent oignons, d'autres champignons, d'autres aromes) :

> Qui præstare virum Cipriæ certamine nescit,
>   Manducet bulbos et bene fortis erit.
> Languet anus : pariter bulbos ne mandere cesset,
>   Et tua ridebit prælia blanda Venus.

L'histoire de la secte des Flagellants, apparue en 1259, a rendu célèbre un autre aphrodisiaque, la flagellation, recommandée encore aujourd'hui aux vieux débauchés et aux impuissants. L'abbé Boileau dit cependant que les Flagellants se frappaient les flancs pour susciter de violents désirs érotiques, qu'ils avaient ensuite grand mérite à dompter par l'effort de leur volonté : « Necesse est cum musculi lumbares virgis aut flagellis diverberantur, spiritus vitales revelli, adeoque salaces motus ob viciniam partium genitalium et testium excitari, qui venerei imaginibus ac illecebris cerebrum mentemque fascinant ac virtutem castitatis ad extremas angustias redigunt! » — Pic de la Mirandole, dans son *Traité contre les astrologues*, parle d'un libertin qui se faisait

battre jusqu'au sang pour éprouver d'exquises
voluptés : « Ad Venerem numquam accendetur
nisi vapulet. Et tamen scelus id ita cogitat ; sæ-
vientes ita plagas desiderat, ut increpet verberan-
tem, si cum eo lentius egerit, haud compos plene
voti, nisi eruperit sanguis, et innocentes artus hominis nocentissimi violentior scutica desævierit. »

On raconte aussi que le marquis de Sade faisait
attacher les femmes et leur entaillait les parties
sexuelles ou leur ouvrait une veine avant d'assou-
vir sa passion. Beaucoup de faits semblables sont
recueillis dans les tristes annales de la justice
humaine et dans la médecine légale[1].

Dans toutes ces citations, sauf Hureau de Villeneuve qui semble le plus compétent de tous, les
voyageurs indiquent la volupté des femmes comme
l'unique motif de ces ingénieux excitants. Au contraire, je suis convaincu que c'est aux hommes
qu'en revient toute l'invention, et que s'ils aug-
mentent la jouissance de la femme, ils ne sont
pas les derniers à profiter de l'*ampalang*. Ils ré-
trécissent ainsi le vagin, qui dans les pays chauds
et chez les individus amollis par l'excessive tem-
pérature, tend souvent à prendre des dimensions
énormes. N'oublions pas non plus que notre volupté se centuple au spectacle de la volupté de
notre compagne.

1. Voir à ce propos D.-T. Moreau (de Tours), *Des aberra-
rations du sens génésique*, Paris, 1880.

Je sais qu'aujourd'hui en Europe même on a introduit des *ampalangs* moins cruels que ceux des Dajaks, mais aussi voluptueux. Et il paraît qu'à Paris on attache autour de la verge des lanières de barbes de plumes d'oie et que l'on vend des anneaux à rayons de caoutchouc pour armer la lance de l'homme et la rendre plus agréable aux filles d'Ève. Outre le désir d'accroître la volupté, un des principaux motifs de ces inventions diaboliques est d'essayer des nouveautés et de jouer avec des organes qui, dans la période féconde de la vie, attirent sur eux par une sorte de fascination la curiosité des deux sexes.

Parmi bien d'autres que je pourrais citer, les faits suivants, publiés il y a plusieurs années par le docteur Dumarest dans *Lyon médical*, le prouvent surabondamment :

« G..., marié, 59 ans. — Septembre 1871. — Il y a huit jours, il s'introduisit la verge dans l'anneau nuptial. Il se présenta à la visite avec l'anneau fixé derrière le gland et le prépuce. Il y avait tuméfaction considérable du gland ; le prépuce était en paraphimosis et l'étranglement exercé par l'anneau avait déterminé une ulcération inégale, très profonde à la partie supérieure de la verge, superficielle à la partie inférieure. La miction était difficile, mais encore possible. On coupa l'anneau en deux ; la cicatrisation fut rapide ; deux jours après, le malade sortait presque guéri. Malgré la violence et la longue durée de cet étranglement, il n'y avait pas eu de gangrène.

La gangrène du pénis par cause mécanique est rare, mais elle peut se produire par suite d'un étranglement artificiel qui entraine le paraphimosis. De fait, on voit souvent l'ulcération causée par une ligature de la verge envahir non seulement la face dorsale du pénis, mais aussi la face inférieure, et arriver enfin à produire une fistule urinaire sans gangrène. — Laroyenne a vu deux fois des ulcérations de ce genre chez des enfants craintifs qui se liaient la verge pour ne pas uriner au lit. — Notre malade est une preuve que ce sphacèle ne se produit pas aussi facilement que le disent la plupart des auteurs. »

Inutile d'ajouter que le pénis se mortifie si la constriction est considérable et prolongée. Quant au phimosis, on admet généralement qu'il peut se compliquer facilement de gangrène ; au contraire, cette complication est extrêmement rare. M. Laroyenne ne l'a jamais observée. Dans tous les cas, il se forme facilement des ulcérations sur le prépuce et sur la peau ; à la face inférieure, l'ulcération présente un caractère marqué de gravité si elle intéresse le canal de l'urèthre, parce qu'il peut devenir le point de départ d'une fistule urinaire, ou même d'une infiltration d'urine immédiate ou d'un rétrécissement ultérieur. Mais rarement la circulation est assez entravée pour en arriver à ce point. C'est donc à tort que Demarquay et beaucoup d'autres avec lui l'admettent comme cause du phimosis et du paraphimosis.

Les cas de ligature où de constriction du pénis par les corps étrangers ne sont pas rares dans la science : on en trouve un peu partout. Limitons-nous à quelques-uns.

Demarquay en rapporte deux : le premier a été publié par M. Leteinturier ; l'introduction du pénis dans un anneau fut suivie de la mortification de toute la peau de la verge et de la partie antérieure du scrotum ; il s'agissait d'un paysan qui employait comme une amulette le gage d'amour offert par sa maîtresse.

Le second fait appartient à Bourgeois, qui n'hésita point à enlever une partie de la couronne du gland pour mieux faire sortir l'anneau. C'était un procédé radical ; le malade en fut quitte pour une eschare au prépuce et au dos de la verge, et guérit au bout de deux mois.

Nat. Guillot a aussi raconté l'histoire d'un boulanger, qui dans les premiers mois de son mariage s'était laissé mettre par sa femme, autour de la verge, l'alliance qu'elle portait au doigt. Cet anneau était d'or, et un pharmacien eut l'idée ingénieuse de le faire fondre dans un bain de mercure.

Le docteur Guibout, en 1868, communiqua à

la Société des hôpitaux l'observation d'un homme de 50 ans qui s'était introduit autour de la verge, jusqu'à la racine, sept anneaux de cuivre très forts et étroits, afin, disait-il, de se procurer des moments de jouissance. Ces anneaux restèrent ainsi onze heures; la verge était déjà dure, cyanosée, très gonflée et d'un aspect gangreneux. Après mille efforts, on finit par les couper tous. En huit jours toute trace avait disparu.

Citons enfin deux cas très curieux : celui de ce soldat que Larrey trouva le pénis engagé dans l'anneau de sa baïonnette, et celui d'un baigneur qui fut trouvé pendu par la verge au robinet de sa baignoire.

CHAPITRE V

LES PERVERSIONS DE |L'AMOUR

Masturbation. — Tribadisme. — Sodomie. — Étrange perversion.
Bestialité.

Le psychologue naturaliste ne s'arrête pas devant la fange humaine; il l'étudie parce que tout
ce qui est humain lui appartient: ce qui est en
haut comme ce qui est en bas, le sublime comme
l'abject. On ne peut améliorer l'homme qu'après
en avoir étudié tous les aspects. On ne détruira
l'abjection ni par les déclamations ni par les
voiles hypocrites, mais par une étude indulgente
et calme de ses origines.

Il est impossible de fixer les limites qui séparent la physiologie de la pathologie de l'amour.
Les derniers degrés de l'érotisme peuvent être les
premiers de la perversion, et dans cet ouragan
des sens qui enveloppe l'homme et la femme
dans le désir et la possession, il n'y a que les
sophismes des casuistes qui puissent distinguer
ce qui est bien de ce qui est mal. Les jugements

diffèrent du reste suivant que l'on considère le
côté hygiénique ou le côté moral. Il est vrai que
dans la morale plus raisonnable et plus scientifique de l'avenir, hygiène et éthique devraient aller
parfaitement d'accord, mais elles sont encore en
conflit, preuve certaine que ou l'hygiène est ignorante ou la morale est fausse.

Néanmoins, même en laissant de côté ces tran-
sitions entre l'amour idéal et la luxure la plus
effrénée, nous n'avons pas de formes bien tran-
chées, à noms spéciaux et à caractères distincts.
Les aberrations, les hontes de l'amour physique
découlent toutes de deux sources, de la diffi-
culté ou de l'impossibilité de satisfaire physio-
giquement à l'union des sexes, et du désir d'é-
prouver des plaisirs différents et nouveaux. C'est
là la psychologie de toutes les perversions génitales, de Sodome à Lesbos et de Babylone à
Capri.

La masturbation est une chose si spontanée et
si naturelle chez l'homme qui n'a point de femme
et chez la femme qui n'a point d'homme, qu'elle
a dû naître dans tous les temps et dans tous les
pays. Pourtant cette perversion est plus commune chez les peuples élevés en civilisation, parce
que chez eux beaucoup de motifs d'ordre moral,
économique et religieux, empêchent ou rendent
très difficile le rapprochement des deux sexes.
Là où le corps est nu, où l'amour est libre et fa-

cile, la masturbation est presque inconnue, et j'ai pu vérifier le fait en comparant en Amérique et dans les Indes les sociétés parallèles des indigènes et des Européens.

Les collèges, les couvents, les écoles, toutes les institutions où l'on enferme les hommes jeunes, sont des foyers de masturbation.

Elle est moindre peut-être dans les pays où règne la polygamie. Ailleurs, elle est très fréquente, surtout chez l'homme, pour plusieurs raisons, principalement par suite de la sécrétion spermatique continue et quand il n'y a pas soulagement naturel suffisant, la main vient en aide à défaut de coït. Il faut ajouter les érections formidables et continuelles au moment de la puberté. Dans les pays polygames, la femme de harem, oisive et longtemps privée, apprend vite à se masturber.

Comme caractère ethnique, la masturbation est une véritable maladie physique et morale qui marque l'abjection et la décadence d'un peuple ou d'une race. Elle avilit l'homme à l'âge de la poésie et de l'ardeur, et substitue aux combats violents et glorieux de l'amour, les jouissances secrètes et faciles de la main ou de nature plus vile encore; de là, l'hypocrisie, l'abrutissement, l'abaissement du caractère. Mieux vaut cent fois, mille fois, les folies de l'amour partagé qui même dans les degrés extrêmes, trouve un frein dans la satisfaction d'un besoin naturel.

L'amour tue quelquefois par ses excès; la masturbation est très souvent homicide, et quand le corps ne meurt pas, c'est le caractère et la dignité qui meurent; toute lueur d'idéal s'éteint avec l'énergie virile.

Si un habitant d'une autre planète pouvait descendre au-dessus de la nôtre, et d'un regard d'ensemble apercevoir tous les temples, il verrait que la masturbation est un des caractères moraux des Européens.

Car tant que notre civilisation surchargée et scrofuleuse ne saura pas donner à chaque individu un pain et une femme, le vice solitaire souillera notre vie sociale.

Il paraît que les Moabites se masturbaient en chœur, en dansant autour de la statue incandescente de Moloch, après qu'il avait reçu les offrandes des fidèles par sept bouches de bronze. Ces offrandes se composaient de farine, de tourterelles, d'agneaux, de béliers, de veaux, de taureaux et d'enfants. Celui qui a lu la Bible n'ignore pas les terribles malédictions lancées par Moïse contre les Hébreux qui forniquaient avec Moloch.

Baal-Phegor ou Belphegor, qui était le dieu favori des Medianites, fut accueilli par les Hébreux avec fanatisme et son culte n'était pas moins obscène que celui de Moloch.

Le plaisir solitaire se rapproche de l'accouplement quand il réclame un aide. L'homme masturbe l'homme et la femme la femme. Dans le premier cas il n'y a rien de changé, dans le second les choses se compliquent, se raffinent, et la luxure devient, par la structure particulière de l'organe et les raffinements, un vice protéiforme et spécial.

La femme peut redoubler la volupté de sa compagne en échangeant leur doigt, mais le plus souvent elle emploie la langue, et alors nous avons les *cunnilingues* et l'amour *lesbien*, de l'île de Lesbos, d'où la tradition historique place l'origine d'une perversion née partout où il y a eu des femmes.

Une autre forme de masturbation réciproque entre femmes est celle qui a lieu quand l'une possède un clitoris exceptionnellement long avec lequel elle peut simuler l'accouplement. C'est ce vice qui s'appellerait plus exactement *tribadisme*, et les femmes qui s'y adonnaient s'appelaient chez les Latins *frictrices* ou *subigatrices*. Aujourd'hui pourtant, tribadisme est synonyme d'amour physique entre femmes, qu'il soit satisfait d'une façon ou de l'autre.

Le fait le plus surprenant de tribadisme moderne est celui qu'a cité Duhousset. Deux amies se satisfaisaient depuis longtemps de cette manière lorsque l'une d'elles se maria, sans pourtant

renoncer à leurs habitudes. Or celle restée
fille devint enceinte, peut-être parce que l'autre
porta dans ses organes génitaux, sans le savoir,
la semence de son mari. Ce fait singulier, dont
nous laissons l'entière responsabilité à Duhousset,
fut communiqué, le 15 février 1877, à la Société
anthropologique de Paris.

J'ai connu deux amies qui s'adoraient et qui se
possédaient réciproquement; l'une d'elles avait un
clitoris long peut-être de cinq ou six centimètres.

Le docteur P. Eram, qui exerça pendant de longues années la médecine en Orient, dit que le
tribadisme «est une condition extrêmement commune chez les jeunes filles en Orient ». Et ailleurs :
« Pour se rendre compte de sa fréquence en général chez les jeunes filles en Orient, on n'a qu'à
penser au défaut d'exercice, à la vie sédentaire,
à l'oisiveté, à l'ennui et surtout à la confiance et
à la crédulité des mères, qui négligent toute espèce de surveillance à l'égard de ce qui se passe
chez leur fille dans ses heures de solitude[1]. »

Chez les Khoikhoin (Hottentots-Nama), la masturbation chez les très jeunes enfants est si commune
qu'on peut l'appeler un vice naturel. On n'en fait
pas mystère et il en est parlé dans les contes et
les fables du pays[2].

1. P. Eram, *l'Accouchement en Orient*, Paris, 1860, p. 362.
2. Gustave Fritsch, *les Indigènes de l'Afrique méridionale*,
Breslau, 1870.

Tegg raconte plusieurs faits de mariage entre deux femmes, où il ne voit qu'une fraude, mais où probablement il s'agissait de tribadisme [1]. Le 5 juillet 1777, comparut à Londres une femme qui s'habillait en homme et qui s'était déjà mariée trois fois avec d'autres femmes. Elle fut exposée au carcan pour être reconnue par tous comme femme et condamnée à six mois de prison. En 1773, une autre femme travestie aussi en homme fit la cour à une femme pour obtenir sa main, mais sans succès. Le cas le plus extraordinaire cité par Tegg est celui de deux femmes qui vécurent ensemble trente-six ans. Celle qui passait pour la femme ne révéla le secret qu'à son lit de mort.

Quelquefois le tribadisme n'est qu'une question de volupté physique, et la femme la demande à la langue d'une femme ou à celle d'un homme indifféremment ; mais le plus souvent il s'associe à la luxure une passion véritable, ardente, qui a toutes les exigences et toutes les jalousies de l'amour vrai. Parent-Duchâtelet parle longuement des lettres amoureuses que s'écrivaient deux femmes, et il décrit les scènes de jalousie et les crimes qu'entraîne cette passion tout à fait analogue à la sodomie chez les hommes. Moi-même

---

1. William Tegg, *The Knottied*, etc. London, 1878, 2ᵉ édition, p. 250.

j'ai connu deux belles jeunes filles, l'une blonde et l'autre brune, qui s'aimaient ardemment, pendant qu'elles se livraient vénalement et sans plaisir aux embrassements des hommes. Le tribadisme, très commun en Orient, dans les harems, est très fréquent chez les prostituées d'Europe, qui ont souvent un amant de leur sexe qui leur donne seul le plaisir.

Chez les vendeuses d'amour, cette passion est renforcée par l'absolue indifférence avec laquelle elles s'abandonnent aux hommes, leur sensibilité érotique étant restreinte à la petite surface du clitoris. Cependant, même chez nos femmes, ce vice n'est pas rare, et j'en connais plusieurs qui ont mari et enfants et qui ne recherchent la volupté qu'auprès d'une amie qu'elles adorent et dont elles sont extrêmement jalouses. Que de fois le tribadisme entraine le malheur dans une famille ! et combien le mari doit veiller pour détruire à son début cette étrange et funeste passion !

Quand le vice est ancien, sa guérison est presque impossible, parce que les nerfs des parties génitales se sont hyperesthésiés, et le plaisir ressenti dépasse de beaucoup celui que procurent les embrassements de l'amour naturel. Le mari se trouve alors dans l'alternative de mépriser et de haïr sa compagne ou d'employer, pour la contenter, un procédé obscène et dégradant.

Une éducation saine et forte peut presque
toujours prévenir cette aberration, fruit de l'hypocrisie maladroite avec laquelle nous avons
coutume de cacher les mystères de l'amour[1].

Cependant le plus grand opprobre de l'amour
est la sodomie que l'homme peut exercer sur une
femme ou sur un homme. La sodomie avec la
femme est assez commune ; elle naît de la curiosité d'éprouver du nouveau ou du désir de limiter la progéniture. On ne peut en fournir une
statistique même approximative, parce qu'elle se
cache dans le mystère du lit nuptial, et comme

---

1. Suivant quelques commentateurs, l'épieu emblématique
et les éperons d'or consacrés par les prostituées grecques au
temple de Vénus n'étaient que des instruments de masturbation féminine. A Rome, les barbiers, les parfumeurs et les
vieilles prostituées vendaient des phallus pour exciter les impuissants, et tout le monde se rappelle dans Pétrone ce terrible
passage : « Profert Enothea scorteum fascinum, quod ut oleo
atque urticæ trito circumdedit semine, paulatim cœpit inserere
ano meo. » Faire l'amour à la lesbienne ou à la phénicienne
veut dire connaître la masturbation buccale et autres déprava-
tions semblables. L'amour lesbien entre femmes était un vice
commun chez les dictères grecs, mais il faisait horreur aux
hommes. La littérature grecque nous a laissé des dialogues et
des peintures concernant ce vice contre nature (Dufour, vol. I,
passim). On appelait amour lesbien celui de deux femmes em-
ployant la bouche, la femme qui prostituait ses lèvres à un
homme s'appelait fellatrix et l'on avait des enfants et des
esclaves fellatores. Un satirique épouvanté de la corruption romaine disait à ce propos : « O nobles descendants de la déesse
Vénus, vous ne trouverez bientôt plus assez de lèvres chastes
pour lui adresser vos prières ! »

elle se produit par le consentement des deux époux, elle ne paraît jamais devant le juge. La femme est passive, souffre et cède par faiblesse ou par sacrifice. Il n'est pas rare, toutefois, qu'elle en éprouve du plaisir, et même qu'elle la provoque. Je sais d'une jeune prostituée qu'elle n'éprouvait jamais de jouissance par l'accouplement ordinaire, mais s'il lui arrivait de se trouver avec un homme qui lui plût, elle le priait de changer de chemin. Ce fait, qui peut être rare, mais non unique, nous expliquera peut-être les obscurs mystères de la sodomie entre hommes.

L'amour entre les mâles est un des faits les plus horribles de la psychologie humaine; dans tous les temps et dans tous les pays il a été et est encore un vice beaucoup plus commun qu'on ne pense. Voyons d'abord les faits, nous passerons ensuite aux commentaires.

Carthage était fameuse pour ses vices contre-nature, et les Carthaginois s'en enorgueillissaient: Salvianus, prédicateur de ce temps, dit : « et illi se magis virilis fortitudinis esse crederent, qui maximi viros fœminei usus probositate fregissent. » La tradition mythologique fait remonter la pédérastie à Orphée et aux Thraces.

Ille etiam Thracum populis fuisse auctor amorem
In teneros transfere mares, citraque juventam
Breve ver ætatis et primos carpere flores.   Ovide.

Aristote dit que ce vice fut autorisé par la loi dans l'île de Crète pour prévenir une augmenta-tion excessive de la population. Athénée parle de la sodomie des Crétois, mais l'attribue aussi aux Calcidiens de l'Eubée. Licofrone accuse Achille d'avoir massacré sur l'autel d'Apollon le jeune Troïlus, qui avait refusé de se soumettre à ses dé-sirs honteux. La sodomie était certainement un vice grec, puisqu'ils l'introduisirent même dans l'Olympe en unissant Jupiter et Ganymède, Apollon et Hyacinthe, Hercule et Hylas. Sophocle et Eschyle osèrent en parler dans leurs tragédies, et Anacréon chanta Bathylle. Jusqu'au divin So-crate qui aima les jeunes gens.

Rome n'est pas indigne de sa grande maîtresse même sur ce terrain. César vend les prémices de sa jeunesse à Nicomède, roi de Bithynie. Horace chante ses amants masculins, Ligurinus, Gygès, Lyciscus, etc. Virgile rend immortel, sous le nom d'Alexis, son amour pour le jeune Alexandre. Le peuple romain pense à Auguste quand on récite sur la scène ce vers fameux :

Videsne ut Cinædus orbem digito temperet ?

Un empereur romain élève des statues et des temples à son mignon, et l'historien immortel de Tibère écrit : « Infantes, necdum tamen lacte depulsos, inguini ceu papillæ admovebat : pro-nior sane ad id genus libidinis et natura et ætate. »

— Et ailleurs : « fertur etiam in sacrificando quondam captus facie ministri, nequisse abstinere quia pene vix dum, re divina peracta, ibidem statim seductum constupraret, simulque fratrem ejus tibicinem atque utique mox, quod mutuo flagitium exprobrabant, cura fregisse. »

Pour Caligula, ce qu'Ausone dit suffit :

Tres uno in lecto : stuprum duo perpetiuntur
  Et duo committunt : quator esse reor.
Falleris, extremis da singula crimina, et illum
  Bis numeres medium qui facit, et patitur.

Héliogabale a été dépeint par Lampride en une seule phrase : « Quis enim ferre possit principem, per cuncta cava corporis libidinem recipientem? »

Néron se fait épouser par Doryphore au milieu de femmes nues et de danses lubriques : « Per licita atque illicita fedatus, nihil flagitio reliquerat quo corruptio ageret... » Et autre part : « Virorum ac feminarum ad stipitem deligatorum inguina invadebat, et quum affatim desævissent conficeretur a Doryphoro liberto ».

Et le vice devient passion. En effet, Héliogabale « sic amavit (l'eunuque Hyérocle) ut eidem inguina oscularetur, floralia sacra se asserens celebrare ».

Le monde romain n'était qu'une orgie, et Juvénal a décrit les danses aphrodisiaques qui se faisaient sur les théâtres.

Forsitan expectes ut Gaditana canoro

Incipiat prurire choro, plansuque probatæ
Ad terram tremulo descendant clune puellæ :
Irritamentum Veneris languentis et acres
Divitis urticæ : major tamen ista voluptas
Alterius sexius, magis ille extenditur et mox
Auribus atque oculis concepta urina movetur.

Martial s'est laissé aller aux fantaisies du plus paradoxal érotisme :

Pædicat pueros tribas Philænis,
Et tentigine sævior mariti
Undenas vorat in die puellas...
Post hæc omnia, cum libidinatur
Non fellat (putat hoc parum virile)
Sed plane medias vorat puellas.

Si de l'antiquité gréco-latine nous passons en Gaule, en Amérique ou dans les tribus sauvages contemporaines, nous ne trouvons pas la sodomie moins répandue.

Les Gaulois, selon Diodore de Sicile, se livraient à des orgies de libertinage et de sodomie. Dans quelques parties du nord du Mexique, on épousait des hommes habillés en femmes à qui il était défendu de porter des armes. Selon Gomara, il y avait à Tamalipas des maisons de prostitution d'hommes [1]. Diaz raconte que, sur les côtes du Mexique, la pédérastie était, autrefois, un vice

1. Pour de plus grands détails sur la pédérastie classique et les vices analogues, voir Virey, *De la femme*, etc., Paris, 1827, p. 529 et suiv.

commun, bien que considérée comme un crime et sévèrement punie. Duflot a retrouvé ces vices contre nature très communs dans la Californie. La pédérastie était générale dans le Nicaragua. Les premiers explorateurs la trouvèrent établie chez les indigènes de Panama, bien qu'elle fût réprouvée. De même, dans l'ancien Pérou, sur la côte de Guayaquil.

Beaucoup de voyageurs l'ont aussi trouvée chez les indigènes de l'Amérique septentrionale. On voyait des hommes vêtus comme des femmes, vaquant aux travaux du ménage. D'Alaoka jusqu'au Darien, on voit des jeunes gens élevés et habillés comme des femmes, et qui vivent en concubinage avec les chefs et les grands. Les Aléoutiens, les Codiacks et les habitants de Nutka avaient aussi cette honteuse habitude. Les anciens voyageurs mentionnent souvent ces vices affreux chez les Caraïbes de terre ferme; mais à Cumanea, par contre, la sodomie était abhorrée.

Il paraît qu'à Madagascar les vices contre nature ne manquent pas, comme le prouve l'existence de chanteurs et de danseurs habillés en femmes.

En Orient, et malheureusement en Europe, ni les enfants, ni les femmes ne manquent pour satisfaire ce dégradant plaisir, et, dans quelques villes d'Italie, les sodomistes ont un langage par signes pour indiquer qu'ils conjuguent le verbe à l'actif ou au passif (*cinedi* ou *patici*).

Ce vice infâme n'est point confiné dans les basses classes de notre société; il se retrouve jusque dans les plus riches et les plus intelligentes. Dans le cercle étroit de mes relations, j'ai connu un publiciste français, un poète allemand, un homme politique italien et un jurisconsulte espagnol; tous hommes d'un goût exquis et d'un esprit très cultivé. Pourquoi rencontre-t-on si souvent cette forme dégoûtante de libertinage? Je crois avoir résolu ce problème.

Les anatomistes savent quelle étroite parenté existe entre les nerfs qui se distribuent au rectum et ceux qui se rendent aux organes génitaux. Peut-être que, par suite d'une anomalie, chez les hommes atteints de cette aberration dégoûtante, les filets nerveux qui président à la sensation voluptueuse se rendent au rectum, et que c'est leur excitation qui donne aux *patici* l'orgasme vénérien qui, dans les cas ordinaires, ne peut être procuré que par l'organe sexuel. Ce qui plaide encore en faveur de cette explication, c'est de trouver des femmes *patice*, des femmes qui, dans le tribadisme, aiment à avoir le rectum excité par le doigt, et des individus chez qui l'érection ne peut être provoquée que par des corps étrangers introduits dans le rectum. Et je me souviens très bien d'un grand écrivain qui m'avouait n'avoir pu encore discerner s'il éprouvait plus de volupté pendant le coït que pendant la défécation.

Il est plus facile d'expliquer la volupté chez les *cinedi*, qui éprouvent un véritable orgasme par une voie ignoble, préférée à cause de son étroitesse. Cela explique pourquoi, dans beaucoup de pays, la sodomie ne se pratique que sur des enfants, d'où le nom de pédérastie, et pourquoi elle est beaucoup plus fréquente dans les pays chauds, où le vagin devient d'une grande largeur, où la vue continuelle des corps nus et la facilité d'avoir des femmes émoussent le plaisir.

Bien souvent pourtant la sodomie n'est pas d'origine périphérique, mais réside dans les centres nerveux. J'admets donc une sodomie *périphérique* ou anatomique (par distribution anormale des nerfs), une sodomie *luxurieuse* (par désir d'étroitesse), et une sodomie *psychique*[1].

1. L'auteur du *Voyage d'Anacharsis* dit que les lois de l'ancienne Grèce protégeaient les prostituées pour combattre la pédérastie. — Aspasie, amante de Périclès, de Socrate et d'Alcibiade, encourageait l'amour entre ces deux derniers. Platon nous a conservé le fragment d'un dialogue entre Socrate et Aspasie : « Socrate, j'ai lu dans ton cœur, il brûle pour le fils de Dynomaque et de Clynias. Écoute, si tu veux que le bel Alcibiade réponde à ton amour; sois docile aux conseils de ma tendresse. — O discours enivrants! exclama Socrate, ô transport! une sueur froide a parcouru mon corps, mes yeux se sont remplis de larmes. — Cesse de soupirer, interrompit-elle, pénétrée d'un enthousiasme sacré, élève ton esprit aux divines ivresses de la poésie; cet art enchanteur t'ouvrira le sanctuaire de son âme. La douce poésie fascine

J'ai eu l'occasion d'étudier cette dernière forme,
particulière à des hommes instruits, intelligents

l'intelligence, l'oreille est la route du cœur qui est la porte
de tout le reste. » — Dans les plus beaux temps de la civilisation latine, la pédérastie était une forme tolérée de la prostitution et de l'esclavage. Les citoyens ne devaient pas céder
aux désirs d'un libertin, mais les esclaves et les affranchis le
pouvaient, le devaient même. La prostitution masculine était à
Rome plus ardente et plus générale que la féminine, et vous en
trouvez les traces obscènes dans les vers d'Horace, de Catulle,
de Martial et même de Virgile. L'ignoble poète grec Sotades
donna son nom à quelques poésies que lui inspirèrent l'amour
de trois hommes. Dans l'ancienne Rome, les boutiques des
barbiers étaient souvent des maisons de prostitution masculine : « Quorum frequenti opera non in tondenda barba, pi-
lisque vellendis modo, aut barba rasitenda, sed vero et pygiacis
sacris cinædica, ne nefarie dicam, de nocte administrandis ute-
bantur. » (*Commentaires de Douza sur Pétrone.*) — Moïse est
peut-être l'unique législateur antérieur au Christ qui ait jeté
l'anathème à la pédérastie. — A Constantinople il y eut même
sous Constantin des maisons de prostitution où les hommes se
vendaient comme les femmes. — En France, après les Croi-
sades, ce vice devint général et un poète de cette époque,
Gauthier de Coincy, prieur de l'abbaye de Saint-Médard de
Soissons, peint la vie des couvents sous des couleurs peu édi-
fiantes :

> La grammaire *hic* à *hic* accouple
> Mais Nature maudit le couple.
> La mort perpétuel engenre
> Cil qui aime masculin genre
> Plus que le femenin ne face,
> Et Dieu de son livre l'efface.
> Nature rit, si com moi semble,
> Quand *hic* et *hoc* joignent ensemble.
> Mais *hic* et *hic*, chose est perdue,
> Nature en est tost esperdue....

Philippe le Bel prit des mesures énergiques pour combattre la
sodomie, et le célèbre procès des Templiers révéla des choses

et souvent névropathes. Un jeune homme de haute
naissance et très chaste me consulta parce qu'il
s'apercevait qu'il aimait et désirait les personnes
de son sexe, tandis qu'il restait insensible aux
séductions des femmes. Il était pris de violents
spasmes érotiques lorsqu'il embrassait un enfant.
Pour s'étudier, il se rendit dans une maison de

horribles. Ils faisaient l'amour entre eux pour ne pas violer le
vœu de chasteté. Voici la déposition de Jean de Saint-Just :
« Deinde dixit ei quod poterat carnaliter commisceri cum
fratibus ordinis et pati quod ipsi commiscerentur cum eo;
hoc tamen non fecit nec fuit requisitus, nec scit, nec audivit
quod fratres ordinis commiterent peccatum prædictum. » Plus
explicite encore cette déposition de Rodolphe de Taverne :
« Deinde dixit ei quod, ex quo voverat castitatem, debebat
abstinere a mulieribus, ne ordo infamaretur; verumtamen,
secundum dicta puncta, si haberet calore poterat, naturalem
refrigerare, et carnaliter commisceri cum fratribus ordinis, et
ipsi cum eo : hoc tamen non fecit, nec credit quod in ordine
fieret. » — Dufour attribue aux Italiens qui accompagnèrent Catherine de Médicis en France la diffusion de la sodomie dans ce
pays. Il est vrai qu'à cette époque la punition de la sodomie
chez nous n'était qu'une amende de 36 livres tournois et 9 ducats, tandis qu'en France ce crime était puni par le bûcher
(peine très rarement appliquée il est vrai). — Il est curieux de
lire la discussion des confesseurs sur les divers péchés qui se
commettent par la sodomie avec un homme ou une femme
(voir Jean Benedicti, *Somme des péchés et remèdes d'iceux*,
Lyon, 1534). Sanchez condamnait la sodomie entre mari et
femme comme un péché mortel : « Duabus mulieribus apud
synagogam conquestis se fuisse a viris suis cognita sodomice
cognitis responsum est ab illis rabbinis : Virum esse uxoris
dominum, proinde posse uti ejus utcunque libuerit, non aliter
quam is qui piscem emit : ille enim tam anterioribus quam
posterioribus partibus, ad arbitrium vesci potest. »

prostitution et resta insensible à toutes les provo-
cations. Ce malheureux, qui résistait de toutes
ses forces, me dit qu'il se tuerait s'il ne sortait
vainqueur de cette lutte. Je ne sais s'il a atteint
son but, car je ne l'ai plus revu.

La sodomie psychique n'est pas un vice, mais
une passion. Passion coupable, révoltante, dégoûtante tant que vous voudrez, mais une passion. Ces sodomistes me disaient dans leur con-
fession, que j'ai lue en pleurant, qu'ils aimaient
leurs amants avec une jalousie véritable. Ils leur
donnaient des gages d'amour, leur écrivaient des
lettres tendres, chastes et poétiques. Dans une ville
d'Italie, ils se promènent le soir dans les endroits
les plus obscurs des jardins publics ; ils s'embrassent, se touchent avec la passion la plus irrésistible.

De même que dans la *malacia* et la *pica*, le
malade mange du charbon, de la chaux et de
la terre avec un plaisir infini ; de même dans la
pédérastie psychique l'homme aime l'homme !

La sodomie est donc une maladie qui veut être
étudiée avec la pitié et l'indulgence du médecin
et du psychologue, et qui peut être même guérie.

Je ne quitterai pas ce douloureux sujet sans
exposer un cas singulier que j'ai observé en Amérique et qui nous donne un exemple étrange de
perversion du sens érotique, qui pour moi doit
être mis à côté de la sodomie. Si jamais cet infor-

tuné lisait ces pages, qu'il me pardonne de publier ses confessions dans l'intérêt de la science.

« Je suis un jeune homme de vingt-deux ans, de bonne famille, bien constitué physiquement et moralement. Pourtant, dès que le sens génésique s'est développé en moi et que j'ai su sous quelles formes il se révèle à tous les hommes (à de rares exceptions), j'ai compris que je sortais de la règle générale et que j'étais un cas particulier.

Pour moi, le contact des organes sexuels de la femme n'a aucune attraction; l'érection et l'éjaculation se produisent autrement; ainsi, si je suis parfaitement indifférent pour les femmes elles-mêmes, je suis extraordinairement excitable par leurs jambes, leurs pieds et plus particulièrement leurs souliers, puisque le pied nu ou chaussé d'un bas ne me fait aucun effet, et que celui qui est couvert d'un soulier, ou même un soulier vide, me cause la même émotion que le mont de Vénus en cause aux autres. Il faut pourtant que ces souliers soient en cuir noir, boutonnés sur le côté et à talon très haut, en un mot fort élégants. Les chaussures d'une autre forme et d'une autre étoffe me font infiniment moins d'effet. J'en jouis quand je les touche, quand je les baise, quand je tâche de marcher dedans, etc., etc. Le comble de la volupté serait de me prosterner devant de jolis petits pieds élégamment chaussés, de me faire piétiner par eux, etc.

Il est vrai toutefois que si ces bottines sont aux pieds d'une femme laide, ma fantaisie s'évanouit; si j'ai devant mes yeux des chaussures vides, mon imagination me transporte près d'une jolie personne, d'où éjaculation, etc., etc. Auprès d'une femme, je ne suis fasciné que par ses chaussures, si elles sont telles que je les ai décrites. Dans mes rêves érotiques, si la nuit en dormant je vois de jolies femmes, l'attraction vient toujours pour moi de leurs bottines et rien de plus. « *Le sine qua non* de l'éjaculation pour moi, ce sont les chaussures de la femme et non la femme elle-même; aussi, si je regarde la vitrine d'un cordonnier où des chaussures élégantes de femmes soient exposées, cela me paraît fort immoral, de même que d'en parler, tandis que de parler de la nature de la femme me paraît innocent et insipide.

« Si ce mode d'éjaculation est une masturbation, je me vois en face de ce dilemme : me condamner à la chasteté ou vivre dans la masturbation. La première de ces deux alternatives ne me ferait point peur, surtout après l'encouragement que j'ai retiré de la lecture de votre ouvrage : *l'Hygiène de l'amour*. Mais vous savez, monsieur, que l'homme est faible surtout dans ces circonstances.... Plusieurs fois j'ai essayé de faire comme j'avais entendu dire que chacun faisait, mais sans aucun résultat.

« Lorsque je recherche la volupté en chaussant des bottines de femme, la douleur que me cause leur petitesse ne me suffit pas et j'y introduis des clous à grosses têtes avec la pointe en l'air; à chaque pas que je m'efforce de faire, ces clous qui m'entrent dans la chair produisent une douleur assez forte, qui néanmoins me cause une réelle volupté. Ma fantaisie seule agit et je m'imagine alors que je me sacrifie tout entier à Vénus, en me torturant pour lui complaire. »

La liste honteuse des perversions amoureuses n'est point terminée ici; l'homme tourmente de son amour même les animaux. Dans la Bible vous verrez cité plusieurs fois le crime de la bestialité, et les peintres obscènes de l'Inde représentent des enlacements monstrueux des hommes et des animaux.

D'après David Forbes, qui vécut longtemps au Pérou pour en étudier la géologie, on croit dans ce pays que la syphilis est une maladie spéciale à l'alpaca, et qu'elle s'est transmise de cet animal à l'homme, par rapprochements contre nature. Une loi ancienne qui y est encore en vigueur défend aux célibataires d'avoir des alpacas dans leur maison. Dans le guano des îles Chinchas, on trouva des figures humaines en bois, portant au cou une corde ou un serpent qui dévorait leur membre viril. Forbes et W. Francks supposent que l'on a voulu représenter l'introduction de la syphilis par les prisonniers.

L'homme a peut-être fait l'amour avec tous les animaux domestiques dont les proportions le permettaient. Les brebis, les chèvres, les poules furent préférées, mais l'homme a violé les juments, les oies, les canards, etc., etc. En Hongrie, on a étudié la syphilis des chevaux communiquée par l'homme, et les Chinois sont célèbres par leur accouplement avec les oies, auxquelles ils ont la cruauté de couper le cou durant l'éjaculation, pour jouir des spasmes de l'agonie de leur victime.

A Rimini, un jeune berger des Apennins, malade de dyspepsie et de troubles nerveux, m'a dit avoir abusé de l'amour avec les chèvres. Il paraît qu'on se sert aussi des truies [1] !

1. Voir *Archivio per l'antropologia e l'etnologia*, vol. I, p. 481. — Dans l'ancienne Rome, les *belluari*, les *caprarii* et les *anserarii* fournissaient chiens, singes, chèvres et oies (les délices de Priape, comme les appelle Pétrone) aux amateurs de bestialité. Si les hommes manquent, dit Juvénal, décrivant les mystères de la bonne Déesse dans la satire sur les femmes, la ménade de Priape est prête à se donner à un âne vigoureux :

.... Hic si
Quæritur et desant hominis, mora nulla peripsam
Quominus imposito clunem submittat asello.

Dans les taxes de la cour de Rome, la bestialité était frappée de 90 tournois 12 ducats et 6 carlins. En France, elle était punie de mort. Claude Lebrun de la Rochette, savant jurisconsulte (*les Procès civils et criminels*, Rouen, 1647, in-4°), justifie la condamnation à mort qui atteint à la fois le libertin et

La femme elle-même n'a pas repoussé l'opprobre de la bestialité. Dès les temps les plus reculés Plutarque nous dit que les femmes se soumettaient aux caprices libidineux du bouc consacré à Mendes. Aujourd'hui encore, malgré les siècles écoulés, le chien est souvent le secours des recluses, des délaissées, des luxurieuses. Que de fois une femme adorable, qui nous fait envie et qui vit dans la plus haute société, chérit son petit chien pour des raisons inavouables! Plus rarement ce chien est grand, et la perversion

l'animal dont il s'est servi : « Ces animaux ne sont pas punis pour leur faute, mais pour avoir esté instrumens d'un si exécrable malheur, pour raison de quoy la vie est ostée à la personne raisonable : estant chose indigne du conspect des hommes, après une si signalée meschanceté, et parce que l'animal irait toujours rafraîchissant la mémoire de l'acte, qu'il faut supprimer et abolir le plus qu'il est possible. C'est pourquoy le plus souvent les cours souveraines ordonnent que les proces de ses délinquans soient bruslés avec eux afin d'en estaindre du tout la mémoire. » — En 1465, un certain Gilet Soulart fut brûlé vif avec une truie. Guyot Vuide fut pendu et brûlé le 26 mai 1546 pour avoir copulé avec une vache qui fut tuée avant lui. Jean de la Soille fut brûlé vif le 5 janvier 1556 avec une ânesse qui fut tuée avant d'être jetée dans le bûcher. A Toulouse, on brûla une femme qui se faisait couvrir par un chien. Dans l'histoire de la sorcellerie au moyen âge, la bestialité figure aux sabbats; ici le fantastique se mêle avec le vrai. Léandre Alberti nous dit que, par exemple : « La nuit, les mâles comme les femelles deviennent d'épouvantables serpents avec les sibylles, et tous ceux qui désirent y entrer sont obligés de prendre d'abord le plaisir vénérien avec ces serpents repoussants. »

est encore plus complète; au lieu d'un tribadisme animal, nous avons un exemple d'accouplement sacrilège de la créature la plus élevée avec le plus vil des animaux domestiques.

CHAPITRE VI

MUTILATION DES PARTIES GÉNITALES

Déformations et mutilations artificielles des organes
de la reproduction. — Stérilité volontaire.

L'homme a non seulement modifié la forme
naturelle des organes génitaux pour accroître la
volupté de l'accouplement, ainsi que nous l'avons
déjà vu, mais il les a déformés, mutilés et amputés dans des buts divers.

C'est ainsi qu'il a pratiqué le *phimosis artificiel*, la *circoncision*, la *semi-castration* et la *castration*, *l'allongement des petites lèvres*, *l'infibulation* et la *clitoridectomie*.

Phimosis artificiel. — J'appelle de ce nom la
couverture artificielle et forcée du gland. En
Afrique, plusieurs marabouts ou derviches musulmans portent au prépuce d'énormes anneaux ou
autres appendices en signe de chasteté, et les
femmes dévotes baisent ces ornements obscènes.
C'est ainsi que les Maoris avaient le prépuce
attaché, car c'était chez eux une grande inconve-
nance de montrer le gland découvert.

Circoncision. — Beaucoup plus répandu est l'usage d'exciser le prépuce totalement ou en partie, et sans sortir d'Europe nous avons parmi nous des juifs et des musulmans circoncis. Pourtant les musulmans plus rusés semblent n'en couper le plus souvent qu'une très petite partie, et quelquefois chez l'adulte il est difficile de dire s'il y a eu circoncision ou non.

Welcker, examinant le phallus d'une momie égyptienne du seizième siècle avant Jésus-Christ, trouva qu'elle avait été circoncise; il en conclut que les Hébreux avait appris cet usage des Égyptiens.

Quoi qu'il en soit, la circoncision hébraïque et musulmane fait partie du culte religieux et en constitue même un point essentiel. *Incirconcis* est pour ces peuples le synonyme d'impie, de barbare, d'hérétique, et a la même valeur que pour nous le mot : *non baptisé.* Il est très probable que la raison la plus sérieuse de cet usage est celle d'imprimer au corps un signe certain et indélébile qui distingue des autres le peuple ainsi marqué et, en consacrant la nationalité, empêche le mélange des races. La femme, avant d'accepter un homme, devait se rendre compte par les yeux ou le toucher s'il appartenait aux circoncis, et elle n'avait aucune excuse si elle s'unissait à un étranger. Le législateur pourtant n'avait point pensé que ce caractère devait faire naître chez la femme la curiosité de voir et de toucher des hommes faits autrement.

Les historiens du Judaïsme ont exagéré la valeur hygiénique de la circoncision. Il est vrai que les circoncis sont un peu moins prédisposés à la masturbation et aux affections vénériennes, mais la circoncision est surtout une marque distinctive, et une mutilation cruelle de l'organe protecteur du gland et d'un instrument de volupté. C'est une sanglante protestation contre la fraternité universelle, et si le Christ fut circoncis, il protesta sur la croix contre tous les signes qui séparent les hommes.

Dimerbroeck[1] dit que le prépuce augmente pour la femme la volupté dans l'accouplement. C'est pourquoi en Orient elles préfèrent les non-circoncis. « *Præputium voluptatem in coitu auget, unde fœmina præputiatis concubitum malunt agere quam cum Turcis ac Judæis.* »

Je n'oserais pas l'affirmer, parce que lorsque le membre est en érection, la verge circoncise et la verge incirconcise sont semblables. De toute façon ce serait à la femme de résoudre ce délicat problème, car personne n'a jamais dit son opinion à ce sujet. Je sais seulement que chez les peuples civilisés la circoncision est une absurdité, et moi, qui ne suis aucunement antisémite, qui ai

---

1. *Anatomie*, t. I, chap. II, frag. 125.

beaucoup d'estime pour les israélites, qui ne
demande à qui que ce soit une profession de foi
religieuse, je crie et crierai toujours aux juifs :
Ne vous mutilez pas, n'imprimez pas sur vos
corps une marque odieuse qui vous distingue des
autres hommes. Tant que vous le ferez, vous ne
pourrez prétendre à être nos égaux. Car c'est
vous-mêmes qui, du premier jour de votre vie,
vous proclamez par le fer une race distincte qui
ne veut ni ne peut se mêler à la nôtre.

Nous trouvons encore la circoncision dans
beaucoup de pays de l'Afrique où l'islamisme n'a
pas pénétré, ainsi qu'en Australie et ailleurs.

Lorsque le jeune Cafre est arrivé à l'âge de quinze
à dix-huit ans, on le circoncit, et cette opération lui donne le droit d'entrer dans le cercle des
hommes. Elle donne lieu à des fêtes et à des danses
où les femmes et les enfants prennent spécialement part ; fêtes et danses durent cinq mois. Les
jeunes gens, pendant ce temps, s'en vont tous
ensemble, recouverts d'une argile blanche qui
leur donne un singulier aspect. Ils habitent loin
du village, dans une case spéciale, et sont instruits par des maîtres dans tous les arts virils.
Ils sont fort durement traités ; ils sont frappés,
torturés de diverses façons afin de s'habituer à
supporter la douleur.

Le vol et la guerre font aussi partie de leur
éducation. Le noviciat terminé, ils laissent leurs

vêtements et leurs ornements et se rendent à la rivière voisine pour s'y laver. Là ils trouvent leurs parents qui ont préparé de nouveaux vêtements, tandis qu'on met le feu à la case où ils ont habité pendant cinq mois et à tous les objets qu'elle renfermait. En retournant à leur ancienne hutte, ils ne doivent point regarder l'incendie. Dès ce moment ils prennent un autre nom et il n'y a pas de plus grande offense que de les appeler par leur ancien. Ils peuvent aussi s'adonner à l'amour le plus libre [1].

Les Fantis de l'Afrique se circoncisent aussi et la cérémonie se fait toujours dans un lieu sacré. A Accra, par exemple, on la célèbre sur une roche qui émerge de la mer. L'usage, pourtant, n'est pas sans exception. Les Abyssiniens circoncisent leurs fils huit jours après leur naissance et ils les baptisent lorsqu'ils ont quarante jours (quatre-vingts pour les filles), mêlant ainsi une cérémonie judaïque à une cérémonie chrétienne. Selon Waitz, la circoncision se fait dans beaucoup de tribus africaines, chez les deux sexes, mais j'avoue ne pas savoir très bien en quoi consiste la circoncision des filles. Chez les Mandingos et chez les Bambarros on la fait subir à quatorze ans aux garçons et à douze ans aux filles.

1. C.-T. Nauhaus, *Vie de la famille, usages nuptiaux et droit d'héritage chez les Cafres.* Verhandl. der Gesell. für Anthrop. Ethn. und Urg., Berlin, 1882, p. 205.

Bruce parle de l'incision du clitoris chez les Abyssiniens, et Werne assure que la clitoridectomie s'exécute dans le Sennaar, à Taka et dans les pays voisins, ainsi qu'à Benin. On parle aussi d'opérations semblables en Arabie, à Massaoua et ses environs.

Waitz prétend que la circoncision était très répandue en Afrique, même avant l'introduction de l'Islamisme. Plusieurs voyageurs anciens en parlèrent. Pourtant on sait que les nègres n'attachent aucune signification religieuse à ces mutilations. Les Binagos et les Filupes de Fogni ne font que quelques entailles au prépuce, tandis que les Baquems, les Papels et autres se circoncisent comme les Musulmans.

La circoncision était très usitée en Polynésie et elle se pratiquait à la fin de l'adolescence. A Taïti, l'opération était confiée à un prêtre. A Tonga, le prince seul en était exempt. Cet usage contraste avec celui des Maoris et des habitants des autres îles de la Polynésie, qui s'attachent le prépuce en avant du gland. Les femmes des îles Marquises furent inexorables envers un pauvre marin auquel elles avaient vu le gland découvert. C'était un outrage à la pudeur.

La circoncision était en Polynésie une consécration à la divinité de l'organe fécondant.

Leichard assure que les Australiens qui habitent le fleuve Robinson et le Macarthur (lat. 165,26, long. 156,10) sont circoncis, comme du reste tous ceux du golfe de Carpentarie. D'autres voyageurs assurent que le même usage s'observe chez ceux qui occupent la côte méridionale et même chez les sauvages, au nord de Perth. Salvado, qui cite ces auteurs, ne peut en affirmer l'existence chez les sauvages de la Nouvelle-Norcie.

Le très chaste Dawson dit : « In quibusdam tropicæ Australiæ partibus circumciduntur pueri qui in pubertatem initiantur ; hic autem mos indigenis in hoc libro descriptis ignotus est[1]. » Il parle de ceux du district occidental de Victoria.

Brough Smyth donne des détails beaucoup plus précis sur la circoncision des Australiens. Il dit qu'elle est en usage sur la côte occidentale, du golfe de Spencer au golfe de Carpentarie, au Cooper's Creek et dans l'Australie centrale. Elle est inconnue dans les contrées plus méridionales. Bennett suppose que cette coutume a été apprise des Malais. Elle s'exécute lorsque les jeunes gens, pour être déclarés hommes, doivent donner des preuves de courage, et elle n'a aucune signification religieuse. Mais je ne comprends pas que Smyth puisse dire que cette mutilation a pour but de limiter la population. Il la décrit d'après le récit d'un de ses correspondants. Une heure avant le

1. James Dawson, *les Aborigènes australiens*, etc., Melbourne, Sydney et Adélaïde, 1851.

jour, il vit une vingtaine d'indigènes réunis auprès d'un arbre éloigné des habitations. Ils étaient
couverts de vêtements de fête comme pour un
corobborée et ils chantaient alternativement. Ils
avaient chanté toute la nuit et ils étaient abattus
et fatigués. A une certaine distance, il y avait
sept autres indigènes avec le jeune garçon qui
devait être circoncis. Ceux-ci restaient debout et
ne devaient point parler. Au lever du soleil, le
néophyte fut amené au premier groupe, on lui
banda les yeux et on le coucha sur l'herbe. Deux
hommes le tenaient et une douzaine environ faisaient l'opération, munis chacun d'un éclat de
quartz. Ce fut l'affaire d'un instant et aussitôt
après les spectateurs se mirent à crier.

Gason parle de cinq mutilations qui consacrent
autant de périodes dans la vie des jeunes gens :
1° le *moodlawillpa* ou perforation de la cloison
des narines (de 5 à 10 ans) ; 2° le *chirrinchirrie* ou
extraction des dents (de 8 à 12 ans) ; 3° le *kurra-
wellie wonkauna* ou circoncision qui se fait à la
puberté ; 4° le *willyarvo* ou scarification ; et 5° le
koolpie, horrible torture à laquelle tous les jeunes gens ne paraissent pas se soumettre. Suivant
Teichelmann, dans quelques pays de l'Australie
méridionale, les jeunes gens, à la puberté, sont
battus avec des branches vertes et aspergés avec le
sang pris au bras d'un guerrier. Ils sont ensuite
mis par terre et couverts de poussière. Pendant

qu'ils crient, on les soulève par les oreilles, comme si l'on voulait les réveiller de l'extase magique où l'on suppose qu'ils se trouvent. On trace une ligne sur le sol ; à la droite du jeune homme on place un vieillard qui représente *l'étoile de l'automne* et à la gauche on en met un autre qui représente une mouche. On porte en tournant le bâton d'une femme ; celui qui le tient le plante en terre et se prosterne ; tous les assistants tombent alors sur lui en formant un espèce d'autel humain sur lequel on étend le jeune garçon pour le circoncire. Il reçoit son nom, puis un second qui est tenu secret, et on l'initie aux mystères que les hommes seuls doivent savoir. Ni les femmes ni les enfants n'assistent à la cérémonie [1].

Les nègres de Loango se circoncisent, sans quoi ils seraient méprisés et repoussés des femmes.

Semi-castration et castration. — Strabon écrit que déjà, de son temps, les Hottentots coupaient le testicule gauche à leurs fils avant leur mariage : « Il y en a parmi eux, dit-il, qui sont non seulement mutilés mais châtrés, comme chez les Égyptiens. » Le jésuite Tachard, Bœving et Kolbe parlent aussi de cette mutilation. Le savant et consciencieux voyageur Fritsch a pourtant démenti cette allégation.

1. *Remarques sur l'origine probable et l'antiquité des aborigènes de la Nouvelle-Galles du Sud,* par un magistrat colonial, p. 16.

L'homme s'est châtré et a châtré ses semblables ·
poussé par les mobiles les plus opposés : le désir
de s'élever au-dessus des faiblesses humaines et
d'aspirer au ciel ; la vengeance, la jalousie, la
luxure. Les anciens Hébreux avaient aussi des
châtrés : un passage d'Isaïe nous l'apprend (chap.
LVI, v. 5-6). Il paraît pourtant que l'invention des
eunuques vient d'Asie, où la polygamie exigeait
des gardiens fidèles de la fragilité féminine. Les
Romains importèrent les eunuques en Europe.
Ceux de l'empire byzantin furent célèbres, ils
remplirent de hautes charges et inscrivirent une
page fameuse dans l'histoire[1]. Nous citerons Eu-
trope, le premier eunuque qui osa exercer la fonction de magistrat romain et de général. Il fut plusieurs années l'amant de Ptolémée, qui le donna
au général Aristée pour lequel il exerça la profession de pourvoyeur. Il passa ensuite au service de
la fille d'Aristée lorsqu'elle se maria, et le futur
consul était alors employé à la coiffer, à lui présenter l'aiguière d'argent, à la baigner et à l'éven-
ter pendant l'été. L'eunuque Narsès, après ses
victoires en Italie, devint gouverneur impérial. En

---

1. Martial loue Domitien pour avoir défendu la castration
des enfants destinés à la prostitution masculine. Une forme
spéciale de castration serait celle infligée à Spara par Néron,
qui voulait le transformer en femme parce qu'il en était éperdument amoureux : « Ex sectis testibus etiam in muliebrem
transfigurare conatus. »

Orient, la castration fut aussi imposée aux prétendants au trône.

Panceri raconte que les moines de Gisgeh et de Zawy-el-Dyr, près de Syut dans la Haute-Égypte, châtrent les petits esclaves noirs importés du Sennaar et du Darfour pour en faire des gardiens de harem. L'amputation de l'organe est complète ; on cautérise la blessure avec de l'huile bouillante ; on plonge ensuite les victimes dans du sable[1].

La castration religieuse est des plus singulières et mériterait à elle seule un chapitre entier. Beaucoup de religions imposent la chasteté à leurs prêtres. Puisque c'est une vertu très difficile, il est tout naturel que l'idée vienne d'extirper la cause du mal en amputant les organes qui conduisent au péché. Il ne manque pas de passages même dans les livres saints, qui, interprétés d'une certaine façon, puissent justifier la castration. (Saint Mathieu, x, v. 12-5 ; v. 28-30 ; xviii, v. 8-9. — Saint Marc, ix, v. 43-47. — Saint Luc, xxiii, v. 29. — Col, iii, v. 5.)

Un disciple d'Origène, l'Arabe Valérius en 250 E. C., fonda la première secte de châtrés qui du nom du fondateur fut appelée secte des Valériens. Persécutés par les empereurs Constantin et Justinien, ils se dispersèrent et ils sont probablement les pères spirituels des Skopzis modernes.

1. Panceri, *Lettre au professeur Mantegazza* (*Archivio per l'antropologia e l'etnologia*, vol. III, 1873, p. 358).

Les premiers châtrés qui apparurent dans l'histoire de la Russie sont deux métropolitains de Kiew, Giovanni et Jefrem. Ils étaient Grecs de naissance et vivaient dans la seconde moitié du onzième siècle. Le premier fut amené de Grèce en Russie par la princesse Anna Wassewolodowna en 1089; on l'appelle dans les chroniques *nawjè* ou cadavre. Il paraît pourtant qu'ils n'appartenaient à aucune secte spéciale.

Il faut arriver aux premières années du siècle dernier pour trouver la première trace d'une secte de châtrés. En effet, en 1715 on arrêta quelques hérétiques dans le cercle de Uglitsch (gouvernement de Jarosslaw); leurs doctrines se rapprochaient beaucoup de celles des Skopzis actuels. Deux ans après, on arrêta à Moscou Procope Lupkin avec vingt disciples des deux sexes. En 1733, encore à Moscou, on découvrit une secte de soixante-dix-huit personnes des deux sexes qui se flagellaient pour se mortifier la chair; mais dans leurs prières et leurs danses nocturnes elles obtenaient le plus souvent tout le contraire, puisque plusieurs des femmes devinrent enceintes. La cruauté, la luxure et l'ascétisme se mêlaient au point que dans un de leurs repas sacrés on enleva le sein à une jeune fille, on le coupa en morceaux et il fut dévoré par les assistants. Une autre fois on tua un jeune garçon et l'on but son sang.

Ces hérétiques étaient nommés *Clisti* ou fla-

gellants, mais ils se donnaient le nom de Quakers.
Il n'est pas certain qu'ils se mutilaient les parties
génitales, mais de Stein les considère comme les
précurseurs des Skopzis dans la monographie
qu'il a consacrée à ces fous modernes[1].

Les vrais Skopzis apparurent et se répandirent
sous les règnes de Catherine II et d'Alexandre Iᵉʳ.
C'est par la castration qu'ils affirmèrent l'indivi-
dualité de leur secte. Dans les premiers temps
l'opération consistait dans la destruction des testicules par le fer rouge, ce qui fit appeler la mutilation : *baptême de feu*. Plus tard, on l'adoucit et
on fit l'amputation à l'aide d'un couteau ou d'un
rasoir après avoir lié fortement le scrotum. L'opération était confiée à un individu spécial, mais aucun ne savait lier une artère, aussi ils arrêtaient
l'hémorrhagie avec le feu ou des astringents em-
piriquement connus.

Soldats, marins, prisonniers, se sont plus d'une
fois châtrés eux-mêmes avec un couteau, une
hache, un morceau de verre ou de fer-blanc. .

Cette mutilation n'est point encore l'idéal des
Skopzis; ils l'appellent des noms modestes de
*premier cachet, petit cachet, premier blanchissage,
première purification, monture du cheval ta-
cheté.* Lorsque la castration se fait à l'âge adulte,

---

1. La secte des Skopzis en Russie, son origine, son organi-
sation, sa doctrine, d'après les meilleures sources, par de Stein
(*Zeitschr. für Ethn.*, Berlin, 1875, p. 57.

l'érection persiste pendant quelque temps du moins et les victimes ne perdent pas complètement la faculté de pécher ; c'est pour cela que les Skopzis eurent l'idée d'extraire aussi la verge, ce qui s'appelle : *baptême complet, second cachet, ou cachet impérial, second blanchissage, seconde purification, monture du cheval blanc.*

Le *cachet impérial* se fait en une seule fois ou en deux fois. Dans la première méthode on lie les testicules et la verge dans une seule anse et on coupe le tout d'un coup de hache. Dans la seconde, on enlève d'abord les testicules ; le membre viril n'est coupé qu'ensuite. Ceux qui ont l'honneur d'avoir monté le « cheval blanc » sont obligés d'avoir dans l'urèthre un petit tube de plomb ou d'étain terminé par un bouton pour faciliter la sortie de l'urine et pour empêcher le rétrécissement de l'urèthre après l'amputation.

Les *Perewertysis* sont une variété de Skopzis chez qui l'on fait l'opération à la fin de la première enfance par la section et la torsion du cordon spermatique.

Les *Prokolyschis*, suivant J.-P. Lipraudi, sont encore d'autres Skopzis. Chez eux, l'opération consiste à étrangler le scrotum avec un cordon et à traverser d'aiguilles le cordon spermatique.

Dans cette sainte secte, les femmes aussi sont misérablement mutilées : elles se coupent, s'arrachent, se brûlent le bout des seins ou s'enlèvent les

deux glandes mammaires, ou bien se les entaillent
profondément. D'autres fois aussi elles se coupent
une partie des petites lèvres seules ou avec le clitoris, ou bien elles amputent la partie supérieure
des grandes et des petites lèvres et tout le clitoris[1]. Le Skopzi Budylin appelait *première purification* la mutilation des parties génitales de la
femme et *seconde mutilation,* celle des mamelles.

Toutes ces cruautés infligées aux pauvres femmes Skopzis ne les empêchent nullement de désirer des hommes, de faire l'amour et d'avoir des
enfants. On trouve même des prostituées parmi
elles.

Il y a quelques individus pourtant (hommes et
femmes) qui ne sont nullement mutilés et qui appartiennent au groupe des *conducteurs* ou *timoniers.*

L'aspect des Skopzis est celui de tous les eunuques, pâles, gras, l'air d'enfants qui ont grandi
trop vite. Il paraît que la beauté des femmes en
est très altérée. On ne dit pas si chez les hommes
la barbe manque ou est clairsemée. De Stein prétend que leur caractère est profondément modifié
par la castration et que l'on remarque chez eux

---

1. Rotsch disait à Miclucho-Maclay que les Australiens du
fleuve Herbert arrachent le bout des seins des petites fille
pour empêcher l'allaitement. Cette cruelle mutilation sembl
avoir un but malthusien ainsi que les autres usages de l'Australie (*Zeitsch. für Ethnol.,* 1881, p. 27).

l'égoïsme, l'astuce, l'hypocrisie et la soif de l'argent.

On constate, parait-il, peu de cas de mort après l'opération. Mais de Stein fait très justement observer que très probablement les Skopzis cachent les cas malheureux comme tout ce qui les concerne. Ainsi on trouva en mai 1854, dans le canal de Cronstadt, le cadavre d'un homme qui était évidemment mort après avoir subi la mutilation.

Dans les grandes villes et principalement à Pétersbourg et à Moscou, la victime est attachée sur un appareil en forme de croix qui rappelle les ingénieuses machines employées par les physiologistes dans les laboratoires. Autre part l'opération se fait dans les bains publics, dans les forêts ou dans quelque autre lieu caché.

Nous donnerons seulement une idée générale des croyances religieuses et des cérémonies des Skopzis. La psychologie pathologique de leur institution est très simple et en tout semblable à celle d'autres religions où s'unissent la cruauté, le mysticisme et l'adoration de l'inconnu.

Le péché originel, pour les Skopzis, n'est pas d'avoir goûté au fruit de l'arbre de la science du bien et du mal, mais consiste dans l'union charnelle d'Adam et d'Ève. Pour se racheter du péché, Christ prêcha la castration, se châtra lui-même avec tous ses disciples et les premiers chrétiens les imitèrent. Puis la corruption fit oublier le précepte de Christ, et la faute principale en revient à l'empereur Constantin. Christ revint au monde une seconde fois pour racheter l'humanité et enseigner la castration. Les Skopzis sont donc les vrais, les uniques chrétiens. Ils ne croient pas à la résurrection des corps, et les peines de l'enfer sont pour eux d'une nature spirituelle. Le monde est éternel et ses changements ne consistent que dans la manière de vivre des hommes. Lorsque tout le globe sera habité par les Skopzis il deviendra un paradis de béatitude éternelle. En attendant, les Skopzis mourants vont vivre au septième ciel où habite aussi Dieu.

Ils ne reconnaissent pas les Saintes Écritures, ils les appellent *lettre morte* et les croient apocryphes ou falsifiées. Ils n'en regardent comme vraies que les parties qui semblent imposer la castration aux hommes. La vraie Bible, qu'ils nomment le *Livre de la colombe,* se trouve dans la coupole de Saint-André à Pétersbourg. Ils ne reconnaissent pas non plus les sacrements de l'Église orthodoxe. Leur baptême est la castration, leur communion consiste à écouter *les prophéties.* Ils mangent pourtant aussi des petits morceaux de pain ou de gâteau consacrés sur la tombe de Schilow, un de leurs martyrs. Outre la continence qui est leur principale vertu, les Skopzis se condamnent encore à beaucoup d'autres

privations. Ils ne boivent pas de spiritueux, ils
ne fument ni ne prisent et ne mangent pas de
viande. Ils vivent d'herbages, de lait et de poisson.

L'état infantile de leur cerveau se reconnaît à
la passion qu'ils ont pour les diminutifs, de même
que leur fanatisme se révèle dans leurs phrases
les plus habituelles. Ainsi ils ne s'appellent jamais
Skopzis, mais les *purs*, les *colombes blanches*, les
justes, les *vrais petits enfants de Dieu*, les *blan-
chis*. Leurs communautés se nomment *cercles* ou
barques, leurs maîtres prédicateurs ou prophètes,
timoniers, les prières, le plus souvent accompagnées de danses, *ouvrages de Dieu*, et enfin
l'amour sensuel, *péché* et *vanité*.

S'il n'est pas extraordinaire que quelques individus suppriment volontairement la source des
joies les plus chères de la vie en renonçant à
l'amour et à la famille, il est plus étrange que des
centaines et des milliers d'hommes et de femmes
se laissent mutiler. Le fait pourtant est indéniable,
mais on en trouvera plus facilement l'explication,
lorsque l'on saura que les Skopzis disposent
d'immenses richesses et qu'ils emploient tous les
moyens de séduction pour attirer à eux les pauvres
d'esprit et plus encore les pauvres de bourse,
lesquels, mutilant un seul organe (quelque important qu'il soit) de leur corps, acquièrent
l'aisance pour toute leur vie. Ainsi à un pauvre
paysan qui se plaignait de n'avoir pas d'argent

pour boire on disait : « *Va chez Ssimenow ou chez Nasarow* (deux Skopzis), *fais-toi châtrer, et tu auras de l'argent tant que tu en voudras.*

Il paraît que quand le néophyte a de la répugnance pour le baptême de feu, on l'endort ou on l'enivre avec des breuvages spéciaux, puis on lui met la tête dans un sac, on lui lie les pieds et les mains et on l'ampute.

De Stein, dans son remarquable mémoire, dit qu'en Russie c'est au gouvernement de Pétersbourg et d'Orel qu'incombe l'honneur d'avoir le plus grand nombre de Skopzis (8 pour 100 000 habitants). Viennent ensuite les gouvernements de Kosstroma et de Rjäsan avec 5-8 pour 100 000 ; Kaluga, Kursk et Taurien avec 3-5 ; Perm, Moscou, Ssamara, Ssaratow et Bessarabie avec 2-3 ; Jarosslaw, Twer, Smolensk, Tula, Tambom, Ssimbirsk, Chersson et Astrakan avec 1-2 ; Arkangel, Nowgorod, Pokow, Estland, Tschernigow, Woronesch, Nishni-Nowgorod, Wjätka et Oufa avec 1/10-1 ; Livland, Wilna, Minsk, Kasan, Pensa et Jekatérinosslaw avec moins de 1/10. Les autres gouvernements en seraient indemnes.

Dans la statistique de 1866, citée par de Stein, figuraient 5444 Skopzis russes, dont 3979 hommes et 1465 femmes. Ils étaient presque tous grecs orthodoxes (5024); il y avait 409 luthériens et seulement 8 catholiques, un seul mahométan et 2 juifs.

Quant au degré des mutilations constatées chez certains individus, 588 hommes avaient subi l'amputation totale, 833 seulement celle des testicules, et 62 des mutilations diverses. Chez les femmes, 99 l'amputation des seins et des parties sexuelles, 306 n'avaient plus de mamelles, 182 plus de bouts de seins, 251 avaient seulement les parties génitales mutilées et 108 avaient subi différentes autres mutilations.

On peut aussi constater sur une série de Skopzis que 863 s'étaient mutilés eux-mêmes (parmi eux 160 femmes), 1868 avaient été châtrés par d'autres (et dans le nombre 658 femmes). Il y en avait 1652 (dont 448 femmes) châtrés de leur propre volonté; par persuasion 982 (dont 143 femmes) et par violence 470 (dont 4 femmes).

Le gouvernement russe essaya de détruire les Skopzis à l'aide de deux moyens; par une excessive douceur et par une grande rigueur. Il ferma les yeux, espérant qu'une monstruosité si contraire à la nature humaine cesserait naturellement. Il fit des procès et prononça la peine de mort ou l'envoi en Sibérie; mais il obtint peu de résultats. Les Skopzis existent encore aujourd'hui, et si la Russie est arrivée à s'en débarrasser en grande partie, les autres se sont réfugiés en Roumanie, où ils sont nombreux et puissants. Un auteur anonyme nous a donné l'histoire des Skopzis de Bucharest sous forme de roman[1].

L'auteur semble bien informé et il doit avoir vu de ses propres yeux les horribles scènes qu'il décrit. Un seul chiffre tiré de l'introduction sera plus éloquent que toutes les discussions.

Un recensement fait en 1865 révéla la présence de 8375 Skopzis en Roumanie, celui de 1872 les évalue à 16098; en six années ils avaient donc augmenté de 7723.

Les Australiens sont arrivés à produire un hypospadias artificiel pour empêcher la fécondation.

Edw. J. Eyre[2] avait appris dès 1845 que les indigènes de la presqu'île de Port Lincoln ou de la côte occidentale, non seulement n'étaient pas circoncis, mais subissaient une opération plus sérieuse, qu'il décrit ainsi : « *Fenditur usque ad urethram a parte infera penis.* » Il dit plus loin que cette opération se fait entre douze et quatorze ans et

---

1. Le Scopit, *Histoire d'un eunuque européen*, Bruxelles (sans date). L'auteur dit : « Ce livre est moins un roman qu'on pourrait le supposer.... J'ai vécu pendant quatre ans au milieu des Skopzis, en contact forcé et presque journalier avec eux. En écrivant ces pages, il ne m'a pas fallu faire de grands efforts pour classer sur le papier les notes de cette histoire, tant il est vrai qu'il me semble entendre toujours glapir à mes oreilles les fanatiques prêches bibliques de cette misérable race des castrés.... Ma part d'imagination est donc minime, j'ai connu les principaux héros de ce drame, dont l'agencement ne m'a pas forcé à recourir à l'invention.... »

2. *Journal of Exp. of Discov. into Central Australia*, etc., vol. I, 1845, p. 212.

que tous les hommes qu'il a examinés en présen-
taient les traces. Il ajoute que cela peut être une
sage disposition de la Providence pour limiter la
population dans un pays aussi aride et aussi
stérile.

Dans un ouvrage écrit par plusieurs auteurs sur
l'Australie [1], on trouve décrite cette uréthrotomie
malthusienne : «*Operationem hoc modo perficiunt :
os Walabii (Halmaturus) attenuatum per urethram immittunt illudque ad scrotum protrudunt
ita ut permeat carnem. Scindunt dein lapide
acuto usque ad glandem penis....* »

A la page 231 du même ouvrage, on lit le récit
de cette opération par le missionnaire Schür-
mann : « C'est une ouverture de l'urèthre du
sommet du pénis jusqu'au scrotum, faite avec
une pointe de quartz. Je n'ai pas pu savoir la
cause de cette étrange mutilation. Lorsqu'on les
interroge, ils répondent : Ainsi faisaient nos an
cêtres et ainsi nous devons faire. »

S. Gason décrit à la page 272 les coutumes des
Australiens de la tribu de Dieyerie et dit qu'on y
pratique l'opération dite *kulpi*. On la fait lorsque
la barbe est assez longue pour être liée. On met
le membre sur un morceau d'écorce, on incise
l'urèthre à l'aide d'une pointe de silex et l'on met
sur la blessure un bout d'écorce pour qu'elle ne

---

1. *The native tribes of South-Australia*, Adélaïde, 1879.

se ferme pas. Les hommes ainsi opérés peuvent
aller entièrement nus même devant les femmes,
tandis que les autres doivent se couvrir.

Miklucho-Maclay dit que cette opération s'appelle *mika* dans l'Australie centrale, et il la décrit
ainsi d'après les notes recueillies par un *squatter*
établi depuis longtemps dans ce pays.

Ces mutilés peuvent aussi se marier. Pour
uriner ils s'accroupissent comme nos femmes, en
relevant un peu la verge. Il paraît qu'au contraire
les femmes australiennes urinent debout.

Dans l'érection, le membre ainsi opéré devient
large et plat, et, pendant le coït, le sperme est
éjaculé hors du vagin, ainsi qu'ont pu s'en assurer
nombre d'Européens. Miklucho croit que le coït
doit durer moins longtemps (?)

Le *squatter* disait à Miklucho que pour 300
opérés on ne trouve avec le membre intact que
5 ou 4 hommes, et qu'ils sont chargés de conserver l'espèce. Dans cette tribu, les fils étaient
en petit nombre et les filles dépassaient de beaucoup les garçons.

En envoyant ces premières notes à la Société
anthropologique de Berlin, Miklucho ajoutait que
l'hypospadias malthusien était en usage non seulement dans l'Australie méridionale et centrale,
mais encore chez les Australiens de Port-Darwin.
On lui a dit pourtant que quelques-uns de ces
opérés avaient des enfants légitimes (?) Quelques

indigènes de la côte nord-ouest se faisaient des
fentes partielles de l'urèthre pour en dilater
l'orifice et accroître la volupté dans l'accouplement[1].

Plus tard[2] Miklucho fit d'autres communications
confirmant et éclaircissant les premières. Il apprit
de M. Rotsch que le *mika* se faisait uniquement
pour ne pas avoir trop d'enfants, et l'on y soumet-
tait surtout les hommes faibles. Il n'y aurait donc
pas là simple restriction à la vitalité seulement,
mais essai d'amélioration de la race. De temps en
temps les femmes des opérés se donnent à des
hommes non opérés, pour avoir des enfants. Ce
que dit Rotsch s'applique aux indigènes du fleuve
Herbert près le lac Parapitshuri.

Le couteau d'opération est de quartz et le manche fait du suc épaissi d'une xanthorrhée.

Miklucho apprit plus tard de P. Folsche que
les Australiens Nasim, qui vivent entre les fleuves
Riper et Nicholson, sur la côte ouest du golfe de
Carpentarie, circoncisent leurs enfants à l'âge de
quatorze ans et, à dix-huit ans, leur fendent l'u-
rèthre avec un éclat de quartz ou une coquille
coupante. Comme nous l'avons déjà dit, on empêche la plaie de se refermer. Le membre guéri,
il ressemble à un gros bouton. Les hommes ainsi

---

1. *Zeitschrift für Ethnol.*, Berlin, 1880, p. 85.
2. *Ibid.*, 1882, p. 27.

mutilés peuvent faire l'amour, mais n'ont point d'enfants ; les femmes les préfèrent par cette raison. Folsche ajouterait que l'on mutile spécialement les hommes robustes, ce qui ferait une sélection à rebours.

Les Australiens ne se contentent pas de fendre l'urèthre des garçons pour les rendre stériles ; ils font aussi l'ovariotomie aux filles pour les empêcher d'avoir des enfants [1].

Miklucho-Maclay, voyageant dans le Queensland, rencontra Rotsch qui venait de parcourir l'Australie en tous sens. Il lui raconta avoir appris d'un indigène l'existence de femmes châtrées chez les Australiens du lac Parapitshurie (lat. 33, long. 139 environ), où du reste presque tous les hommes ont l'urèthre fendu.

L'indigène avait vu parmi les hommes une jeune fille qui menait la même vie qu'eux ; elle avait les formes de la femme, mais avec un peu de barbe au menton et presque pas de seins. Elle n'avait aucun penchant pour les hommes, qu'elle satisfaisait pourtant mécaniquement. Elle avait aux aines deux longues cicatrices. Cette femme n'est pas le seul cas de son espèce. On en fabriquait d'autres pour fournir un aliment aux plaisirs des jeunes gens.

Cela rappelle l'usage des indigènes qui vivaient

---

1. Il paraît que les Romains aussi savaient parfois châtrer les femmes qui se destinaient à la prostitution.

autrefois sur le fleuve la Condamine et qui destinaient les femmes stériles aux jeunes gens.

Mac-Gillivray, le naturaliste bien connu du
Rattelsnake, avait aussi vu une femme d'une tribu
du cap York, qui avait subi l'ovariotomie et en
portait les cicatrices. Elle était née sourde-muette
et elle avait été châtrée pour qu'elle ne donnât
pas naissance à d'autres sourds-muets.

Le docteur Robert, dans son voyage de Delhi
à Bombay (*Muller's Archiv*, 1843), dit avoir rencontré une *eunuque-femme* qui avait été soumise à l'ovariotomie; elle n'avait point de mamelles ni de poils aux parties sexuelles, ni ro-
tondités, ni désirs.

Il paraît que les femmes australiennes savent
rejeter le sperme aussitôt après le coït, quand
elles ne veulent pas devenir enceintes.

Du moins les a-t-on vues plusieurs fois écarter
les jambes et rejeter la semence par un mouvement d'ondulation du corps.

Il est singulier de voir un peuple, placé sur les
derniers échelons de l'échelle humaine, comme
l'Australien, surpasser en inventions lubriques les
anciens Romains qui fabriquaient les *spadones*
et qui, châtrés après la puberté, éprouvaient
encore des érections sans féconder les femmes.

Juvénal dit que les femmes les préféraient
parce que « *abortivo non est opus* », et autre part
« *Gellia vult futui, non parere* »,

Ergo expectatas ac jussas crescere primum
Testiculas, postquam cœperunt esse bilibres
Tonsoris decimo tantum capit Heliodorus[1].

Allongement des nymphes.

Tout le monde maintenant connaît l'allongement naturel des petites lèvres de la femme
hottentote, mais tout le monde ne sait pas que
nos femmes elles-mêmes, par exception, présentent cette même particularité.

Broca l'a constaté chez une jeune Française.
Elles formaient une saillie de cinq à six centimètres[2].

A Beyrouth, Duhousset a vu et dessiné un cas
semblable à celui de Broca. J'ai vu moi-même
plus d'une fois les nymphes très saillantes, et l'une
dépassant quelquefois l'autre d'une quantité
notable.

A. Merenskij déclare artificiel le tablier des
Hottentotes. Il avait été amené à cette fausse idée
parce qu'il avait vu les Basutis et d'autres tribus
africaines allonger artificiellement les petites
lèvres de leurs femmes. Il dit que ce sont
les jeunes filles les plus âgées qui pratiquent
cette opération sur les plus jeunes presque
aussitôt après la naissance. Elles étirent les

1. *Sat.*, VI.
2. *Bullet. de la Soc. d'anthrop. de Paris*, 1877.

lèvres et plus tard les enroulent autour de petits bâtons[1].

Infibulation.

L'infibulation des femmes est d'usage en Abyssinie, en Nubie et au Soudan, et se pratique pour garantir complètement la virginité de l'épouse. Ce mot dérive de *fibula*, instrument avec lequel les anciens Romains interdisaient l'accouplement aux histrions dans le but de leur conserver la voix. Cette opération, paraît-il, aurait été introduite en Nubie par un des premiers rois chrétiens[2]

Panceri put étudier les parties génitales d'une jeune prostituée du Soudan. Lorsqu'elle était debout on apercevait aussitôt la saillie du pénil épilé ainsi que chez toutes les femmes orientales et l'absence de l'entrée de la fente vulvaire. Panceri croit que cette forme du pénil est en rapport avec le rétrécissement transversal du bassin, et son développement rappelait les statues de Vénus et des

1. *Zeitschrift für Ethnol.*, Berlin, 1875, vol. VII, p. 18.
2. Martial parle des chanteurs qui parfois rompaient l'anneau, qu'il fallait reporter chez le forgeron :

« Et cujus refibulavit faber penem. »

Celse parle de l'infibulation des femmes romaines dans l'intérêt de leur voix et de leur santé et en décrit la méthode. Il paraît que l'on infibulait aussi l'anus pour le protéger. Il était d'usage aussi que les esclaves qui accompagnaient les dames romaines aux bains couvrissent leurs parties génitales avec un petit couvercle de bronze ou une ceinture de cuir noir.

Grâces, ou les eunuques, sauf l'orifice de l'urèthre, qui se voit chez eux à fleur de peau. En
regardant de plus près on voyait à la place de la
fente vulvaire une cicatrice linéaire, au-dessus de
laquelle on sentait avec le doigt le clitoris en
place, mais peu mobile, puisqu'il était caché sous
le tissu cicatriciel. C'était seulement après l'écarte-
ment des membres inférieurs que l'on voyait près
du périnée l'orifice vaginal en forme de fente; ses
bords étaient formés par la crête des petites lèvres
presque totalement soudées avec les grandes et par
la fourchette de la vulve. Aussitôt après cette
crête la coloration noire cessait et la teinte rosée
de la muqueuse vaginale commençait. Ainsi, la
commissure supérieure, le clitoris, l'orifice de
l'urèthre, la moitié antérieure des petites lèvres
étaient cachés par l'adhérence des grandes lèvres
entre elles.

L'infibulation se fait ainsi : On avive avec un
rasoir les grandes lèvres à leur face interne, puis
on met dans l'urèthre une canule en forme de
catéther pour l'écoulement de l'urine. On réunit
par un cordon les gros orteils, puis les malléoles,
et l'on commence un emmaillotement plus ou
moins régulier jusqu'à la moitié des cuisses, de
façon à tenir·les jambes rapprochées pour favoriser l'adhérence des grandes lèvres. Il est donc
faux que l'on pratique des points de suture
comme on l'a écrit souvent.

Lorsque l'on enlève l'appareil il ne reste qu'un petit orifice pour l'écoulement de l'urine et du sang menstruel au niveau de la fourchette. Pendant huit jours l'opérée doit rester étendue sur le dos; on lui permet alors de se lever, mais en maintenant ses pieds réunis pendant huit jours encore, afin que les lèvres ne se séparent pas.

Si une jeune fille infibulée se marie, une sage-femme se présente avec un couteau et coupe devant le mari la cicatrice de bas en haut en se réservant de faire des entailles plus grandes au moment de l'accouchement.

Panceri observa aussi une autre négresse infibulée qui par trois fois de suite dut se faire inciser la cicatrice[1]. Elle lui raconta que l'on employait pour l'infibulation dans le Soudan une poudre faite avec le pollen d'une plante nommée *sene, sene*.

Les musulmans condamnent l'infibulation et donnent à la jeune fille infibulée le même nom qu'à une castrée, *mutahara*.

Lindschotten[2] écrit que les petites filles au Pégou sont cousues, sauf un petit trou, et lorsqu'elles se marient l'époux agrandit plus ou moins l'ouverture.

---

1. Panceri, *Lettre au professeur Mantegazza* (*Archivio per l'antropologia e l'etnologia*, vol. III, 1873, p. 535.

2. Lindschotten, *Trad. allem. de J. von Bry*, Francfort, 1615.

Waitz parle aussi de l'infibulation et la dit très en usage dans beaucoup d'endroits en Afrique. Il ajoute que parfois les maris refont la suture chaque fois qu'ils vont en voyage et que les marchands d'esclaves s'assurent par le même moyen de la chasteté des femmes qu'ils vendent.

A beaucoup d'époques l'homme voulut garder la vertu des femmes par des moyens mécaniques, et les cadenas de virginité furent introduits de l'Orient à Venise, puis répandus dans toute l'Europe. Mais déjà dans la Rome antique on connaissait l'infibulation et d'autres moyens pour maintenir la femme intacte. Au Moyen Age les *ceintures de sûreté* étaient en usage. Guillaume de Machaut parle d'une clef qui lui fut donnée par Agnès de Navarre et se rapporte vraisemblablement à quelque chose d'analogue :

> Adonc la belle m'accole....
> Si attaingny une clavette
> D'or, et de main de maistre faite
> Et dist : « Ceste clef porterez
> Amys et bien la garderez,
> Car c'est la clé de mon trésor.
> Je vous en fais seigneur dès or;
> Et, dessus tout, en serez mestre,
> Et si l'aime plus que mon œil destre,
> Car c'est mon heur, c'est ma richesse,
> C'est ce dont je puis faire largesse!

On a voulu nier l'authenticité des *ceintures de chasteté* ou *cadenas de virginité*, mais le fait ne

peut pas être mis en doute. Nous en possédons
dans plusieurs musées, et des auteurs du temps,
dignes de foi, les ont décrits. Il paraît qu'ils furent
en usage jusqu'à la moitié du dix-huitième siècle;
puisque l'avocat Freydier plaida au Parlement
en faveur d'une femme qui accusait son mari de
l'avoir soumise à cet indigne traitement. (*Plai-
doyer contre l'introduction des cadenas ou ceintures de chasteté*. Montpellier, 1750, in-8.)

Nous lisons ce passage dans les *Dames galantes*
de Brantôme :

« Du temps du roy Henry il y eut un certain
quinquailleur, qui apporta une douzaine de certains engins à la foire de Saint-Germain pour
brider le cas des femmes, qui étaient faicts de
fer et ceinturoient comme une ceinture et venoient
à prendre par le bas et se fermer à clef, si subti-
lement faicts qu'il n'estoit pas possible que la
femme, en estant bridée une fois, s'en peust jamais prévaloir pour ce doulx plaisir, n'ayant que
quelques petits trous menus pour servir à pisser.»

Clitoridectomie.

Le clitoris a été réséqué et se résèque en plusieurs pays et dans des races diverses dans le seul
but de rendre les femmes moins voluptueuses et
plus fidèles.

Duhousset décrit la circoncision que l'on pratique en Égypte de neuf à douze ans et qui con-

siste dans l'amputation du clitoris et, de plus, d'une partie des petites lèvres, grâce à la méthode grossière employée. Il croit que les Égyptiens ne tenaient pas à la participation voluptueuse de la femme dans le coït. Les femmes au contraire s'en procuraient au moyen d'une boisson excitante qui ne leur laissait que le désir d'un plaisir inassouvi. (*Bullet*. 1877, p. 127.)

Panceri a étudié l'amputation du clitoris et l'infibulation de la femme dans l'Afrique septentrionale. La suture est faite avec des ciseaux par une sage-femme ou par une femme attachée aux bains publics. L'opération se nomme en arabe *cassura*. Ou l'on ampute le gland du clitoris avec le petit prépuce et une portion des petites lèvres, ou le gland fuit sous les ciseaux peu experts et on ne réussit qu'à enlever le prépuce avec une partie des petites lèvres. Cet usage pourtant n'est pas général, et il y a des familles où on ne le pratique pas.

Chez les Ijvaros de la Haute-Amazone, on enlève le clitoris à toutes les femmes avec des ciseaux spéciaux, que Liciolli avait promis de me donner lorsqu'il aurait de nouveau visité le pays[1]. Mais au retour il périssait misérablement avec sa pe-

---

1. Cet Italien était établi depuis plusieurs années dans ces pays et s'était marié avec une femme ijvaros. Il a donné nombre d'objets précieux au musée ethnographique de Rome.

tite fille sur le vaisseau qui l'emmenait au Brésil, et son cadavre fut jeté à la mer.

Il m'assurait que les indigènes amputent le clitoris à leurs femmes parce qu'elles sont trop lascives, et comme ils en ont beaucoup, ils espèrent les maintenir fidèles par ce cruel moyen[1]. Il est difficile d'imaginer une perversion plus égoïste, puisque l'amour est un plaisir partagé. Vouloir supprimer la volupté de notre compagne est une barbarie, qui est punie avec usure par la diminution de la nôtre.

1. Voir aussi Ecker, *Archiv. für Anthrop.*, 1872, p. 225.

CHAPITRE VII

LA CONQUÊTE DE L'ÉPOUSE

Conquête de la femme. — Le rapt. — Lutte entre les prétendants.
— Simulacres et symboles de l'enlèvement. — Explications diverses de ces usages. — Luttes et danses amoureuses.

Tandis que nous voyons beaucoup d'animaux
s'orner des plumes les plus splendides et des
cornes les plus élégantes pour l'amour, tandis
que nous voyons les plantes réunir les principales beautés de leurs formes autour de la fleur,
nid de leurs amours, tandis que nous voyons la
pompe esthétique s'entrecroiser autour de ce
sentiment dans toute la nature, il semblerait que
chez les hommes l'amour dût se réserver des
ardeurs plus grandes, le plus splendide vêtement
de poésie que le cœur puisse offrir à l'homme
amoureux, le meilleur de ses battements — la
meilleure de ses pensées. Eh bien, il n'en est pas
ainsi : chez beaucoup de races inférieures, le sentiment de l'amour se réduit à cette simple formule : instinct du rapprochement mâle et femelle ; conquête brutale et sanglante de la femme ;

copie fidèle des cruelles amours de beaucoup de mammifères.

Dans l'homme, c'est presque toujours le mâle qui recherche la femelle, quelque intense que soit le désir de celle-ci d'être possédée. Dans tous les pays du monde, sur les degrés les plus élevés de la hiérarchie humaine comme sur les plus inférieurs, l'homme pubère sent surgir en lui une nouvelle énergie.

Il lui faut posséder et féconder une femme pubère. Les modifications histologiques du testicule et de l'ovaire sont la cause de cette énergie nouvelle, et sans ces deux organes il n'y a pas d'essor amoureux, depuis l'embrassement violent et cruel du sauvage jusqu'au chant que le poète adresse à sa maîtresse.

Du désir à la conquête, le chemin est tantôt court ou tantôt long, mais il se divise toujours en trois embranchements qui conduisent au même but; ce sont : *la conquête par la violence, la conquête par achat et la conquête par libre élection*. Bien rarement pourtant les trois voies sont distinctes et, le plus souvent, elles se croisent et se confondent.

L'homme, ordinairement plus fort que la femme, plus audacieux et plus violent, la voit, la désire et la prend, l'arrache des bras de ses parents et la défend les armes à la main. Si, après l'avoir possédée et fécondée, il l'abandonne, il se ravale au niveau de la brute, qui ne connait de l'amour que le rapprochement des sexes.

Cette brutalité est très rare, mais elle se rencontre aussi exceptionnellement parmi nous. Pourtant, en Australie comme en Europe, à la première violence peut succéder l'amour qui guérit la première blessure, et la femme, d'abord offensée et gémissante, peut plus tard aimer son ravisseur.

La conquête de la femme par la violence est une des formes les plus anciennes et les plus spontanées de l'amour.

L'homme qui ne peut obtenir l'amour par sympathie, ou qui se soucie peu du consentement de sa compagne, l'obtient par les coups. Tandis qu'aujourd'hui, chez nous, le fait se présente au contraire comme une rare exception, et il est considéré comme un crime; chez les peuples moins civilisés il peut être une coutume générale. Au désir brutal, qui ne trouve aucun frein dans les lois morales, s'associe la haine pour une autre tribu où un autre peuple, et la proie la plus ambitionnée des vainqueurs fut toujours l'amour des femmes des vaincus. En aucun autre cas peut-être, l'homme ne peut satisfaire à la fois deux de ses plus impérieux besoins : posséder une femme désirée et humilier par le plus cruel des affronts l'orgueil de l'homme haï.

Christophe Colomb nous raconte comment les

Caraïbes faisaient des incursions dans les pays lointains, dans le but de ravir les femmes d'une autre tribu, et encore aujourd'hui les Indiens des Pampas volent les vaches et les femmes des Argentins.

Horace chantait :

> Sed ignotis perierunt mortibus ille,
> Quos venerem in certam rapientes more ferarum,
> Viribus editior caedebat, ut in grege taurus.

Dans beaucoup de pays de l'Afrique, le rapt des femmes est très répandu, et il se complique de la castration des prisonniers. Chez les Gallas et autres peuples voisins, le plus ambitionné des trophées est pour un guerrier celui des parties génitales de son ennemi, coupées et séchées, et qui en a le plus peut le plus compter sur l'amour des femmes. Mon illustre ami, le capitaine Cecchi, m'a aussi décrit cet odieux trophée qu'il a vu plusieurs fois, et lui-même nous dira toutes les particularités de ce cruel usage lorsqu'il publiera ses voyages.

Dans la Bible, vous trouvez en maint endroit la narration d'enlèvements de femmes.

A Sparte, le jeune homme devait enlever la jeune femme qu'il désirait, et dans les lois d'Athènes on trouve que celui qui a usé de violence envers une femme doit l'épouser.

On enlevait les femmes chez les anciens Ger-

mains, chez les Madgjars et, jusqu'au commencement de ce siècle. chez les Serbes.

Les Mirdites de la Turquie d'Europe ne prennent jamais pour femme une de leurs compatriotes, mais ils en enlèvent aux musulmans des
tribus voisines.

L'*exogamie*, ou mariage hors du sein de la
tribu, même lorsqu'il se fait par libre choix ou
par achat, n'est qu'une évolution progressive,
une forme plus policée de l'amour par rapt. A un
degré encore plus élevé, on ne conserve plus que
le simulacre du rapt.

A Sparte, la cérémonie nuptiale représentait un
véritable enlèvement, même lorsqu'il se faisait
avec le consentement des parents, et, dans la
coutume romaine, au temps de Catulle, le mari
simulait l'enlèvement de sa femme.

Sans prétendre donner un catalogue complet
de tous les peuples chez lesquels l'enlèvement est
en usage, je tâcherai de démontrer combien il
est général.

Tod raconte que les Raïpulsi ne peuvent prendre femme que dans une autre *Kin*.

Les Garrow de l'Inde ne peuvent s'unir avec
des femmes du même *Mahari* (Dalton).

Les Samoïèdes cherchent toujours leurs femmes
dans une autre tribu (Castrem).

Les Kalmucks prennent leur épouse dans des
tribus diverses. C'est ainsi ,que les Derbètes la

prennent chez les Torgates, et réciproquement (Bastian).

Aucun Ostiack ne prend pour femme celle qui porte son prénom (Pallas).

Les Jacontes épousent des femmes d'une autre classe (Middendorf).

Les Nogaïs préfèrent avoir pour compagnes des jeunes filles de villages lointains (Harthausen).

' Dans l'Afrique occidentale on cherche sa femme dans une classe différente de la sienne (Du Chaillu).

Il en est de même chez les Somalis (Burton).

Les Arawak de la Guyane sont divisés en un certain nombre de familles qui se perpétuent par les femmes et ont un nom particulier. Aucun, ni garçon ni fille, ne peut s'unir avec une personne qui porte le même. L'hérédité du nom et des biens suit la ligne féminine. La violation de cette loi est une faute grave.

Chez les Esquimaux du Cap-York, toute la cérémonie nuptiale se réduit à l'enlèvement; la jeune fille doit crier, s'agiter et pleurer jusqu'à ce qu'elle soit portée dans la hutte de son époux.

Chez les autres Groënlandais, ce sont deux ou trois vieilles qui jouent la comédie de l'enlèvement.

Chez beaucoup d'indigènes de l'Amérique le mariage est représenté aussi par un rapt.

Il en est de même chez les Indiens d'Arauco et les Nadovèses.

Gray raconte d'une manière fort comique un enlèvement par un nègre *mandingo*, auquel une femme avait permis de prendre sa fille. Ici il n'était pas simulé, car elle résistait de toutes ses forces, elle griffait, mordait, et frappait du pied, si bien que l'époux fut forcé de recourir aux bras robustes de trois de ses amis.

Des scènes semblables se voient chez les Foutas de l'Afrique occidentale et chez les Cafres.

Dans la Nouvelle-Zélande l'enlèvement était une vraie bataille, et comme les femmes étaient robustes et courageuses, il fallait une grande force ; on devait s'y reprendre à plusieurs fois.

Il y a plusieurs genres d'enlèvements dans la presqu'île de Malacca, chez les Khond d'Orissa, chez les Kalmoucks, les Toungouses, les Kamtschadales, les Tcherkesses.

La forme peut-être la plus simple de la conquête est celle racontée par Dieffenbach, en Polynésie. Deux jeunes hommes voulaient la même jeune femme, et chacun, la prenant par un bras, la tirait jusqu'à ce que le plus fort la gardât.

Dans la Nouvelle-Zélande, l'épouse était souvent réellement enlevée, et même blessée ou tuée dans la lutte, qui quelquefois n'était que symbolique.

L'ancien nom donné au mariage en Germanie était *brantlant*, ou *course à l'épouse*, ce qui fait supposer qu'il y avait enlèvement.

Kulischen, qui a écrit un mémoire très érudit

sur ce sujet, décrit l'ancien rite nuptial en usage dans le Dietmarschen et dans l'île de Sylt; le simulacre de la violence y est évident.

Voici comment le mariage se faisait dans l'île de Sylt jusqu'à la moitié du siècle dernier.

Le jour des noces, de bon matin, tous les hommes invités se réunissaient dans la maison de l'époux, et l'accompagnaient à celle de l'épouse avec le *brantmann*; la porte était fermée. Après avoir frappé plusieurs fois, une vieille se montrait en disant : « *Que voulez-vous?... — Nous avons ici une épouse à emmener. —Il n'y a point d'épouse ici* » et la porte se refermait. On frappait une deuxième fois et la porte s'ouvrait pour de bon au bout d'une demi-heure, tous montaient à cheval, après qu'un garçon de noce avait fait monter la mariée et ses deux servantes (aalerwüffen) dans un char. Enlever la mariée et la soulever n'était pas chose facile, parce qu'on ne pouvait la prendre au-dessous des genoux et qu'au-dessus sa taille, grâce à l'épaisseur des vêtements et des fourrures, était énorme.

Lord Kamen décrit le mariage des Walisern, qui simulaient une bataille pour enlever la mariée.

On trouve des signes évidents de rapt même en Russie; et dans tous les chants nuptiaux l'époux est appelé l'étranger, l'ennemi et d'autres noms semblables.

Dans le gouvernement d'Oloneszky, l'on chante :

« Dans le dernier jour, moi vierge, j'étais assise dans ma claire chambrette. J'y étais dans la pleine possession de ma liberté. Des oiseaux vinrent en volant du lac Onéga. Un rossignol se posa sur ma fenêtre et un aigle commença à parler. A la fin de ce jour le jardin sera pris, tout le peuple sera vaincu et la liberté Wolja deviendra esclavage Newolja. »

Dans le gouvernement de Wologodsky, l'épouse chante quelque chose de semblable.

« Cette nuit j'ai peu dormi et beaucoup rêvé, j'ai vu, oh! mes amis, une haute montagne, et sur cette montagne une pierre blanche et ardente. Sur cette pierre était un animal de proie, un aigle, et dans ses serres il tenait un cygne. — Savez-vous, mes amis, ce que signifie ce songe? Cette haute montagne est un pays étranger, cette pierre blanche est une haute tour d'un autre pays, et l'aigle, l'animal rapace, est un étranger. Dans ses serres il tient un cygne, moi, la vierge. »

Chez les Tchèques l'arrivée de l'époux est annoncée par ces paroles : « L'ennemi s'approche ». Dans la Petite-Russie, avant le départ de la mariée, on simule une bataille entre les amis des deux fiancés et l'on chante : « Ne nous surprends pas, ô Lithuanien[1]. Nous te battrons, nous com-

1. Après les invasions des Lithuaniens et des Tartares, l'époux est appelé Lithuanien ou Tartare dans le sens d'ennemi.

battrons en braves et nous ne céderons pas l'é-
pouse ».

La bataille cependant doit toujours finir par la
victoire de l'époux.

Külischer croit que l'anneau nuptial est aussi
un symbole de l'esclavage de la femme[1], et qu'il
représente, pour ainsi dire, une chaîne à un seul
anneau, et il justifie son assertion par des preuves tirées de traditions germaniques. — Chez les
Romains, l'époux offrait aussi à sa fiancée, parmi
les autres présents, un *anneau de fer sans pierre*,
et ce ne fut que plus tard qu'on le fit en or. C'est
seulement dans les temps modernes que l'époux
reçoit aussi un anneau de sa femme. Jusqu'à présent, en Angleterre, l'anneau nuptial n'est porté
que par la femme.

Un volume ne suffirait pas à décrire toutes les
formes de mariage usitées chez les peuples modernes, qui rappellent l'antique enlèvement par
une sorte d'atavisme.

Chez nous, tenir une voiture à la porte de
l'église pour conduire les mariés au chemin de
fer, et de là, éparpiller dans les auberges ces
chers souvenirs qui devraient sanctifier la maison,
n'est qu'un rapt simulé. Même aujourd'hui, dans

1. Külischer, Mariages entre communes par enlèvement et achat (*Zeitschrift für Etnologie*, Berlin, 1878, p. 208). — Ungen, *le Mariage dans son développement historique*, Vienne, 1850, p. 106.

la Pouille *si scende*, c'est-à-dire on enlève une jeune fille pour l'épouser, même lorsque les parents ont accordé leur consentement. De Gubernatis, dans son savant ouvrage sur les usages nuptiaux[1] en Italie a, recueilli à ce propos de précieuses notes.

A Caralvieri, dans l'Arpinate, le mode d'enlèvement est celui-ci :

Le mari, accompagné de ses parents, va à la maison de sa fiancée qu'il trouve fermée; il a beau frapper, personne n'entend. C'est pourquoi tout affolé, il s'adresse aux voisins, qui répondent ne rien savoir. Alors il parcourt les environs, et dans un fossé trouve une échelle en mauvais état; il la rajuste tant bien que mal et s'en sert pour entrer par une fenêtre dans l'habitation. Après avoir beaucoup cherché, il trouve sa fiancée qui s'est cachée, et, tout heureux, il descend avec elle ouvrir la porte. Alors les père et mère lui disent : *Puisque tu l'as retrouvée, tu l'as méritée*, et son père présente aux parents de l'épouse devant leur porte, une cuisse de brebis, en disant : Voici la chair morte, donnez-nous la vivante. Après quoi la mariée est bénie et confiée à l'époux, qui la conduit chez lui.

En Hongrie, dans l'Heideboden, lorsque l'époux emmène sa femme, les jeunes gens du village,

1. *Histoire comparée des usages nuptiaux en Italie,* Milan, 1869, p. 165.

barrent le chemin avec un ruban de soie, les mariés se rachètent avec un verre de vin et un peu de pain.

En Italie, cette cérémonie est généralement appelée *far il serraglio*. — En Corse, *far la travata* ou *far la spallera*, à Pistoie, *far la parata*, dans la Valteline, *far la serra*, dans le Tarentin, *far lo steccato* ou *far la parata*, et dans plusieurs endroits du Piémont, *far la barricata*[1].

De Gubernatis a trouvé ces coutumes dans le Monferrat, dans l'Alto Canavèse, dans l'Ossola, dans la Valteline, dans le Trentin (vallée du Non), dans le Farnèse, dans le Pesarèse, dans plusieurs cantons de la Toscane, en Corse, dans l'Abruzze-Teramano.

On a fait des théories plus ou moins brillantes pour expliquer le rapt, vrai ou simulé, de l'épouse. Celle qui veut voir dans cette coutume le souvenir de l'enlèvement des Sabines, est puérile, parce que le fait se retrouve chez beaucoup de peuples qui n'ont aucun souvenir de ce rapt.

L'origine que De Gubernatis cherche dans la mythologie indienne est ingénieuse mais insuffisante. Le Soleil, dit-il, épouse l'Aurore, et la ravit aux génies de la nuit. L'Aurore répand la rosée, l'épouse ravie doit nécessairement pleurer. Mais le Soleil sèche la rosée, l'époux ne pleure pas, mais essuie les larmes de l'épouse.

---

1. De Gubernatis, *Op. cit.;* p. 165.

Ce n'est point au ciel qu'il faut aller chercher l'origine des choses humaines, mais sur la terre, parce que c'est l'homme qui a fait le ciel à son image, et non le ciel qui a fait l'homme à la sienne.

Mac Lennan explique l'universalité de cet usage par l'exogamie, c'est-à-dire par cette loi qui défend le mariage avec femmes de la même tribu, et l'exogamie serait à son tour le fruit de la mise à mort des enfants du sexe féminin.

Lubbock combat cette théorie, et croit qu'il est plus probable que le rapt exprime la violation du droit de propriété qu'ont sur l'épouse les parents, les frères et les compatriotes. Pour moi, les deux théories sont fausses. L'amour est une bataille : dans presque tout le monde animal, les cornes, les ongles, les dents, ne servent pas seulement à acquérir la nourriture, mais aussi à prendre possession d'une femelle, et les transports d'amour et les luttes s'accompagnent d'effusion de sang. Il est naturel aussi que l'homme obéisse à cette loi, et bien que la civilisation lui ait limé les dents et les ongles, il lui reste toujours l'image symbolique du vol et de la violence. Si je ne me trompe, je crois que dans l'étude de l'homme, on va chercher bien loin ce qui est tout près de nous et que l'on demande aux origines sanscrites beaucoup de choses qui sont devant nos yeux.

Si, malgré les progrès de la civilisation et de la

morale, cette violence naturelle s'est conservée
de siècle en siècle, cela tient à la persistance des
coutumes qui se rapportent à la naissance, au mariage, à la mort. Ce sont les trois pierres angulaires de l'existence.

Après le rapt brutal, après le rapt simulé, apparaît une forme moins sauvage du droit de la
force. A l'attaque violente se substitue la lutte. A
l'embuscade de l'assassin se substitue le combat
singulier de deux hommes qui mesurent leurs
forces pour se disputer la victoire dont le prix est
une femme. C'est le duel qui vient remplacer
l'homicide.

Richardson raconte avoir vu plusieurs fois les
indigènes de l'Amérique du Nord mesurer leurs
muscles dans les luttes de l'amour. Un homme
fort voit une femme jeune et belle au bras d'un
homme plus faible que lui : il le défie, est vainqueur et prend la femme pour lui, et de plus,
celle-ci trouve le fait naturel et juste. Hearne raconte comment, dans la baie d'Hudson, les indigènes se battent pour avoir une femme.

Quelquefois le mariage se fait d'une manière
mixte, dans laquelle la violence, l'achat, la séduction se confondent, chacune apportant un élé-
ment vrai ou simulé. Un exemple classique de
cette méthode se trouve chez les Araucaniens.

Le jeune homme commence par courtiser la
jeune fille, qui lui convient, et portant à son cou

une espèce de guitare ornée de rubans et de verroteries, adresse à la bien-aimée les sons harmo-
nieux de son instrument. —Quand les choses sont
en bon chemin, il doit préparer l'argent pour
acheter la jeune fille, et, s'il n'est pas riche, il va
mendier chez ses amis un bœuf, un cheval, des
éperons d'argent, jusqu'à ce qu'il ait parfait la
somme nécessaire pour payer sa dot au père dé
la fille.

Ceci fait, ses amis se réunissent, montés sur
leurs meilleurs chevaux, et se rendent chez le
futur beau-père. Cinq ou six des plus éloquents
descendent de cheval et font la demande en en-
chérissant sur les qualités et les vertus de l'épou-
seur et sur le bonheur qu'aura la jeune fille dans
une telle union. Le père répond par un autre
discours.

Cette surabondance d'éloquence a pour but de
donner le temps au jeune homme de chercher la
jeune fille et de l'enlever pendant qu'elle pleure,
crie et demande secours. Ici un semblant de bataille entre les jeunes hommes des deux partis,
puis fuite de l'époux dans la forêt avec la fille en
croupe, poursuivis par les parents et les amis.
Dans la bataille, le sang peut être répandu. Lorsque les fugitifs sont dans l'épaisseur du bois, la
poursuite cesse, et ils sont laissés à leurs caresses;
le jour suivant, ils reparaissent comme mari et
femme.

Quelquefois l'enlèvement est véritable et a lieu contre la volonté des parents de la fille, mais s'il réussit on laisse les jeunes gens se marier quand ils reviennent.

Ce n'est que quelques jours après que les amis de l'époux vont déposer avec lui aux pieds du beau-père le prix de sa fille.

La conquête d'une femme se fait souvent avec des jeux et des danses qui représentent l'enlève-ment, et qui excitent la luxure par une mimique qui représente à plus ou moins près l'union des deux sexes.

Les jeunes Camacans s'en vont dans la forêt et, après avoir taillé dans un tronc d'arbre un lourd cylindre de bois, y fichent des bâtons. Celui qui se croit le plus fort prend cette sorte de *phallus* sur ses épaules et court avec lui vers sa demeure; ses compagnons le suivent en tâchant de le lui prendre, et tous, vainqueurs ou vaincus dans ce débat d'agilité et de force, arrivent dans un lieu où les jeunes filles attendent, font fête aux con-currents, et se décernent pour prix à celui qui a la victoire.

Spix et Martius décrivent une danse qui s'exé-cute chez les Puris de l'Amérique Méridionale, dans l'obscurité de la nuit. Les hommes se met-tent en file devant les femmes, qui se rangent derrière leurs compagnons. Puis avec un balan-cement voluptueux ils chantent : « Nous avons voulu cueillir une fleur de l'arbre, mais nous sommes tombés. » Et comme si la transparence de ces allusions ne suffisait pas aux mystères de l'amour, vers la fin de la danse, les femmes balancent leurs flancs, tantôt en avant, tantôt en arrière, pendant que les hommes ne les lancent qu'en avant et de temps en temps, comme ivres, sautant hors des rangs et saluant les assistants d'un coup de ventre.

Spix et Martius ajoutent qu'une danse érotique semblable existe aussi chez les Mursis. Dans cette pantomime, hommes et femmes chantent tantôt alternativement, tantôt en chœur. « Ici il y a le diable ; qui veut m'épouser ? Tu es un beau diable, toutes les femmes veulent t'épouser. »

Dans les danses érotiques, le plus souvent les femmes simulent seules l'embrassement.

Dans les danses de quelques indigènes de la Californie, les femmes avec le pouce et l'index des deux mains se frappent le bas-ventre, tantôt à gauche, tantôt à droite. Les hommes et les femmes dansent en même temps.

Le prince de Neuwied vit des danses érotiques chez les Mennitaris de l'Amérique du Nord, dans lesquelles les femmes se dandinaient comme les canards en marche, levant tantôt un pied, tantôt l'autre sur place. Après avoir dansé deux heures chaque femme ôtait une partie de son vêtement et, s'emparant de son danseur, le conduisait dans une partie solitaire du bois.

Plus érotique encore était la danse des Yaquis, dite *tutuli gamuchi*, dans laquelle les hommes échangeaient leurs femmes, se cédant réciproquement tous leurs droits.

Le capitaine Beechey décrit une autre danse amoureuse qu'il a vue chez les Esquimaux du cap Deas-Thomson; la première partie représente la séduction, la seconde la victoire.

Ici encore nous trouvons le balancement des hanches et les imitations plus ou moins effrontées de l'accouplement. Il paraît que dans d'autres tribus d'Esquimaux le prix de la danse est une femme.

Alberti décrit des danses pareilles chez les Cafres et Campbell parle d'une danse chez les Matschappis (Nouveau-Lattokou) dans laquelle on imite très bien les attaques amoureuses. Chez les nègres de Sierra-Leone on rencontre à peu près les mêmes danses.

Külischer, qui a recueilli ces faits, fait observer que dans presque toutes ces danses érotiques la femme choisit son compagnon. Pourtant Lichtenstein décrit des danses chez les Romanis et dit que c'est l'homme qui, après avoir dansé devant huit ou dix femmes assises par terre, finit par en choisir une, se laisse tomber et se roule par terre avec elle. Cook vit à Taïti une danse appelée *tinurodi*, qui consiste en gestes d'une obscénité indescriptible; pendant la danse on déclame des phrases encore plus éhontées pour expliquer ce qui n'a pas besoin de l'être[1].

Même chez les Hébreux, les vierges dansaient dans les vignes en face de tout le peuple pour gagner un mari. Comme dit le Talmud, elles se divisaient en trois classes : les belles, les passables et les laides : Les premières criaient aux hommes : *Dirigez vos regards vers la beauté, par elle seule la femme est aimable.* Les jeunes filles aristocratiques, au contraire, s'écriaient : *Tournez vos yeux vers la famille pour assurer à vos fils un riche avenir.* Et le groupe des laides disait : *Faites votre acquisition comme une œuvre pie, si vous êtes décidés à nous orner de joyaux[2].* »

Chez nous le bal n'est plus une orgie ou une représentation phallique, mais souvent il y confine et beaucoup de liaisons légitimes ou illégitimes naissent dans le tourbillon de la danse. Dans tous les temps et dans tous les lieux les théologiens et les moralistes lancèrent leurs anathèmes·

---

1. Il est certain que c'est par luxure que quelques Australiens, vus par le Père Salvado à 60 milles à l'est de sa mission, osaient mettre une ou plusieurs jeunes filles toutes nues, au milieu d'un cercle d'hommes, tantôt s'embrassant, tantôt à genoux et penchées vers la terre, et autour desquelles on dansait. (Salvado, *Memorie storiche de l'Australia*, etc., Roma, 1851, p. 501.)

2. Low Leopold, *Die Lebensalter in der jüdischen Literatur*, Szegedin, 1875, p. 520.

contre le bal. Personne ne s'est exprimé avec autant d'ingénuité et de bonhomie à ce sujet que le professeur de droit allemand Christof Besold, qui dit dans sa *Vieille Langue*, p. 228 :

« Aucun homme pieux ne doit laisser aller au bal, ni sa femme ni sa fille. Tu es sûr qu'elles ne reviendront pas à la maison aussi bonnes qu'elles sont parties. Elles désirent et sont désirées. » (Eservinsky, *Geschichte der Tanzkunst*, Leipzig, 1862, p. 42.)

Enfin les Anglais eurent au moyen âge le *bal du coussin*, dans lequel la dame était placée au centre du cercle de danseurs; son compagnon mettait un coussin en velours rouge à terre, elle s'agenouillait et il lui donnait un baiser.

Dans plusieurs pays de l'Allemagne septentrionale et en Suède les bals, au temps de la moisson, connus sous le nom de *Siebensprung* (les sept sauts), avaient aussi un caractère très érotique.

CHAPITRE VIII

ACHAT DE LA FEMME ET DU MARI

Prix divers de la femme. — En Prusse. — Achat de la femme. —
Le Kalym. — Chez les Samoïèdes. — En Laponie. — Dans le
Sahara. — En Afrique. — Dans le Dardistan. — En Cafrerie.
— En Europe.

Une manière moins barbare de se procurer
une femme est d'acheter une fille à ses parents,
qui la considèrent comme une propriété aliénable.
Plus rarement chez les peuples sauvages et plus
souvent chez nous, c'est la femme qui achète le
mari, en s'offrant à l'époux avec une somme
d'argent appelée dot.

Le mariage par simple achat et vente n'est pas
le plus commun, et souvent contrat et élection,
contrat et violence, se confondent, se combinent
ou s'atténuent réciproquement. A Sumatra, par
exemple, il y a trois formes de mariage qui portent trois noms différents. Dans l'une, l'homme
achète la femme ; dans l'autre, c'est la femme qui
achète le mari ; dans la troisième, ils se choisissent et s'acceptent réciproquement.

11

La femme est considérée, dans beaucoup de pays, comme propriété du père ou de la tribu ; pour passer à son mari, elle payera un droit à l'un ou à l'autre. Au père, elle donnera un cadeau; à la tribu, elle abandonnera son corps pour un jour. C'est ainsi qu'à Babylone, avant d'aller à ses noces, la jeune fille devait s'offrir une fois dans le temple de Vénus. De même en Arménie, à Chypre et dans certaines tribus d'Éthiopie [1].

Diodore de Sicile raconte que dans les îles Baléares la femme appartenait une fois à tous les hôtes invités à la fête, après quoi elle devenait la propriété d'un seul.

L'achat d'une femme signifie qu'elle a une valeur, et qu'étant la propriété du père, c'est à lui que l'époux doit en verser le prix. Voici un aperçu général du prix d'une femme en divers pays :

Australie. — Un couteau, une bouteille en verre, etc.

Krou. — Trois vaches et une brebis.

Cafres. — De dix à soixante-dix têtes de bétail.

Navaho. — Chevaux.

Abipoins. — Chevaux, ornements, verroteries et étoffes.

Pehuenche. — Armes et bétail.

Pehuelche. — Chevaux, vêtements, boutons.

1. Dans le chapitre consacré à la prostitution il sera parlé plus longuement de ces coutumes.

Mishmi (Inde). — De un porc à vingt bœufs.

Munda (Inde). — Pour les pauvres, sept roupies; pour les riches, dix têtes de gros bétail et une paire de bœufs ou une vache et sept roupies.

Rajah de Timor. — Une grosse somme d'argent, deux ou trois cents buffles, un troupeau de chevaux et de porcs, des troupeaux entiers de brebis et de chèvres, de l'or en poudre, joyaux d'or et quantité d'étoffes du pays[1].

Tscherkesses. — Armes, bestiaux et objets précieux.

Anciens Romains. — Voir plus loin la *Coemptio*.

Anciens Germains. — Des veaux, un cheval dompté, un bouclier, une lance, une épée.

Islande. — Un marc au minimum.

Une noble Frisonne. — Huit pfund, huit unzen, huit schillings, huit pfennig.

Une ancienne Saxonne. — Trois cents *solidi*.

Un noble Lombard.—Trois ou quatre cents *solidi*.

Burgondes. — De quinze à cinquante sols.

Vieille Russie. — Chevaux et argent.

Beaucoup de chants nuptiaux russes parlent de l'achat de l'épouse, entre autres celui-ci :

> Travaille, travaille, ô frère,
> Ne me cède pas à bon marché.
> Demande pour moi cent roubles,
> Demandes-en mille pour ma tresse,
> Demande argent sans fin pour ma beauté.

1. L'escorte d'honneur qui accompagne l'épouse d'un rajah

Dans une autre chanson, une sœur supplie son frère de ne point la vendre ; mais les prières ne servent à rien, et la chanson dit :

> La sœur est chère à son frère,
> Mais l'argent lui est encore plus cher.

Dans quelques pays de la Russie, l'époux paye une somme convenue au frère de l'épouse. Après que le contrat est conclu, on chante :

> Le frère a vendu la sœur pour un écu.

On retrouve des phrases semblables en Sibérie et en Bulgarie dans les chants populaires. Dans les pays où la femme ne s'achète plus, il subsiste un usage qui en perpétue le souvenir. Ainsi, chez les paysans de la Prusse occidentale et dans cette partie de la Poméranie orientale habitée par les Kassuhs, le jour des noces, ordinairement après le repas, l'épouse s'assied sur une chaise, dans un endroit spécial de la chambre, avec une assiette vide sur les genoux. Alors l'un des jeunes gens y jette une pièce de monnaie en disant en polonais : « C'est à moi ! » Tous les autres font de même, et en dernier lieu l'époux. La mariée peut disposer de cet argent à sa guise.

Il paraît qu'en Bavière cette coutume règne

---

de Timor reste dans la maison de l'époux jusqu'à ce que le prix de la princesse soit payé en entier. Et comme la somme se paye par fragment, on lui répète à tout instant : « Le reste du prix de l'épouse est-il prêt ? »

encore, et l'argent ainsi obtenu sert aux frais du mariage.

Dans les environs de Bayreuth, il se passe quelque chose de semblable, et l'offre s'appelle *etwas in die Schlipp geben* (*Schlipp* signifie en bas allemand tablier)[1].

Même dans les pays presque sauvages où la femme est propriété de l'homme et, comme telle, a été achetée, elle peut posséder en propre, que sa richesse lui vienne de son travail ou de ses parents. Ainsi, par exemple, à Bambouk, ce que la femme gagne en lavant les sables aurifères lui appartient. A Loango, il n'y a pas communauté de biens entre les conjoints, et aussi sur la Côte-d'Or les biens du mari sont absolument séparés de ceux de la femme.

En Afrique, outre l'achat d'une femme, il y a un autre mode de mariage ; c'est celui dans lequel la femme et les enfants à naître restent la propriété de sa famille. Dans ce cas l'époux paye à la famille de sa femme une contre-dot qui doit lui être restituée en cas de divorce ou de mort de la femme. Si c'est le mari qui meurt, la veuve ne retourne pas dans sa famille, mais passe aux héritiers du défunt. Si la femme ou la famille de la femme tombe dans la misère, ou a besoin d'argent, elle devient avec ses enfants débitrice de son mari

1. A. Treichel, Usages matrimoniaux principalement dans la Prusse orientale, etc. (*Zeitsch. für Ethnol.*, 1884, p. 120).

et peut même tomber en esclavage. Même pour emprunter de l'argent, le chef de la famille doit mettre en gage femme et enfants, en payant cependant un intérêt qui est généralement de 50 pour 100. De cette manière il arrive souvent que le débiteur se ruine et devient esclave.

En Australie, il se fait parfois un échange de femmes et l'on peut se procurer autant d'épouses que l'on a de sœurs à offrir.

On verra dans l'anecdote suivante le cas que font les Fidjiens de leurs femmes. Un chef Fidjien avait acheté un fusil à un capitaine de navire et avait promis de le payer avec deux porcs. Descendu à terre, il ne put trouver qu'un seul porc et envoya, à la place du second, une jeune femme !...

Quelques indigènes de la Guyane, en achetant leurs femmes, croient pouvoir en disposer aussi librement que de leur arc, étant libre de vendre ce qu'ils ont acheté. Une jeune fille caraïbe, furieuse d'avoir été vendue à un vieillard qui avait déjà d'autres femmes, parmi lesquelles une de ses sœurs, prit la fuite pour aller vivre avec un jeune homme de Essequibo. Le vieillard alla à la recherche des amants, non pour se venger, mais pour redemander au ravisseur le prix de sa femme. Neuf mois après, il retourna chez eux pour se faire payer l'enfant qui naquit de leurs amours.

Les Ostiacks et les Samoïèdes sont polygames et

le nombre de leurs femmes est proportionné à leur fortune, c'est-à-dire à leurs moyens d'achat, et comme ils sont pauvres, il est rare qu'ils en aient plus de trois.

Les jeunes Ostiacks sont la propriété de leurs pères et l'époux doit en payer le prix, qui s'appelle en Russie d'un nom tartare, *kalim;* chez les Samoïèdes, *Niémir;* chez les Ostiacks, *mukdin* ou *tauj.*

Le jeune Ostiack qui désire se marier envoie une députation au village qu'habite celle qu'il aime. Les ambassadeurs du soupirant logent dans une cabane du village, mais non dans celle de la jeune fille. Après s'être enquis de l'*ancien*, qui ne doit pas être de la famille de la jeune fille, on l'envoie chez les parents pour faire officiellement la demande. Si les parents acceptent, ils commencent à discuter le *kalim*. Ce sont de longs pourparlers, des allées et venues, jusqu'à ce que l'on tombe d'accord. Alors la députation retourne chez le prétendu afin de lui annoncer l'heureuse nouvelle.

Si l'on veut se faire une idée précise d'un *kalim*, voici le prix que fut vendue une jeune fille Ostiack : 40 roubles argent; deux peaux de renards; six mètres de drap rouge, drap pour trois *gus* (tuniques d'hommes); une grande casserole en fer; deux plus petites; trois habillements pour femme; quatre pelisses pour femme; vingt peaux de renards blancs; 4 peaux de castors.

Dans ce cas pourtant le père de la fiancée fut aussi très généreux, et, en échange du *kalim*, il donna trois habillements de femme, un *melitza*, un *gus*, trois mouchoirs pour couvrir la tête, et un *polsk* ou moustiquaire de grosse toile pour l'été. Il promit aussi qu'à la visite de noces, qui aurait lieu au bout d'une semaine, il ferait présent à son gendre de deux rennes et de dix roubles.

Pour un Ostiack, c'est une véritable richesse d'avoir beaucoup de filles, tandis que c'est une ruine pour les Indous.

D'après l'importance donnée au *kalim* on pourrait croire que le mariage chez les Ostiacks n'est qu'un contrat de vente et d'achat, mais, même chez eux, l'amour est puissant et impérieux et préside seul aux mariages. Bien souvent une jeune fille très éprise se laisse enlever par un époux qui ne peut pas payer le *kalim*.

A Karimkar, un vieil Ostiack disait à mon ami Sommier qui m'a accompagné dans mon voyage en Laponie : « Voyez-vous cette enfant timide et qui reste voilée au fond de la *jurte* (cabane)? C'est une jeune femme que j'ai enlevée moi-même pour mon fils aîné. Son père vint en cachette pour se payer lui-même le *kalim*, tâchant de me voler mon cheval et ma vache, qu'il prit seule, parce que mon cheval était mort le même jour, mais, à la première occasion, je la lui reprendrai. J'ai un second fils qui, dans peu de temps, voudra prendre femme aussi, et je volerai une jeune fille pour lui ; je suis pauvre, je n'ai pas d'argent pour payer le *kalim*, je ne puis faire autrement. »

Les riches Ostiacks marient leurs enfants à dix ou onze ans, les pauvres un peu plus tard. Sommier a vu une enfant de sept ans habillée en mariée. Elle devait être l'épouse d'un Samoïède de quarante ans, mais son père recevait pour elle un *kalim* de quarante rennes. Sommier demanda à cet homme s'il lui aurait donné sa fille pour un *kalim* plus riche. — « Non, répondit-il, jamais je ne donnerai ma fille à un Russe. » (Il prenait tous les Européens pour des Russes.)

Les femmes, chez les Ostiacks, n'ont point de nom propre. Elles s'appellent la *petite*, la *vieille*, la *mariée*, etc. Elles sont une chose qui appartient d'abord au père, puis au mari [1].

William Tegg dit que les Ostiacks, pour s'éclairer sur la vertu de leurs femmes, arrachent une poignée de poils à une pelisse d'ours, et si elle accepte ce don sans être troublée, c'est qu'elle est pure de tout péché. S'il n'en était pas ainsi, elle le refuserait, étant persuadée qu'au bout de trois ans l'ours reviendrait la déchirer.

Les Samoïèdes aussi achètent leurs femmes en les payant avec des rennes, et il y a des jeunes

---

1. Sommier, *Un été en Sibérie*, Florence, 1885.

filles qui sont payées jusqu'à cent et cent cinquante
rennes. Si le mari est mécontent de sa femme, il
peut la renvoyer dans sa famille, pourvu qu'on
lui en restitue le prix. Le prix des jeunes filles
étant aussi élevé chez les Samoïèdes, on comprend
pourquoi, même parmi les plus riches, leur nombre dépasse très rarement cinq.

A peine le père de la jeune Samoïède a-t-il reçu
le *kalim*, les deux familles et leurs amis communs
se réunissent dans la *cium* (cabane). Le beau-
père fait quelques présents à la mariée, puis la
la jeune femme monte dans un traîneau orné d'é-
toffes de couleurs et tous les invités l'accompagnent chacun sur son traîneau vers l'habitation de
l'époux, en lui formant cortège, et traversent un
véritable arc-de-triomphe bâti de pieux décorés
de banderoles. Au delà de cet arc est aposté un
jeune homme, ami du marié, qui doit essayer
d'enlever la mariée : s'il réussit à la prendre, le
beau-père lui fait cadeau de cinq rennes; si au
contraire elle lui échappe, c'est l'époux qui paye
les cinq rennes à son beau-père. Enfin, arrivés
chez le marié, il y a un grand dîner, qui se réduit
pourtant à de la viande crue et de l'eau-de-vie; le
festin terminé, chacun rentre chez soi. Pendant
deux semaines la femme doit cacher son visage
à son mari et ce n'est qu'après ce temps que
l'union s'accomplit.

Parmi les peuples polaires, les Lapons sont les

plus rapprochés de nous; je les ai décrits dans un autre ouvrage, après les avoir vus dans leur patrie[1]. Ils sont doux, bons, incapables de haïr et de tuer. Autrefois, ils avaient plusieurs sortes de saluts. Entre proches parents ils se baisaient sur les lèvres, entre parents plus éloignés, ils s'embrassaient sur les joues. Pour les autres, les baisers se donnaient avec le nez. Aujourd'hui, les démonstrations d'affection sont plus simples, ils s'embrassent tous avec le nez, et se passent le bras droit autour de la taille. Pour exprimer l'amour, ils ont des paroles tendres, dignes d'une civilisation supérieure : *Ma petite colombe, mon oiseau adoré, ma petite perdrix blanche, mon âme, mon oiseau d'été, mon doux soleil,* etc., etc.

Leurs noces sont très simples. L'époux se rend à la maison de sa fiancée avec une petite escorte d'amis et de parents. Parmi ceux-ci, il en est un qui se fait son avocat. Il entre dans la cabane et offre du vin au futur beau-père. S'il est accepté, le mariage est conclu et tous se mettent à boire. L'époux entre aussi et offre à la jeune fille un petit présent, qui le plus souvent est un objet en argent.

La véritable fête est un dîner, sans bal ni

---

1. Mantegazza, *Voyage en Laponie avec son ami Sommier*, Milan, 1880. — Mantegazza et Sommier, *Études anthropologiques sur les Lapons.* Florence, 1880.

chants. Après le repas, les époux demeurent chez le beau-père pendant un an entier. Après ce temps, ils vont s'établir chez eux et le beau-père leur donne de quoi construire une cabane.

Aujourd'hui, les Lapons sont tous chrétiens, et leurs cérémonies nuptiales se sont rapprochées des nôtres. Ils sont chastes et réservés. Les fiancés ne s'embrassent jamais, et leur plus grande hardiesse consiste à s'effleurer la peau du bras, de l'épaule ou du dos par une déchirure de leur vêtement de fourrures.

Autrefois, les jeunes filles devaient témoigner une sorte de répulsion pour le mariage, et le jour de la cérémonie, faire des façons pour mettre leur toilette de mariée. On les habillait de force et on les traînait à l'autel.

Köhler raconte qu'une jeune fille alla jusqu'à dire *non* devant le prêtre.

Sous les Tropiques, nous trouvons dans l'amour les deux extrêmes : la femme esclave et la femme tyran : deux extrêmes également méprisables, car dès que la femme est considérée comme un animal domestique, dès qu'elle est un objet qui se vend et s'achète, elle manque à la famille et lui ôte la moitié de sa vie, c'est-à-dire le cœur, l'affection, et l'homme est privé de cette tendresse si sûre et si vraie qui le console dans la douleur et le calme dans la colère. Là au contraire où l'homme se laisse dominer par la femme, le rang des sexes est interverti, et l'homme qui renonce à la juste supériorité que lui donnent la force, le courage et l'intelligence abaisse avec lui le niveau de la société dans laquelle il vit.

Où l'homme seul commande, nous avons une société d'esclaves et de tyrans; où la femme seule est maîtresse, nous avons une soumission générale, une société d'eunuques moraux et de folles capricieuses.

Au Sahara, chez les nègres, l'époux donne à sa femme une dot qui est destinée à assurer son existence au cas où elle deviendrait veuve, ou bien où elle serait obligée de demander le divorce pour mauvais traitements.

Les *Ovambos* ou *Ovampos*, qui se sont donné eux-mêmes le nom de *Ova herero*, ou peuple gai, ont autant de femmes qu'ils peuvent en acheter. La différence de prix dépend, non de leur beauté, mais de la richesse des prétendants. Les femmes coûtent beaucoup moins cher que chez les Cafres, et le prix ordinaire est d'une vache ou de deux bœufs. Un prétendant très riche doit payer deux vaches et trois bœufs. Le roi ne paye rien.

Chez les *Makololos* de l'Afrique méridonale, l'épouse est achetée, mais elle se considère néanmoins toujours comme propriété de la famille dont elle sort. En effet, quand un Makololo perd une femme, il doit envoyer une vache aux parents pour les en dédommager. La polygamie est générale.

Les Banyais vivent sur la rive méridionale du Zambèze. Ils n'achètent pas leurs femmes : pour obtenir sa fiancée, le Banyais travaille chez ses beaux-parents comme un serviteur. S'il voulait partir, il devrait laisser femme et enfants, à moins de payer une grosse indemnité.

Chez les Karagues aussi, le mariage, comme dans la majeure partie des tribus africaines, consiste dans l'achat de la jeune fille.

Chez les Apingis de l'Afrique, souvent un jeune homme s'endette pour se procurer une femme. Si elle s'éprend d'un autre homme, le mari doit la vendre le même prix qu'elle lui a coûté.

Les Bakalai de l'Afrique équatoriale sont d'habiles chasseurs, et aussitôt qu'ils ont pu rassembler quelques dents d'éléphants, ils les échangent contre des marchandises européennes, qui leur servent pour se procurer des femmes.

Chez les Fans de l'Afrique, le prix d'une femme est très élevé, et un jeune homme doit travailler longtemps pour amasser la somme nécessaire, le plus souvent représentée par de l'ivoire. Le jour du contrat arrivé, une longue discussion s'engage, dans laquelle le père de la jeune fille dépense toute son éloquence pour faire valoir son prix, tandis que l'acquéreur en rabat la valeur pour la payer moins cher.

Lorsqu'un Fan ne peut payer une femme, il se fait donner par ses amis un bœuf, un cheval, une paire d'éperons en argent, et petit à petit il met de côté sa dot. Généralement il la paye en vases de cuivre ou de bronze, en chaînes de même métal et en verroteries. Les fêtes du mariage sont importantes et durent plusieurs jours. On mange beaucoup de chair d'éléphant. On boit du vin de palmier, on danse et tout finit par une ivresse générale.

Au Dahomey, nous trouvons des Amazones, qui se battent comme des lions et forment une caste spéciale. Ce sont des filles ou des veuves et elles ne peuvent pas prendre mari. Ces charmantes Amazones conservent comme trophées de guerre le cuir chevelu de leurs ennemis tués et prennent plaisir à orner la crosse de leurs fusils avec le sang desséché de leurs victimes, dans lequel elles incrustent, comme dans une pâte de mosaïque, de jolis petits coquillages.

La demande en mariage se fait, au Dahomey, par l'intermédiaire des amis du prétendant, qui portent au père de la jeune fille deux bouteilles de rhum. Si ces bouteilles sont renvoyées vides, on est autorisé à en envoyer deux autres et elles sont accompagnées d'un petit présent pour la jeune fille. Si le deuxième envoi est accepté, l'on peut dire que le mariage est conclu et il ne reste plus qu'à établir le prix, presque toujours payé avec des étoffes; mais il est si élevé qu'un jeune homme est obligé de travailler durement pendant deux ou trois ans pour amasser sa dot.

Les Mandingues sont très curieux à étudier, parce qu'ils présentent les caractères sauvages des nègres modifiés par l'islamisme. Ils sont polygames, mais les femmes commandent aux hommes. Lorsque, à cause de leur despotisme, elles sont menacées de divorce, elles demandent l'aide de leurs compagnes, qui se rendent en masse à la case du mari : « Pourquoi traitez-vous si mal votre femme? la femme est sans défense, l'homme au contraire possède tout. Allez et rappelez-la chez vous et faites-vous pardonner votre faute par un beau cadeau. »

Le mari demande pardon, et si le cadeau qu'il offre est digne de celle qu'il a offensée, elle se montre clémente et retourne avec lui.

Même chez les habitants barbares et cruels du Dardistan, pays qui nous a été révélé par Leitner, l'amour est entouré d'une auréole de poésie.

Les jeunes Dardes ont de fréquentes occasions de se voir aux champs et de se parler d'amour, mais malheur au séducteur! Il serait puni de mort. Les Dardes parlent de l'*amour pur* et leurs chants d'amour démontrent qu'ils sont capables des sentiments les plus exquis.

Jamais un mariage proposé n'est refusé, à

moins que la femme n'appartienne à une caste inférieure.

Dans l'Astor pourtant, il parait que lorsque l'époux est refusé, il réussit quelquefois à se faire accepter en promettant de vivre dans la famille de la femme et d'en devenir le fils adoptif.

Parmi les voyageurs les plus récents qui ont étudié les Cafres, figure le missionnaire allemand Nauhaus.

Lorsqu'un Cafre a une ou plusieurs filles, son désir le plus pressant est de les marier à des hommes riches pour avoir en échange autant de bœufs. C'est pour cela qu'il marie si souvent ses filles à 8 ou 10 ans à quelque homme riche qui possède déjà un harem bien fourni.

Lorsqu'un père n'a pas réussi à fiancer sa fille dans son jeune âge, il expédie un messager chez celui qu'il désire pour beau-père. Cet envoyé part la nuit en cachette, et va déposer dans la case du futur beau-père un cadeau, en général des joyaux. Le donataire est inconnu, mais il s'arrange de façon à se faire connaître de la famille ; alors ou l'on doit renvoyer le présent qui s'appelle *mund*, si on refuse l'alliance, ou le garder si la proposition est acceptée.

Dans le deuxième cas, il arrive dans le kraal de la fille désirée deux ou trois personnes, le plus souvent des femmes, pour suivre les discussions des familles. Elles s'informent, observent, concluent des arrangements, vont de la case du garçon à celle de la fille, et finalement portent au futur beau-père l'heureuse nouvelle.

La jeune fille, parée de ses habits de gala et accompagnée d'un grand nombre d'hommes, de femmes et d'enfants, se rend à la case du garçon. Ce cortège, pourtant, ressemble plutôt à des funérailles qu'à une noce, car la fiancée pleure à grands cris de quitter sa famille. Elle entre dans la cabane habitée par les intermédiaires qui annoncent que la mariée est venue subir l'examen. Elle est là agenouillée devant tous les hommes du *kraal*. Elle se dépouille de ses vêtements et se montre nue, elle écoute en silence les louanges et les critiques qui se formulent sans pudeur et à haute voix sur ses qualités les plus cachées. Elle se lève, laisse quelques perles à ses examinateurs, et s'abandonne aux femmes, qui à leur tour la palpent, l'étudient et la commentent. Aux femmes aussi elle fait un cadeau, puis elle se retire dans sa cabane.

Après que tout a été vu et pesé, l'on discute (souvent plusieurs jours) sa valeur, qui pour les gens du commun peut être de huit à vingt veaux, pour les riches de cinquante à cent. Selon d'autres voyageurs, le prix de la femme varie de dix à cinquante vaches et sa valeur est estimée d'après sa santé, sa capacité pour le travail plutôt que d'après sa beauté. Il est à remarquer que chez ces

peuples l'amour est bien distinct du mariage. La
jeune fille, la veuve peuvent faire ce qu'elles veulent ; elles demandent seulement à leurs amants de
ne point les rendre mères, parce qu'elles devraient
se marier trop tôt et perdraient leur liberté. Les
jeunes filles des Basutos disent à leur jeune amant :
u se ke ua nsenya, ne m'abîme pas (c'est-à-dire
ne me rends pas enceinte). Tant qu'une fille
n'est point enceinte, elle est toujours *xo lokile* (en
ordre).

On appelle *uku hlolonga* l'usage qu'ont les
jeunes gens de se mêler aux jeunes filles du
voisinage avec lesquelles ils ont des relations sans
les féconder. Si dans ce jeux dangereux il adve-
nait quelque accident, le maladroit devrait payer
sa faute par un certain nombre de bestiaux.

L'action de tuer un bœuf que l'on mange ensuite en commun scelle le contrat de mariage.

Chez les princes, le mariage est plus simple.

Quelquefois pourtant c'est le jeune Cafre qui
désigne la jeune fille, et alors lui ou son père,
par l'entremise d'un ou de deux amis, la fait
demander. Il arrive aussi que deux jeunes gens
envient la même fille, et c'est à celui qui peut
donner le plus de veaux qu'elle échoit.

La plus grande gloire d'une jeune fille cafre est
d'être vendue un prix élevé et le nombre de
bestiaux que l'on a donnés pour l'avoir flatte
d'autant plus son orgueil qu'il est plus élevé.

Souvent des parents avares vendent leurs filles à des vieillards infirmes et répugnants; lorsqu'elle refuse, ils l'y contraignent par les coups. Nauhaus vit chez les Zoulous une jeune fille à laquelle on avait presque brûlé les mains. Une autre se noya plutôt que de consentir à une union abhorrée. Une troisième s'empoisonna à peine mariée.

Nauhaus connait deux cas chez les Xosas, dans lesquels les fiancés refusèrent la femme choisie par leurs parents ; dans ce cas les fêtes nuptiales se font sans l'époux. L'un d'eux, après deux années de lutte, finit par recueillir dans sa case la jeune fille qu'il aimait, au lieu de celle qui lui était imposée.

Wood décrit l'art avec lequel un jeune fiancé cafre s'étudie à plaire à sa fiancée, même quand les parents des deux promis sont d'accord sur tous les points. Le jeune garçon se lave, se graisse, s'orne et va se montrer à la jeune fille. Il s'assied, et lorsqu'elle l'a bien vu dans cette position, elle dit à son frère de le faire lever, puis de le faire tourner sur lui-même, absolument comme l'on fait pour un cheval que l'on veut acheter. La famille est anxieuse de savoir quel effet il a produit sur la jeune fille; mais elle répond qu'elle veut le voir marcher, et le lendemain le jeune homme se promène devant sa cabane pour lui faire voir qu'il n'est point boiteux et qu'il marche avec grâce et avec élégance. Chez les Cafres, les hommes très laids peuvent rester éternellement célibataires, parce qu'aucune femme n'en veut pour mari.

Un missionnaire cité par Wood, qui vécut longtemps en Cafrerie, raconte comment un des leurs, qui était un valeureux guerrier et qui était fort riche, ne pouvait être appelé *homme*, parce qu'il n'avait jamais pu se procurer une femme, tant il était laid. Le roi dut, par compassion, lui accorder le droit de porter la couronne virile et de se nommer *ama-doda*, comme nous appelons madame et non mademoiselle une fille trop mûre.

Les Cafres qui ont le malheur d'être par trop laids, se procurent par leurs magiciens une amulette qui puisse séduire une femme : c'est une racine, ou un morceau de bois, d'os, de métal ou de corne, qu'il porte sur lui. Le plus souvent, c'est une poudre magique que, à l'insu de la femme, on cache dans ses vêtements, ou que l'on met dans ses aliments ou dans sa boîte à tabac.

Ni le grand nombre des vaches, ni la gloire guerrière, ni les talismans, ne réussissent à plier la volonté de la femme, qui, tourmentée par l'insistance de prétendants, a recours à la fuite, s'exposant à toutes sortes de travaux et de dangers plutôt que de faire violence à son dégoût.

Les Krumens de l'Afrique réduisent le mariage à un contrat de vente et d'achat. Quand le jeune homme a porté au père de la jeune fille le prix qu'elle vaut, il la conduit simplement chez lui.

Dans le Yucatan, l'époux servait quatre ou cinq ans s : parents, et c'était le moyen le plus ordinaire d'obtenir une femme.

Les Chibcha achetaient leur femme à ses parents : on considérait comme un refus la demande d'un prix trois fois supérieur à celui qui était offert.

La demande se faisait en envoyant un manteau au père de la fille. Il manifestait son acceptation en renvoyant de la *chicha* au jeune homme.

Chez les indigènes de l'Orégon le mariage se faisait par achat.

Nous autres Européens, hommes à peau fine, mais recouverts d'une cuirasse impénétrable d'hypocrisie, nous appelons dot le prix du mariage; mais dans un grand nombre de cas il s'agit purement et simplement de *vente* et *d'achat;* avec cette aggravation que tandis que le Cafre, en payant aux parents de la jeune fille, donne de la valeur à une femme, chez nous, c'est l'homme qui se met à l'encan, demandant en échange de sa personne une femme jeune, belle et ayant une belle dot.

Je ne veux pas être par trop pessimiste, et je sais très bien que les batailles de la vie et le soin de la famille exigent l'association de deux fortunes, comme l'union de deux corps et de deux âmes; mais le problème économique de la famille doit être subordonné au problème de l'amour, de l'accord harmonique de deux sympathies, de deux corps, de deux caractères. Au contraire, que de fois deux couples de parents, jetant les yeux sur leurs enfants, les marient avec l'idée d'unir deux fortunes! Ils ne s'inquiètent pas de l'amour, qui leur semble inutile.

L'amour viendra plus tard, il grandira lentement comme l'herbe d'une prairie; il consistera dans l'habitude, saine comme la flanelle, commode comme un vieux fauteuil.

Au lieu de l'amour, trop souvent, hélas! il naît une antipathie réciproque entre les époux achetés et vendus, et la femme qui a plus que nous la soif d'un amour vrai, sincère, profond, cherche dans les chemins de traverse de l'adultère ce bonheur auquel elle a droit. Voilà pourquoi tant de mariages ne sont que des raisons commerciales pour la fabrication ou plutôt pour la légitimation des enfants, et pourquoi le mari polygame a une femme polyandre.

CHAPITRE IX

SÉLECTION SEXUELLE

Sélection sexuelle par inclination réciproque. — Sélection par sympathie du mâle seul. — Sélection par les parents. — Méthode mixte : sélection mélangée d'achat et de violence.

L'amour qui s'approche le plus de la perfection idéale est consacré par un libre choix, par une sympathie réciproque, et le mariage fondé sur l'amour qui n'est point entaché de vente, d'achat ou de violence, est certes celui qui offre le plus de garanties de bonheur et de durée.

L'amour par libre sélection se trouve aux degrés les plus bas comme aux degrés les plus élevés de la hiérarchie humaine.

Ainsi chez les nègres de Loango, le jeune homme doit avant tout conquérir l'affection de la jeune fille, et sans son consentement, rien ne prévaut, ni les richesses, ni l'ardeur des désirs, ni la puissance des parents. Si au contraire les deux jeunes gens s'aiment, ils réussiront sans le consentement des parents et sans dot. Le mariage pourtant ne peut être consacré qu'après trois nuits d'épreuves.

Dans les deux premières nuits, la jeune fille quitte le jeune homme au premier chant du coq ; dans la troisième au contraire elle reste avec lui jusqu'au matin, ce qui signifie qu'elle est contente de lui, et aussitôt après on célèbre les noces. Si au contraire, les deux amants ne sont point satisfaits l'un de l'autre, tout est rompu, sans que pour cela la jeune fille soit le moins du monde déshonorée.

En aucun autre endroit peut-être la conclusion du mariage ne se fait avec plus de délicatesse qu'en de certaines parties de la Prusse Occidentale [1]. Ce sont les parents qui les premiers songent à l'union de leurs enfants, mais, bien qu'ils trouvent le parti excellent, il faut que le jeune homme plaise d'abord à la jeune fille.

Aussi un jour de fête va-t-il, accompagné de son père, faire visite à son futur beau-père. Après avoir déjeuné, on se rend à l'église, puis on cause du mariage. Cependant la jeune fille ne se montre pas, elle prépare le dîner; mais lorsque les hommes vont visiter les étables et les champs, elle regarde par la fenêtre et pour la première fois voit le jeune homme qui lui est offert. Elle examine attentivement sa tournure, ses traits, ses gestes.

---

1. Souvenir des anciens Celtes, chez lesquels les jeunes filles choisissaient librement leurs maris.

Si elle ne se laisse plus voir dans la même journée, le prétendant sait le sort qui l'attend. Il n'a pas plu et doit se résigner. Au contraire; si elle parait au repas, il peut espérer, bien que la victoire ne soit pas encore certaine. Elle sert les convives, sans s'asseoir, elle s'approche souvent et volontiers du père du jeune homme, en lui adressant des paroles aimables. Le succès est presque assuré[1].

Dans les environs de Berent (Czerintkau-Budda), les fiançailles se font d'une manière très poétique. L'époux accompagné de ses amis se rend à la maison de l'épouse et demande : — « N'auriez-vous pas vu un chevreau blessé? Je suis un chasseur, j'ai tiré sur un chevreau, et *mon chien de chasse* (l'un des amis qui l'accompagnent) en a suivi la trace jusqu'ici, me permettez-vous de le chercher? »

Ou bien : — « Nous venons de la chasse et nous avons vu un chevreau blessé courir par ici, pouvons-nous le poursuivre? »

Les parents répondent oui. L'époux s'assied, pendant que l'épouse et toutes les autres jeunes filles du voisinage s'enfuient. Alors les jeunes gens, mais surtout le *chien de chasse*, courent après elles et, les prenant l'une après l'autre, les apportent à l'époux en lui disant : — « Est-ce là le

---

1. A. Treichel, *Zeitschr. für Ethnol.*, vol. XVI, fascic. III, 1884, p. 107. Usages matrimoniaux principalement dans la Prusse occidentale, etc.

chevreau blessé? » — Lui répond toujours non,
jusqu'à ce qu'on lui amène celle qu'il veut pour
femme; alors il se lève, l'embrasse et la prend.
On fait un grand festin et l'on tire des coups de
feu.

Dans certains pays de la Prusse occidentale, on
se fiance de la façon suivante : La jeune fille offre
au jeune homme un linge, une couronne et un
anneau sur un plat. Le chef de la cérémonie le
prend en disant aux assistants : — « Savez-vous
ce que signifie ce plat? » Il l'offre à l'époux et
lui dit : — « Voici la couronne que ta fiancée a
portée avec honneur pendant sa virginité. Voici
l'anneau qu'elle a toujours porté avec honneur et en servant Dieu. Et voici le linge avec lequel elle essuyait sa sueur en travaillant. Tu le
conserveras pour sécher aussi ta sueur en travaillant. Maintenant tu as reçu tous les objets que
t'apporte ton épouse et avec lesquels elle s'est
comportée chastement, pieusement et laborieuse-
ment, afin que tu l'aies en estime et que jamais
tu ne lui fasses aucun tort [1]. »

Si de la Prusse nous sautons aux *Aetas* des îles
Philippines, il est curieux de trouver des usages
également poétiques. Quand le jeune homme a
fait sa demande, les parents envoient leur fille
dans la forêt avant l'aube et le jeune homme ne

---

1. Treiche, *Op. cit.*, p. 115.

peut la rejoindre qu'une heure après. Il faut qu'il la ramène à la maison avant le coucher du soleil. S'il n'y parvient pas, il doit renoncer à sa recherche.

On ne supposerait jamais autant de pudeur et de poésie parmi ces pauvres peuplades.

Chez les *Dajaks Sinamban* le garçon fait une cour très assidue à sa prétendue. Il la suit partout, l'aidant dans ses travaux, portant son bois et la comblant de cadeaux.

Lorsqu'il espère avoir éveillé son cœur, il entre la nuit dans sa cabane et, s'asseyant à côté de son lit, il la réveille, lui offre le *Siri* et devise avec elle jusqu'au jour. Si elle refuse le Siri, le prétendant peut s'en aller tout de suite, surtout si elle le prie d'éteindre le feu ou d'allumer la lampe.

La sélection sexuelle est très souvent limitée par le consentement des parents qui, dépassant son rôle de frein apporté à la passion et au désir, en arrive à se substituer aux inclinations.

On rencontre à cet égard toutes les combinaisons possibles, comme on peut s'en assurer dans une course rapide de l'un à l'autre pôle.

Chez les Esquimaux, le jeune homme demande la main de la jeune fille à sa mère, et si celle-ci accepte il envoie à la fiancée un habillement neuf. Elle l'endosse et par cette cérémonie très simple elle exprime son consentement.

En Abyssinie les fiançailles se font à un âge

très tendre, mais à partir de ce moment les fiancés ne doivent plus se voir.

A *Tigré* ce précepte est si rigoureux que la fiancée ne quitte plus la maison paternelle. Elle croit qu'en désobéissant elle serait mordue par un serpent.

Chez les *Fuégiens* les jeunes filles, lorsqu'elles ont douze ans, se [mettent en quête d'un mari, bien qu'elles ne deviennent mères qu'à dix-sept ou dix-huit ans. Les hommes se marient de quatorze à seize ans.

Le père de la jeune fille choisit toujours le plus fort, le plus adroit, le plus docile entre les divers prétendants. Il établit avec lui le nombre de peaux d'otarius qu'il doit payer, et le nombre de jours de travail que le gendre devra faire pour son beau-père. Quand la jeune fille peut exprimer son sentiment, elle agrée toujours le plus beau et le plus fort. Les hommes faibles et difformes restent célibataires.

Chez les *Cinkci* le mariage est presque toujours préparé par les parents et les fiançailles se font dès le premier âge. Quand l'époux a de quatorze à quinze ans et l'épouse de onze à douze, ils vont habiter ensemble.

Chez les anciens Mexicains, une matrone demandait au nom du jeune homme la main de la fille, et il était d'usage de refuser la première demande, on discutait ensuite la dot. Si deux rivaux se mettaient sur les rangs, un duel décidait entre eux.

Les parents de la femme recevaient des cadeaux du jeune homme sans pourtant que l'on pût dire que le mariage se fit par achat. Les accords conclus entre les deux familles, on consultait les astrologues pour fixer le jour propice aux épousailles. La première cérémonie consistait à se fumiger réciproquement en signe d'affection mutuelle. Les mariés s'étendaient ensuite sur une natte, on leur y servait un repas, puis un prêtre leur adressait une exhortation en attachant leurs habits l'un et l'autre. Ensuite les époux devaient jeûner quatre jours et ne s'occuper que de pratiques religieuses, de fumigations et de saignées. Après ce temps le prêtre leur apportait deux nattes neuves et le mariage s'accomplissait.

En Polynésie les fiançailles se faisaient souvent à la fin de la première enfance, mais les fiancés étaient *tabou* jusqu'à la dix-huitième ou vingt et unième année.

Toutefois on combinait les mariages même avant la naissance des enfants.

Quand un Hottentot s'éprend d'une jeune femme, il ne s'occupe point de lui plaire, mais s'adresse au père ou à celui qui le représente. Le consentement de la fille est presque toujours assuré et d'ailleurs c'est une question secondaire.

Dans les cas rares où la jeune Hottentote refuse

absolument le prétendant, elle peut conserver sa
liberté, mais à la condition de se défendre toute
une nuit contre le soupirant à l'aide seulement
de ses armes naturelles, c'est-à-dire de sa force,
de ses ongles et de ses dents. Un refus est très
rare ; il n'est opposé que quand la jeune femme
est déjà promise à un autre dès son enfance.

Lorsqu'un Tohuelche veut prendre femme, il
jette son dévolu sur la fille qui lui plaît, puis,
ayant endossé ses plus beaux habits, il se rend
chez le père ou chez la mère, ou chez quelque
proche parent, et offre chiens, chevaux ou bijoux
d'argent. Si les cadeaux sont acceptés, le mariage
est conclu. Le jour suivant, les époux s'installent
dans la même cabane, puis on fait une fête, et
l'on organise des danses qui finissent presque
toujours par une ivresse générale.

Ramon Lista raconte la conversation naïve
qu'il eut avec un cacique Tohuel qui lui offrait
en mauvais espagnol sa fille pour épouse sans
réclamer ni argent ni aucun cadeau :

> Vos ser compadre mio?
> Le hermano yo, compadre tuyo,
> No querer casar con China mi hiea?
> Ahra no, compadre.
> Bueno : cuando vos querer, decir yo.
> Dar China gratis.

En Perse, d'après les livres sacrés, les mariages d'inclination sont malheureux. Ce sont les

parents qui doivent seuls s'occuper de les combiner. De leur côté, pourtant, les poètes ont une prédilection pour les mariages d'amour, et ils donnent toujours une issue heureuse aux unions conclues malgré la défense du père et les haines héréditaires, comme chez nous l'union d'Hippolyte et de Dianora, de Roméo et de Juliette. Ailleurs on cite le mariage des parents de Rusten, qui appartenaient chacun à des sectes ennemies et à des religions différentes, pourtant on en attendait le héros. Les devins avaient en effet prédit que de deux jeunes gens de familles ennemies sortirait le bonheur de la Perse.

Les Australiens du district occidental de Victoria fiancent leurs enfants dès qu'ils savent marcher. La proposition est faite par le père de la fille. L'autre père manifeste son consentement en donnant à la petite fille un tapis de peau d'opossum. Quand au contraire l'homme et la femme n'ont pas été fiancés dès le premier âge, ils doivent se choisir dans les réunions de danse, *korroborce*, mais alors les jeunes gens sont continuellement sous les yeux des parents et des amis. Quand un jeune homme distingue une jeune fille, le plus souvent il ne s'inquiète pas de l'état de son cœur, mais il se contente de faire connaître son désir au père ; si celui-ci consent, la fille doit obéir. Si elle s'enfuit, l'amoureux peut la tuer, mais ses parents ont le droit de venger sa mort. Telles sont les coutumes des indigènes du district occidental de Vittoria.

On peut encore se procurer une femme d'une autre manière. Deux jeunes gens de tribu et de classe différentes peuvent se donner réciproquement une sœur ou une cousine avant d'avoir l'adhésion de leurs chefs. Dans ce cas aussi le consentement de la jeune fille n'est pas nécessaire.

La règle pourtant veut que le père seul dispose de son enfant. S'il est mort, le consentement du frère passe avant celui de l'oncle.

Dans le cas où une femme n'a aucun parent mâle, c'est le chef de la tribu qui l'accorde en mariage, et souvent il la prend pour lui. Lorsqu'un chef se distingue comme guerrier et chasseur, les autres chefs à l'envi s'empressent de lui offrir leurs filles. Les jeunes gens appartenant à la famille du chef sont dans une situation malheureuse, car il arrive souvent, lorsqu'ils lui demandent la permission d'épouser une jeune fille, qu'il la leur prenne; ils sont ainsi contraints de demeurer garçons.

Un mariage stérile peut être dissous; la femme retourne alors dans sa tribu; elle peut se remarier.

Lorsqu'une femme est maltraitée par son mari, elle peut se mettre sous la protection d'un autre homme, avec l'intention de devenir ensuite sa femme. Mais il faut pour cela que le protecteur défie le mari en champ clos, et le vainque devant les chefs et les amis des deux partis. Une fois vainqueur, il devient le mari légitime de la femme disputée. Si un mari découvre l'infidélité de sa femme, il peut consentir à son départ et il va jusqu'à porter ses effets chez l'amant. Comme il ne peut se faire ni mariage ni échange de femme sans le consentement du chef de tribu, la femme doit rester chez son mari jusqu'à l'accomplissement de la nouvelle union.

Une femme de la famille du chef peut, avec sa permission, épouser un autre chef ou fils de chef; il suffit que celui-ci s'assoie sur son *wuura* à côté de la femme, et celle-ci ne peut pas s'y opposer. Elle reste néanmoins toujours la maîtresse du logis.

Si un homme s'éprend d'une jeune fille sans être payé de retour, il essaye de se procurer une boucle de cheveux. Il la couvre de graisse et de terre rouge et la porte sur lui toute une année. Cela contriste tant la jeune fille que souvent elle en meurt, ce qui peut occasionner une vendetta sanglante.

En Australie l'amour par libre choix, du moins chez les indigènes étudiés par Dawson, n'est pas admis. Si une jeune orpheline s'enfuit avec un homme d'une autre tribu, à l'encontre des projets de ses parents, on fait savoir au ravisseur qu'il ait à ramener la fugitive, sans quoi elle lui sera reprise de force, sans combat et sans effusion de sang. Si pourtant cette fille réussit à s'échapper une deuxième fois avec son amant, elle est reconnue comme sa femme légitime, ce qui est une preuve de bon sens et de cœur.

Une méthode toute moderne pour trouver un mari, ou plus souvent une femme, est d'annoncer son désir dans un journal. On choisit parmi les postulants celui qui plaît le plus. Dans ce but, il s'est fondé en Allemagne et en Angleterre une industrie spéciale, des maisons qui, par l'entremise de journaux et de la poste, procurent des femmes à ceux qui veulent fonder une famille [1].

En Australie, le plus souvent, les filles se fiancent très tôt, et du jour où elles sont promises, elles sont libres de se livrer à qui elles veulent ; mais une fois mariées, l'infidélité est punie sévèrement et même de mort.

Chez les Maoris de la Nouvelle-Zélande, les filles disposent aussi de leur personne en toute liberté, néanmoins à condition de conserver une attitude modeste; mais une fois engagées dans le mariage, elles sont toujours fidèles à leurs maris.

Il semble que l'abus précoce de l'amour contribue beaucoup à les faire vieillir de bonne heure. Parfois, cependant, elles sont promises

1. Voir les notes à la fin du chapitre.

dès leur tendre enfance; alors elles sont respectées comme les femmes mariées.

Lorsqu'un jeune homme est en état de prendre
femme, il jette les yeux sur une jeune fille qui lui
plait, il l'assiège avec une telle persistance qu'il
réussit presque toujours à la conquérir, lors
même que pères et mères s'y opposeraient.

Il arrive que deux jeunes gens de mérite égal
désirent la même femme; alors les parents pro-
posent aux rivaux de la disputer par la force,
et chacun, la prenant par un bras, cherche à
l'emporter chez lui. Elle échoit au vainqueur;
mais très souvent les bras de la pauvre Hélène
sont disloqués dans la lutte, et elle reste longtemps malade.

Si le jeune homme est refusé par la fille, il s'en
empare par la violence; mais, au lieu d'un duel,
ce sont de véritables batailles entre ses défenseurs
et les amis du soupirant, et le sang coule comme
dans les luttes amoureuses d'une foule d'animaux. Il n'est pas rare qu'elle soit tuée par l'un
des vaincus.

Les filles, aux îles *Fidgi*, sont fiancées dès l'enfance, sans que l'on ait égard à l'âge de celui
qui les recherche. Les fiançailles sont très simples. La future belle-mère offre à l'amoureux un
petit *liku* (petit pagne). Dès cet instant, il prend
la jeune fille sous sa protection, jusqu'à ce qu'il
puisse s'unir à elle. Un jeune garçon qui devient

amoureux d'une fille la demande à son père, en lui faisant un petit cadeau. Si l'on tombe d'accord, les amis des deux familles échangent des présents, et peu de jours après le mariage a lieu. La cérémonie consiste à porter dans l'habitation de la fiancée des aliments préparés par le fiancé.

En diverses régions des îles Fidgi, l'épouse, durant quatre jours, parée et peinte de *curcuma*, reste assise dans sa maison. Après ce temps, elle est accompagnée par un grand nombre de femmes mariées, jusqu'au bord de·la mer, où elle pêche du poisson et le fait cuire. On envoie alors chercher le futur, qui s'assied auprès de la mariée; ils mangent ensemble, chacun partageant ses aliments avec l'autre. Cette cérémonie accomplie, l'époux doit construire une cabane pour sa femme, et celle-ci subir un douloureux tatouage qui l'élève au rang de femme. Pendant ce temps, elle demeure chez elle à l'abri des rayons du soleil. La case terminée, les amis des deux familles se réunissent et l'on donne une fête dans laquelle tous doivent faire preuve de prodigalité.

Après ces réjouissances, la jeune femme est remise officiellement à son mari et elle échange son petit liku de jeune fille contre un plus grand en rapport avec sa nouvelle position.

Si l'épousée est fille d'un chef puissant, son père lui donne de douze à quinze jeunes suivantes qui doivent lui tenir compagnie dans sa nouvelle demeure. Elles sont placées sous la surveillance d'une matrone. Au départ de la mariée, une foule de parents et d'amis la comblent de caresses et d'embrassements.

Williams[1] a raconté les adieux d'un roi à sa fille sur le point de quitter la case paternelle. Elle sanglotait et des larmes ruisselaient sur son corps tout fraîchement enduit de graisse en signe de fête. « Ne pleure pas, disait-il, tu ne quittes pas ta patrie, tu fais seulement un voyage dont tu reviendras bientôt. Ce n'est pas un malheur d'aller à *Mban*. Ici tu travailles trop, là-bas tu te reposeras ; ici tu manges n'importe quoi, là tu auras des mets exquis ; mais ne pleure pas, tu te rends laide. » Et pendant qu'il parlait, ce bon roi anthropophage jouait avec les boucles de sa fille en lui faisant mille compliments sur sa beauté. Une de ses sœurs était allée à Mban l'année précédente.

Chez les Malais il y a trois formes de mariages. Le *Djudjur* est l'achat de la femme, et elle appartient avec ses enfants au mari, comme une propriété qu'il laisse à ses héritiers.

Les parents de la femme perdent tous leurs droits sur elle, ne peuvent rien, si elle est maltraitée par son mari. Le prix d'une femme est généralement très élevé. Ce mariage est rare et ne se fait guère que passé la première jeunesse. Pour éviter à la

1. Wood, *Op. cit.*, p. 287.

femme une dépendance absolue, les parents s'arrangent pour que l'acquéreur ne verse pas complètement le prix d'achat.

Le *Semando* se contracte en donnant à l'épouse un cadeau, mais elle paye la plus grande partie des frais des noces; par suite le mari et la femme sont sur le même pied d'indépendance et ont les mêmes droits sur leurs enfants et sur leur fortune. En cas de séparation, pourtant, la maison reste à la femme, et les enfants décident, du père ou de la mère, avec qui ils veulent aller.

L'*Ambil-Anak* est une troisième forme de mariage; l'époux ne paye rien et entre dans la famille de la femme avec une certaine dépendance et sans aucun droit sur les enfants. Cette sorte de mariage a lieu spécialement dans les familles où il ne reste qu'une fille unique.

Outre ces formes principales, il y a des formes intermédiaires parmi lesquelles il faut citer celle qui consiste dans l'échange d'une bru contre une fille.

A Sumatra, on ne connaît que le *Semando*, et lorsque l'on prend une seconde femme, il lui faut faire un cadeau de quarante florins. Si le mari refuse de payer une dette d'un parent de sa femme, celle-ci propose le divorce. Alors on vend femme et enfants; si le mari paye la dette, il garde la femme et les enfants comme gage de sa créance.

En quelques régions de Sumatra, beaucoup

d'hommes sont contraints au célibat par suite du prix trop élevé des femmes.

Maintes fois une jeune fille conspire avec son amant une vente à bon marché ou un enlèvement. Le rite nuptial, très ancien et qui semble d'origine malaise, consiste, pour l'époux, à appuyer son genou contre les genoux de l'épouse. A la mort du mari, la veuve passe à l'aîné des frères survivants.

Chez les Orang-Benua, dit Netscher, pour unique cérémonie nuptiale on fait cadeau à la femme d'une sarbacane et au mari d'un vase en terre. Selon Logan, au contraire, la cérémonie essentielle des épousailles consiste en un repas que les deux époux doivent prendre dans le même plat. Borie parle des longs discours que les chefs tiennent aux mariés dans cette circonstance, et d'un anneau que le fiancé donne à la fiancée.

Le mariage ne peut se faire sans l'approbation des pères et mères, et le chef de la famille continue à exercer son autorité sur les enfants mariés.

Les Battas de Sumatra ont deux formes de mariage qui correspondent au Djudjur et à l'Ambil-Anak des Malais, et qui consistent dans l'achat de l'époux ou de l'épouse. La femme peut être vendue ou mise en gage pour les dettes du mari, elle peut être renvoyée dans sa famille si elle ne donne pas naissance à des enfants mâles, et elle peut aussi être échangée contre une de ses sœurs. Leur prix élevé fait que beaucoup de filles meurent célibataires.

En général, dans l'Amérique du Nord, les parents concluent des unions que les époux acceptent sans s'aimer et même sans se connaître. Ils savent qu'ils pourront se séparer facilement s'ils sont trop malheureux.

Chez les Iroquois, il y a, dans les rapports de sexe à sexe, une hypocrisie digne de peuples plus civilisés. Les jeunes gens et les jeunes filles n'ont aucune relation entre eux et ne doivent pas se parler, même en public, ce qui n'empêche pas du reste les accidents. Un usage singulier veut que les veufs âgés recherchent les jeunes femmes, et les jeunes gens de vingt-cinq ans en épousent de vieilles. Le pacte se conclut dans cette peuplade par l'échange de deux galettes de maïs que l'épouse porte à sa future belle-mère contre un morceau de venaison.

Il parait qu'il existait une autre manière de consacrer les unions : l'épouse allait porter du bois à brûler à l'époux; le jeune homme se couchait sur le sol à côté d'elle et l'union était consommée.

Les Ojibways, par contre, laissaient les enfants arranger eux-mêmes leurs mariages, et s'ils voulaient leur imposer des liens détestés, les jeunes gens s'enfuyaient pour se marier à leur goût. Le jeune homme faisait sa cour à la jeune fille; il lui envoyait un beau morceau de venaison, et celle-ci lui en renvoyait une tranche cuite à point, à laquelle elle joignait quelque autre cadeau.

Les filles rivalisaient entre elles à qui deviendrait la femme d'un brave guerrier.

La jeune fille osage exprimait son sentiment en offrant au jeune homme un épi de maïs; puis les jeunes gens donnaient une fête dans laquelle ils annonçaient leur projet. Les assistants, en signe de joie, leur construisaient une cabane neuve. Il est vraiment difficile de trouver une manière plus simple et plus touchante de s'unir.

Chez les Exocks, la demande en mariage était faite par l'homme qui, envoyant à la jeune fille de la graisse d'un ours qu'il avait tué, l'aidait à cultiver un champ de haricots et à les ramer; c'était un symbole de l'union future.

———

Voici quelques demandes et offres de mariages, faites par la voie des journaux en Allemagne :

Offre sérieuse !

Commerçant, 39 ans, protestant, cherche une compagne j. f. de bonne famille pas au-dessus de 30 ans. Adr. phot. et renseign. aux init. : A. B., etc. On tient principalement à la bonté du cœur, à des principes religieux et à des habitudes de bonne ménagère ; pourtant on demande un peu de fortune, le j. h. ayant lui-même 12 500 fr. de disponibles. Lettres et phot. seront retournées.

Une veuve jolie, 31 ans, israélite (1 enfant), 12 500 fr. environ de fortune, désire faire la connaissance d'un homme instruit en bonne situation, ou d'un commerçant pour se marier, etc.

Offre de mariage :

Une j. f. jolie, de bonne famille, protestante, orpheline, avec une fortune de 200 000 fr., cherche à entrer en correspondance avec un monsieur instruit de bon caractère dans le but de se marier. Envoyer phot.; discrétion absolue. Adresser offres sérieuses aux init. J., etc.

Voici enfin un avis publié ces jours-ci dans les feuilles anglaises :

Une j. dame veuve, sans enfants, d'une physionomie agréable, d'une tournure avantageuse, cherche un mari. Lundi prochain, vers 3 h., elle se promènera sur le côté nord de *Leicester Square*, prête à recevoir toutes les propositions écrites qu'on lui offrira adroitement. Elle aura un costume vert-pois, un chapeau rose, avec des volubilis et une plume bleu clair. Elle tiendra à la main un petit sac de velours noir pour recevoir les billets qu'on voudra bien déposer adroitement sans qu'elle ait l'air de s'en apercevoir. Elle voudrait qu'on ajoutât aussi sa photographie. Voici ses conditions : Les prétendants de 20 à 25 ans devront avoir 2500 fr. de revenu ; de 25 à 30, 5000 fr.; de 30 à 40, 12 500 ; de 40 à 45, au moins 25 000. Passé cet âge, inutile de se présenter.

Quelques-unes de ces annonces cachent, sous la réserve des expressions, des offres et des demandes de concubinage et de prostitution.

CHAPITRE X

LES BORNES DE LA SÉLECTION

Motifs divers qui mettent obstacle à l'amour. — Les haines de race
et de religion. — La parenté. — Ethnologie du veuvage.

La sympathie, suscitée par la beauté, la jeunesse et surtout l'état d'excitation des organes
génitaux, préside seule à la sélection sexuelle
chez les animaux. En général, chez les brutes, le
mâle ne se sent attiré que par une femelle en chaleur, c'est-à-dire capable de fécondation. Aussi
beaucoup de femelles à peine fécondées fuient-
elles le mâle. Cependant j'ai vu une chèvre repousser un bouc lascif, mais épuisé, qui lui faisait la cour, et rechercher au contraire un mâle
jeune et bien en point.

Mais chez les hommes, l'amour le plus ardent
et le plus légitime rencontre parfois des obstacles
insurmontables à une union légitime ou même
libre. Les haines de race, de famille, de religion,
ont, dans tous les temps et dans tous les pays,
fulminé l'anathème contre des amours jugés sacri-
lèges, tandis que la poésie et l'art dramatique

traçaient des tableaux exquis de cette lutte entre l'amour et le préjugé, entre l'amour et la loi.

Les rapports amoureux entre deux races qui se haïssent peuvent s'exprimer en une formule complexe dans laquelle rentrent deux faits opposés et en apparence contradictoires. L'homme recherche avec ardeur les femmes de la race ennemie, afin de frapper ses adversaires au plus sensible de leur cœur, tandis qu'il défend à celles de sa race d'unir leur sang à celui des ennemis. Chez les nations civilisées, où pourtant aucune loi, aucun code ne le défend, les femmes des classes élevées mourraient plutôt que d'accorder leur main à un homme d'une race oppressive.

Les castes et la hiérarchie sociale tracent des limites analogues à la sélection sexuelle. Les lois, les préjugés, l'opinion, réussissent souvent à étouffer les amours les plus ardents, et dans bien des pays, à des époques toutes différentes, le bourreau punit les infractions aux décrets de l'opinion.

Un autre empêchement au mariage naît de la parenté qui unit l'homme à la femme, ou, comme on a coutume de le dire, de la consanguinité. Enfin, le mariage est prohibé, dans certains cas, pour des raisons purement morales, par des degrés de parenté qui n'ont rien de commun avec la consanguinité, par exemple par celui qui existe entre beaux-frères et belles-sœurs. Dans un mé-

moire spécial et dans mon *Hygiène de l'amour*[1],
j'ai traité longuement la question de la consanguinité, examinée au point de vue hygiénique et
historique; je prie le lecteur de s'y reporter. Je
me bornerai ici à un rapide examen ethnologique
de la question.

On peut dire que l'horreur pour les mariages
consanguins est la règle générale, et l'inceste
l'exception ; encore faut-il ajouter que presque
tous les peuples ont jugé l'inceste d'autant plus
grave que le lien de parenté était plus étroit.

Les mariages entre parents au premier degré,
et aussi entre beau-père et belle-fille, étaient
punis de mort par les anciens Mexicains.

Au Michoacan, il n'était pas rare qu'un homme
épousât la mère et la fille. Les Mistèques avaient
des coutumes analogues à celles des Zapotèques
et des Mexicains; cependant ils permettaient le
mariage des parents les plus rapprochés, et souvent un chef épousait sa sœur.

Chez les anciens Mexicains, à la mort du mari,
le frère prenait sa place comme époux de sa
veuve, ou plus exactement comme protecteur de
la famille.

Au Nicaragua, la parenté au premier degré
empêchait absolument le mariage. On ne pouvait

---

1. Mantegazza, *Studii sui matrimonii consanguinei*, 2ᵉ éd.,
Milan, 1868. — *Hygiène de l'amour*, 4ᵉ éd., Milan, 1881,
p. 285.

épouser, au Yucatan, ni sa belle-mère, ni sa belle-sœur, ni ses parents du côté paternel.

Colomb a trouvé le mariage entre parentes du premier degré interdit à Haïti.

Afin de préserver leur race de toute altération, les Incas épousaient leur sœur, mais non leur sœur utérine. Les anciens Péruviens semblent avoir attaché une importance considérable à la parenté par les femmes; aussi Huayna Capac permettait aux Orégons le mariage avec des parentes très rapprochées, mais seulement du côté paternel. Il semble pourtant, en général, que les anciens Péruviens se soient peu embarrassés de la consanguinité des époux.

En Égypte et en Perse, frère et sœur s'épousaient[1].

Quelques indigènes de Californie vont plus loin encore, puisque le père peut partager la couche de sa fille.

Un droit de préemption est accordé par les Bédouins au cousin sur sa cousine; Bastian, qui rapporte le fait, lui attribue la dégénérescence de la race.

---

1. L'impératrice Placidie paraît avoir aimé son frère, et Olympiodore, parlant de leur tendresse, τὰ συνεχῆ κατὰ στόμα φιλήματα, entend probablement dépeindre les caresses que Mahomet prodiguait à sa fille Fatime. « Quando », dit le prophète, « quando subit mihi desiderium Paradisi, osculor eam et ingero linguam meam in os ejus. » (Gibbon, *Histoire de la décadence*, vol. VI, p. 331.)

Les mariages consanguins étaient cependant
interdits chez les Charruas, les Abipons, et dans
l'Amérique Septentrionale, ceux entre personnes
du même *totem*. En Asie, ils sont prohibés entre
Mongols et Chinois.

Les Arras ne s'arrêtent qu'à la plus étroite
parenté.

Les Zoulous ne peuvent épouser une femme
appartenant à leur propre descendance masculine; ils ont le droit, au contraire, d'épouser la
sœur ou toutes les sœurs de leur propre femme.

Pour les nègres de Loango, l'union des cousins
est licite ; celle de l'oncle et de la nièce ne l'est pas.

En aucun pays peut-être, l'aversion pour les
mariages consanguins n'a été poussée plus loin
qu'en Australie. Dawson [1] a longuement parlé des
lois restrictives de la sélection sexuelle imposées
aux indigènes du district occidental de Victoria.
Ils ne doivent jamais se marier avec une personne
de même chair (*Tow' will' yerr*). Ces peuplades
sont divisées en tribus et en classes ; chaque
individu appartient à la tribu de son père et à la
classe de sa mère ; il ne peut prendre femme ni
dans l'une ni dans l'autre, et les hommes et les
femmes d'une même classe et d'une même tribu
sont considérés comme frères et sœurs. Autre
restriction : il est interdit à un homme de se

1. Dawson, *op. cit.*, p. 86.

marier dans la tribu de sa mère, dans celle de sa grand'mère, enfin dans une tribu où l'on parle son dialecte. Au contraire, il peut épouser la veuve de son frère ou la sœur de sa femme défunte, ou une femme appartenant à la tribu de celle-ci, à condition toutefois qu'il n'ait pas divorcé et qu'il n'ait pas tué sa femme. Il ne peut épouser la fille que sa femme a eue d'un autre mari.

Les chefs, leurs fils et leurs filles ne peuvent s'unir qu'à la famille d'un autre chef. Si, malgré tout, un chef épouse une plébéienne, ses enfants ne sont pas pour cela exhérédés ; mais, je le répète, de tels mariages sont réprouvés.

A la mort d'un homme marié, son frère est contraint d'en épouser la veuve, d'en élever et protéger les enfants. Si le défunt n'a pas de frère, le chef renvoie veuve et enfants à la tribu à laquelle la mère appartient. Elle y demeure pendant son deuil. Ce temps écoulé, ses parents, avec la permission du chef, la remarient et elle doit épouser qui on lui propose. Son goût n'est jamais consulté. Aucun mariage ne peut se préparer ou se consommer sans l'autorisation du chef, il doit toujours s'assurer qu'aucune *parenté de chair* ne lie les époux. On achète son autorisation.

L'horreur pour les unions consanguines est si grande chez les Australiens, qu'à peine une amourette est découverte entre deux personnes de *la*

même chair, les frères et les parents de la jeune
fille la rouent de coups et traînent le jeune
homme devant le chef, qui l'admoneste sévèrement. S'il persiste, s'il a enlevé l'objet de son
amour, il est cruellement battu, blessé même.
La jeune fille est-elle complice, on la laisse demi-
morte. Par exemple, si elle meurt sous les coups,
une seconde bastonnade donnée par ses parents
au séducteur la vengera.

L'enfant né de ces coupables amours, recueilli
par le père, est confié à sa grand'mère qui doit
l'élever. Les naissances illégitimes sont donc très
rares, puisqu'elles sont punies de la correction
et même de la mort de la mère et parfois du
père. Ces lois rigoureuses sont souvent éludées depuis l'introduction de la civilisation européenne,
et les indigènes attribuent à ce relâchement des
mœurs la débilité de leurs enfants.

Brough Smyth, qui a beaucoup étudié les indigènes de Victoria, dit également que les mariages
se font par exagomie. « Les indigènes de Murray,
écrit Bulwer, sont répartis en deux classes : les
Mak-quarra (aigles) et les *Kil-parra* (corbeaux) ;
un *mak-quarra* ne peut épouser une *mak-quarra*,
ni un *kil-parra*, une *kil-parra*. Les enfants appartiennent à la classe de la mère, non à celle du
père. Les femmes de la même classe sont appelées
sœurs (*wurtwa*) par les hommes. Grey affirme le
même fait : aucun homme, d'après lui, ne peut

épouser une femme de la classe dont il porte le nom, et il ajoute que cette coutume se retrouve dans l'Amérique du Nord. Wilhelm écrit également que tous les indigènes de Port-Louis forment deux castes distinctes : les *Materi* et les *Kanam*, et que personne ne peut se marier dans sa propre caste. Comme malgré cela chaque homme possède plusieurs femmes et que les amours clandestins ne sont pas rares, Brough Smyth se demande très à propos comment la loi d'exogamie peut se maintenir. Il a dressé un curieux diagramme où sont représentés les empêchements matrimoniaux chez les indigènes de la Nouvelle-Norcie [1].

Au nord-est de l'Australie, assure Bennett, la caste est également ce qui détermine l'aptitude au mariage. Les hommes portent quatre noms différents, suivant la classe : *Ippaï*, *Murri*, *Kubbi* et *Kumbo*; pour les femmes les noms correspondants sont *Ippata*, *Mata*, *Kapota*, *Buta*. Il en est de même des indigènes de Port-Errington divisés en trois classes à chacune desquelles le mariage n'est pas permis. Les Kamilarvis, eux, se partagent en six tribus et huit classes, dont les mariages sont réglés par des lois sévères.

Le résultat de ces restrictions devrait être avantageux pour la race, en rendant impossibles les mariages consanguins; mais il arrive le con-

1. Brough Smyth, c. 81.

traire dans certains cas, par exemple quand deux tribus peu nombreuses ne peuvent s'unir qu'entre elles ; la loi, alors, a un effet opposé : elle mêle sans cesse le même sang, et limite trop la sélection sexuelle.

Bien que Lorimer Fison, Ridley, Howitt, Morgan, Bridgmann et tant d'autres, après ceux que j'ai cités, aient étudié à fond ces limites restrictives chez les Australiens, Brough Smyth croit très sagement que de nouvelles recherches sont nécessaires pour arriver à la solution parfaite de ce problème ethnique, car les indigènes, dans l'intention de contenter celui qui les interroge, répondent ce qu'ils pensent devoir lui être le plus agréable et non ce qui est rigoureusement vrai. Salvado rapporte aussi que les Australiens ne peuvent se marier avant vingt-huit ou trente ans ; quiconque enfreint la loi est puni de mort. « Cette loi, ajoute-t-il, fait que les jeunes gens témoignent une remarquable indifférence pour les femmes. »

Il dit aussi que chez eux on ne peut prendre en mariage une femme de sa famille. L'usage est d'épouser deux femmes, une de vingt à trente ans, une autre de cinq à dix. Pour avoir une femme, on l'enlève ou on la demande à son père. Les femmes belles sont souvent volées à leur possesseur et passent de main en main ; elles font ainsi de longs voyages, car le voleur cherche toujours à se mettre à l'abri d'une vengeance. Quoique très indulgent pour les Australiens, Salvado décrit sous des couleurs très sombres les mauvais traitements qu'ils font subir à leurs femmes.

Les lois sur le mariage des indigènes de l'Australie occidentale sont encore plus étroites. Au Tornderup on peut choisir une femme de son propre *clan;* il est tenu de prendre une Ballaroock. Qui viole cette loi, et cela arrive souvent, est puni de mort. La possession des femmes engendre des querelles continuelles, car presque chaque jour quelqu'une est enlevée. Dans cette lutte sans fin, les pauvres femmes prises entre deux partis sont souvent frappées ou tuées. Mais cela n'empêche pas les rapts d'être aussi communs aujourd'hui qu'il y a quarante ans. Il n'est pas rare qu'un vieillard se fiance avec une gamine d'un an ; alors il doit la nourrir, la protéger, puis l'épouser quand elle sera en âge, si d'ici là elle ne lui est pas volée. A la mort de son mari la femme devient la propriété du plus vieux de la famille, qui l'épouse ou lui donne un mari appartenant à la famille même. Aucune cérémonie n'accompagne le mariage. .

Des lois plus singulières restreignent le choix des femmes dans l'île de Timor ; H. O. Forbes les a récemment révélées. Dans quelques provinces de Timor on trouve, comme en Australie, *le clan des maris et celui des épouses.* Les hommes de Manufahi, par exemple, ne peuvent acheter des femmes dans le royaume de Bibiçuçu, mais les hommes de Bibiçuçu peuvent se marier en Manufahi. Les femmes de Bibiçuçu peuvent avoir des maris originaires de Manufahi, à condition qu'ils viennent habiter le pays jusqu'à la mort de leur femme. Aucune redevance n'est payée ou reçue pour tout cela. Le fils ou Rajah de Manufahi peut épouser la fille du Rajah de Bibiçuçu, mais ne peut l'obtenir par achat. Elle ne peut s'établir en Manufahi, et durant toute la vie de la femme ils doivent demeurer en Bibiçuçu. Les Salankis peuvent épouser les femmes Bidauks, mais ils les doivent acheter, et ils ne peuvent demeurer à Bidauk auprès des parents de la mariée, même moyennant une rétribution. Pourtant si un Salanki choisit sa femme en un pays autre que Bidauk, cette restriction ne l'atteint pas.

Les Daïaks prohibent le mariage entre cousins germains, et admettent par exception celui de l'oncle et des nièces. L'union des veufs et de la sœur de leur femme n'est pas seulement permise, elle est favorisée chez eux. Ils respectent scrupuleusement, à Lingga, les règles de la hiérarchie sociale, et les rapport amoureux avec une personne d'un rang auquel on n'appartient pas, sont sévèrement réprimés. Parfois l'amour plus fort que la hiérarchie, entraîne les amants dans les forêts, où ils s'empoisonnent avec le sue du *tuba*.

Dans les mariages des anciens Péruviens, on s'appliquait à ne pas confondre les diverses classes sociales; des employés spéciaux étaient préposés à leur célébration solennelle et à leur dissolution. Elles se faisaient en un jour spécial. Au Brésil, les Tupis considéraient la parenté au premier degré comme un empêchement au mariage, et l'on ne pouvait pas même épouser la fille ou la sœur d'une *aturassap* ou amie intime. Les oncles épousaient les nièces. Les Péruviens n'avaient aucun rite nuptial, mais exigeaient le consentement des parents de la jeune fille. Plus riche était un homme, plus il pouvait avoir de femmes. Une d'elles avait la primauté; toutes vivaient en bonne intelligence. Pendant la grossesse et les couches les plus grands égards leur étaient prodigués. Nul respect n'était exigé des enfants, la fidélité l'était des femmes. La femme adultère était tuée, tout au moins ignominieusement chassée. Les chefs guaraniens, mais eux seuls, possédaient plusieurs femmes. On dissolvait facilement les mariages pour en contracter de nouveaux chez les Chéréguins. Les Kérochées devaient à la fois épouser la mère et la fille; mais l'union des consanguins était interdite. Aux îles Carolines, la mort par le feu punissait ces unions. Dans l'Omaha, l'interdiction du mariage s'étendait jusqu'aux parents les plus éloignés.

Autrefois, chez presque tous les Indiens de l'A-

mérique du Nord, et l'usage s'est conservé encore
de nos jours dans quelques tribus, les mariages
étaient exogames. Les enfants appartenaient toujours à la tribu de la mère. Chaque peuplade iro-
quoise se partageait en huit groupes distingués
par leur *totem* : loup, ours, castor, tortue, che-
vreuil, bécassine, héron, faucon. Les groupes de
mêmes noms de chacune des peuplades se considéraient comme frères et, de vrai, étaient unis
par le sang. Primitivement les quatre premiers
groupes ne pouvaient s'unir en mariage qu'avec
les quatre derniers, et réciproquement. Plus
tard, il suffit que l'homme et la femme appar-
tinssent à des groupes différents. Les enfants
revenant toujours et de droit à la mère, les titres,
richesse et pouvoir se transmettaient en lignée féminine.

Les Indiens de l'Amérique du Nord accordaient
à la maternité une considération très grande. Il
s'en va de là que, en cas de séparation, les enfants
suivaient la mère, et que si le principat était hé-
réditaire, il ne passait pas du père au fils, mais
venait à celui-ci de la mère, pourvu qu'elle fût
de sang royal. Le fils de la sœur du roi était donc
presque toujours l'héritier du trône. L'enfant ne
recueillait pas l'héritage de son père ou de ses
parents paternels, mais seulement celui de sa
mère et de ses oncles et tantes maternels. Le peu
de chasteté des femmes indiennes rendant dou-

teuse la paternité, pourrait bien avoir été la cause
de cela. Cependant les Indiens disaient que le fils
tient l'âme de son père et le corps de sa mère ;
mais peut-être pour eux le corps était-il plus important que l'âme. D'autre part, l'infidélité des hommes était presque obligée. Durant sa grossesse, en
effet, ils devaient vivre absolument séparés de leurs
femmes, et même, à la Floride, cette séparation
se prolongeait pendant deux ans. La femme enceinte vivait dans une case particulière, où elle
était entourée de mille soins, on la consacrait
aux esprits, elle devenait chose sacrée. Cet usage
est plein de poésie. De même que les guerriers en
un grand nombre de pays se préparent à une
grande entreprise par le jeûne et la continence,
de même la production d'un homme, considérée
comme une grande et sainte mission, était prépa-
rée par des cérémonies, par des privations, par
la chasteté.

Le veuvage de la femme dans une foule de pays
vient encore imposer des barrières à l'amour.

L'homme, non content de vouloir que la
femme soit à lui tout entière pendant sa vie, ne
permet pas que, lui mort, elle appartienne à un
autre. Ici encore nous trouvons une gradation ascendante d'exigences ; elles vont du simple deuil
observé pendant quelques mois à l'obligation
pour la femme de se tuer sur la tombe ou le
bûcher de l'époux perdu.

Au degré le plus bas de cette échelle psychologique nous rencontrons un usage en vigueur dans la Prusse occidentale, principalement à Schwarzau et dans quelques autres villes. Quand une femme se marie pour la seconde ou troisième fois, des musiciens montent sur le toit de la maison et, au moment où les époux rentrent dans leur demeure, chantent que les nouveaux mariés prennent garde de mourir bientôt. Si une veuve se marie pour la troisième fois, l'époux doit entrer par la fenêtre dans la maison et en faire trois fois le tour afin d'écarter tout péril. Dans d'autres provinces allemandes, on répand de la paille hachée sur le chemin que doit parcourir la veuve remariée; enfin, dans quelques provinces, les parents de l'époux défunt exigent d'elle une amende en argent.

En France, on donne encore le barbare *charivari*, qui se perpétue également en Italie, sous le nom de *scampata* en Toscane, de *tucca* à Pesaro et de *facioreso* à Novi.

A Pérouse, au quinzième siècle, le mariage des veuves se célébrait la nuit seulement. C'était une vieille croyance que l'âme du mari défunt devait être attristée par les nouvelles noces de sa veuve. Le titre de *univira*, attribué dans des inscriptions antiques à la femme qui avait eu un seul mari, était une louange, et les pénitences imposées aux premiers siècles chrétiens par les prêtres aux veuves qui se remariaient, prouvent que l'Église elle-même désapprouvait ces unions. Chez les Napolitains, la veuve devait couper ses cheveux et en faire le sacrifice à son mari défunt ; aujourd'hui encore, à Minéo en Sicile, elle doit aller à l'église les cheveux épars.

Les noces des veuves furent toujours joyeusement troublées dans les campagnes de Vercoille, de Cunéo, de Pignerol, de la Nouvelle-Ligurie, de la Valteline, de Côme, du Trentin, de Pistoie, de l'Ombrie et des Abruzzes.

En Araucanie, la veuve doit demeurer loin de toute société pendant une année entière, se tenir enfermée dans la tente, teindre son visage au noir de fumée, s'abstenir de la chair du lama, du cheval et de l'autruche, et si elle ne veut être tuée par les parents de son mari défunt, se bien garder de rompre sa reclusion et de faire l'amour.

Les veufs et les veuves sont *tabou* en Nouvelle-Zélande, jusqu'à l'enterrement de l'époux défunt. Les veuves se remarient ; il en est de même à Tahiti. Aux îles Marquises et à Samoa, au contraire, elles se rasent la tête et se retirent du monde.

A Samoa, la veuve devient la femme de son beau-frère. Pendant la guerre, tous les prisonniers sont tués et leurs femmes deviennent celles des vainqueurs. A Haïti, la femme favorite d'un chef doit le suivre dans la tombe.

Des voyageurs affirment que les femmes hottentotes peuvent se remarier à condition de subir
l'amputation de quelques phalanges des doigts
de la main. Ces amputations cependant sont
expliquées différemment par d'autres voyageurs.

L'usage de tuer la veuve après la mort de son
mari ou l'obligation pour elle de se suicider,
ce qui, tout bien compté, est la même forme d'homicide, sont l'affirmation la plus brutale de l'infériorité de la femme vis-à-vis de l'homme : elle
est sa propriété, sa chose, et quand il est mort
elle doit le suivre au delà du tombeau. Ajoutez
à cela la jalousie et l'orgueil, et vous aurez toutes
les raisons de l'assassinat ou du suicide des
veuves. Pour les mêmes motifs, dans beaucoup
de pays, on sacrifie les animaux et les esclaves
du mort.

Au Congo, à Angola, chez les Morawi, on tue
la femme favorite du défunt, et cet usage s'est
conservé chez les Txhewas du Zambèse. On trouve
la même coutume cruelle chez les Vèbres, dans
l'Idah et à Cameron. A Uraba, on enterre vives
avec le roi défunt quelques-unes de ses femmes,
comme cela se faisait à Carthage. Chez les Knis-
tenes, la femme se tue presque toujours spontanément sur la tombe de son mari.

Les Qualkeoths de l'Amérique du Nord conservent le souvenir du bûcher de la veuve. Celle-

ci devait placer sa tête à côté de la tête de
son mari étendu sur le bûcher, et plus morte que
vive l'y laisser pendant toute la durée de la cré-
mation. L'assassinat des veuves est aussi une
coutume des îles Fidji. Chez les Ossètes, au
Caucase, on observe toujours un usage qui en
rappelle un autre plus féroce. La veuve et le
cheval de selle du mort sont promenés trois fois
autour de sa fosse; à partir de ce moment la
femme ne peut plus appartenir à un autre homme
et le cheval ne peut plus être monté par un
autre cavalier. Si l'on a réussi, en ces tout derniers
temps, à guérir les femmes des brahmanes et des
autres classes supérieures, dans l'Inde, de la coutume de se suicider sur le bûcher de leur mari,
on n'arrive, même aujourd'hui, que très difficile-
ment à les décider à se remarier[1]. Les usages
barbares paraissent se perpétuer en Chine.

1. Mantegazza, *India*, vol. II, p. 144.

CHAPITRE XI

Le pacte nuptial. — Antipodes. — Le communisme en amour. — Fidélité et adultère. — Gradation des châtiments. — Femmes stériles et femmes grosses. — *Jus primæ noctis.*

En parlant des divers moyens que possède l'homme pour se procurer une femme, nous avons indiqué naturellement les lois fondamentales de la famille ;, tout au moins avons-nous reconnu une des pierres angulaires sur lesquelles repose tout l'édifice du mariage.

Les historiens du droit donnent du mariage ces deux définitions classiques :

« Nuptiæ sunt conjunctio maris et fœminæ et consortium omnis vitæ divini et humani juris communicatio. — Matrimonium est viri et mulieris conjunctio individuam vitæ consue tudinem continens. »

Mais, pour beaucoup de savants, ces définitions n'embrassent, pour ainsi dire, qu'une des faces de la question. Car si la famille résulte toujours de l'union de l'homme et de la femme, elle présente, dans sa structure, des formes assez variées pour combler, et au delà, la distance qui sépare le style gothique du style moresque et celui-ci du style grec.

En effet : le pacte conjugal peut être de peu de jours, de peu de mois ou durer pendant la vie tout entière ; il peut être de forme monogame, polyandre ou polygame ; il peut consacrer les vertus les plus élevées, les sentiments les plus délicats, comme la 'prostitution permanente de la femme ; il peut en somme s'enfoncer dans la boue de la plus basse abjection, comme s'exalter jusqu'aux plus hautes conceptions de l'idéal.

Le pacte de famille, qui unit un homme et une femme, tire sa physionomie et sa valeur des divers éléments moraux et intellectuels que chacun apporte avec soi sur l'autel du mariage, et sa moralité a pour mesure l'équité plus ou moins grande avec laquelle l'homme et la femme se partagent dans la vie ce qu'il y a de bon et de mauvais.

On peut juger d'un coup d'œil la distance qui sépare les pôles extrêmes de la famille humaine par quelques exemples.

Dans l'île d'Unamarck, découverte par les Russes, les femmes servent de monnaie, et le prix de chaque chose s'évalue en femmes.

Chez nous, pour ne pas trahir la fidélité jurée à son époux, la femme refuse bien souvent un baiser à l'homme qui l'adore.

Wyatt Gill raconte avec horreur l'histoire d'un Australien qui fit cuire sa propre femme, et la mangea avec volupté, trouvant son goût délicieux.

Édouard *le borgne*, comte de Devon, surnommé aussi *le bon* pour ses grandes vertus, tendrement ému au souvenir des cinquante années d'union et de fidélité qu'il avait passées avec sa femme, Malel, composa pour elle cette épitaphe :

> What we gave, we have;
> What we spent, we had;
> What we left, we lost.

Quelques ethnologistes soutiennent cette étrange théorie : la forme la plus ancienne de l'amour est le mariage en commun. C'est dire que tous les hommes et toutes les femmes d'une tribu se seraient possédés librement[1].

Il est certain qu'on peut se singulariser à peu de frais en créant des théories et en imaginant des hypothèses sur les temps préhistoriques ; mais la nature humaine offre un fond sur lequel nous devons appuyer théories et hypothèses ; or, si loin et si bas que nous devions chercher les racines du grand arbre dont nous sommes les branches, la sève en est toujours identique à elle-même. Il y a

---

1. Bachofen, à la fin de 1861, soutenait cette théorie, et il nomme éthérisme l'amour libre des peuples antiques (*Heuterrecht*, p. 175, 528).

en 1886, parmi nos contemporains, des hommes, assez dépourvus de sentiments et de pensées, assez peu *hommes*, en un mot, pour ressembler beaucoup à nos ancêtres de l'époque quaternaire, et leur psychologie est la pierre de touche la plus sûre pour juger ce que furent les sociétés antérieures à l'histoire.

Or le communisme en amour ne se trouve jamais à l'origine des sociétés, pas même aux degrés les plus bas de l'humanité.

C'est toujours une orgie érotique, ou un tribut imposé à la puberté naissante ; mais il n'est jamais permanent dans aucune société humaine. Pour qu'il en fût ainsi, il faudrait admettre que l'homme ne garde pas la mémoire des plaisirs qu'il a goûtés avec une certaine femme et qu'il n'éprouve pour elle aucune sympathie spéciale ; que la femme n'est point reconnaissante du plaisir que l'homme lui a fait connaître, qu'elle n'est pas fière d'avoir été choisie parmi d'autres ; il faudrait, en somme, trouver des hommes qui fussent au-dessous de tous les mammifères, de tous les oiseaux qui ont une femelle, et pour un temps périodique au moins la tiennent dans une tanière ou dans un nid. Les prostituées les plus abjectes peuvent donner leurs corps à des centaines, à des milliers d'hommes, mais elles ont toujours un amant ; et quand par hasard elles deviennent mères, elles savent bien quel est le père

de l'enfant qui s'agite dans leur sein ; leur jugement, qui peut sembler téméraire, s'égare bien
rarement.

Voici les faits sur lesquels repose cette théorie
de l'amour libre ou du mariage en commun
comme première forme de l'union sexuelle.

Maclean dit que les Cafres n'ont aucun mot
pour désigner la virginité. Quand une jeune fille
atteint sa puberté, on le proclame dans une fête
publique ; par cela même on annonce à tous qu'ils
peuvent profiter de ses faveurs.

Dans le Darfour, quand une jeune fille est devenue femme, on lui donne une case, où quiconque
peut passer la nuit avec elle. Lubbock dit que les
Boschemans ignorent le mariage.

Buchanan assure que les Hais de l'Inde ne connaissent jamais leur vrai père ; il ajoute que chez
les Techurs de l'Ouda les hommes et les femmes
« échangent » leur amour avec la plus entière liberté. Ainsi font les indigènes des îles de la Reine
Charlotte.

Suivant Div, les Calédoniens mettent leurs femmes en commun, et les enfants appartiennent à
tout le *clan*,

Bägert prétend qu'autrefois, en la Californie,
tout homme pouvait vivre avec toute femme.

D'après Garcilaso de la Véga (qui entre paren-
thèses ne doit être cru que sous- bénéfice d'inven-
taire), chez quelques peuples de l'ancien Pérou,

avant le règne des Incas, aucun homme ne pouvait avoir une femme absolument à soi. En Chine, l'amour en commun durait tout le temps du Fouhi et en Grèce pendant les fêtes de Cécrops. D'après Hérodote, les Massagètes et les Auses de l'Éthiopie n'avaient pas de femmes, et Strabon comme Sabinus en disent autant des Garamantes, autre tribu éthiopienne. « Leurs femmes sont communes à tous, dit Nicolaus parlant des Galactophages. Et pour cette raison ils appellent *pères* tous les hommes adultes, *fils* tous les jeunes gens et *frères* ceux de leur âge. »

Tous ces faits bien alignés peuvent paraître redoutables, mais pris un à un ils sont inexacts, ou faux, ou mal interprétés. Darwin, avec son regard d'aigle, en a vu la faiblesse, et il affirme, avec raison, que les premiers hommes étaient polygames ou monogames. Le manque de jalousie, le besoin de changement en amour, la dissolution des mœurs peuvent affaiblir les liens de la famille ou en atténuer les effets ; mais l'amour mis en commun n'est pas la forme permanente de l'amour humain, car il est en opposition avec les principes de la physiologie humaine.

Külischer, qui a consacré un savant travail[1] à l'étude de quelques-unes des formes primitives de l'amour, a réduit à sa juste valeur la théorie de

1. Külischer, *Die geschlechtliche Zuchtwahl bei den Menschen in der Urzeit.*

l'amour en commun. En ces dernières années, Karl Schmidt a démontré l'absurdité de cette théorie, dont Külischer voulait faire un argument pour expliquer le *jus primæ noctis*[1].

De quelque forme que soit le contrat d'un homme et d'une femme qui s'unissent pour vivre ensemble et procréer des enfants, il contient toujours pacte de fidélité, très différent, il est vrai, selon le tempérament de chacun et les exigences morales ou religieuses du milieu ambiant.

Examinons rapidement les idées humaines sur la fidélité et l'infidélité des deux sexes dans le mariage.

Largeau a voyagé longtemps dans le Sahara. L'adultère, dit-il, y est très commun chez les Arabes des oasis et du pays de Risha, malgré la jalousie extrême et les vengeances atroces qui punissent l'infidélité.

Les Mandingues soupçonnent d'infidélité une femme qui perd du lait pendant qu'elle nourrit son enfant, ils la battent et recourent ensuite au divorce.

Dawson, qui a étudié les Australiens de la province occidentale de Victoria, dit en latin (pour ne pas peut-être effaroucher la pudeur de ses lecteurs) que quand une femme a été violée, son mari a le droit de tuer l'offenseur. Si la victime était vierge, l'offenseur est battu à mort par le

1. Karl Schmidt, *Discussions sur le jus primae noctis.*

mari, et si ses parents ou ses amis le défendent, des rixes surgissent. Si une femme de quelque province est connue pour sa conduite désordonnée, elle devient *karkor neegh heear*; elle est mise en accusation et punie par ses parents. Si elle persiste dans son inconduite, on réunit un conseil de famille et, sa faute prouvée, son oncle ou, à défaut, un autre de ses parents (excepté toutefois son père et son frère) l'assomment à la première rencontre d'un coup à la nuque. Le cadavre est brûlé, ses cendres jetées au vent, et il n'est permis à personne de pleurer la coupable.

Souvent la punition est moindre. Celui qui a enlevé une femme se soumet à l'épreuve de la lance et du boomerang, ce qui veut dire que debout et sans autre arme qu'un petit bouclier, il se défend des coups de lance et de boomerang que lui portent le père de la jeune fille ou ses autres parents. Il est bien rare que le brave jeune homme se laisse toucher, mais de toutes façons, après avoir reçu et paré un certain nombre de coups, il se trouve à l'abri de toute autre peine.

Chez les Mundas Kolhs des Chotas Nagpore, la femme qui croit son mari infidèle lui dit simplement : « Singbonga t'a fait pour moi, pourtant tu viens d'en voir une autre ».

Les Chibchas de l'Amérique centrale soumettent la coupable à un jugement de Dieu. La faute démontrée, la femme est rasée, puis tuée, à moins

qu'il ne se présente un homme riche qui rachète
sa vie moyennant un gros prix.

Les nègres sont très superstitieux, et, dans la
moindre aventure, ils voient une œuvre surna-
turelle; aussi un des époux attribue-t-il volontiers
la mort de son conjoint à quelque maléfice. Laird
et Olfield racontent qu'un prince étant mort,
trente de ses soixante femmes furent empoison-
nées sur de simples soupçons.

A Loango, la vertu des femmes est soumise à
l'épreuve du poison. A Sierra Leone, on leur défère
le serment et l'on se contente de leur affirmation.

Les femmes des Assanis, tribu qui vit aux environs de Khartoum, en se mariant, se réservent
un quart de leur liberté, c'est-à-dire que pendant
chaque période de quatre jours elles peuvent
vivre vingt-quatre heures avec l'amant qu'elles ont
choisi.

Cela mis de côté, les femmes assanis ne sont
pas plus immorales que d'autres.

Dans cette tribu on tient à la disposition de tout
hôte une case et une femme pour la durée de son
séjour.

Le mariage abyssin se dissout avec la plus
grande rapidité; quand il y a des enfants, le père
prend les garçons et la mère les filles. D'ordinaire
les divorcés se remarient tout de suite; c'est pour
ce motif qu'on trouve dans chaque famille des
enfants de sang différent. Il est à noter que les

enfants nés de diverses mères se haïssent cordialement, tandis que ceux issus d'une même mère,
mais de pères différents, vivent en bonne harmonie. Il arrive pourtant que deux époux se trouvant bien ensemble pendant de longues années,
contractent un second mariage à l'église ; celui-là
est indissoluble.

Si une femme zoulou a donné des enfants à son
mari, il peut encore la renvoyer à ses parents,
mais il n'a plus aucun droit à la restitution du
bétail qu'il a donné pour l'avoir, car ses enfants
en représentent la valeur ; au contraire il peut
recouvrer la dot si sa femme, mourant jeune, le
laisse sans enfants.

Chez les Amagxcoros, la femme peut prendre
en outre de son mari un *outicoloché*, ou petit mari,
qui l'aime et qui la sert.

Cet usage très singulier se rencontre dans un
pays très éloigné de la Cafrerie, chez les Aléoutiens. Les Cafres considèrent l'adultère comme un
délit contre la propriété. La femme ayant été
achetée par son mari, n'a pas le droit de se donner
à un autre. C'est avilir le mariage que de le con-
sidérer à ce point de vue, mais cela ouvre aussi
un moyen facile de réparer le dommage causé par
l'infidélité de la femme ; ce n'est plus qu'une question de prix, de têtes de bétail en plus ou moins
grand nombre que la femme adultère doit payer
à son mari.

Pour les Cafres, le divorce est le remède aux unions mal assorties ou stériles. Chez eux il n'y a pas adultère pour l'homme. Seule la femme est coupable quand elle se donne sans la permission de son mari. La jeune fille n'est considérée comme coupable que si elle devient grosse.

Le Cafre est le maître de sa femme, mais il doit se garder de la maltraiter. En ce cas elle peut s'enfuir chez son père, et, pour la ravoir, le mari est obligé de subir les morsures et les égratignures des amies de sa femme et de donner un veau à son beau-père.

Si la femme se refuse à rentrer au domicile conjugal, son père alors doit rendre au mari la dot qu'il a donnée; les enfants demeurent la propriété du mari. De plusieurs frères l'aîné doit toujours se marier le premier ; quant aux autres, ils peuvent prendre femme à leur fantaisie et sans suivre leur ordre de naissance.

Chez les Andamans, si bas que soit leur rang dans la hiérarchie intellectuelle, le mariage est sacré, le divorce très rare et le séducteur de la femme puni de mort par le mari.

Lewin affirme que les Kyoungsha et les montagnards de l'Assam sont très libres en matière d'amour avant le mariage, mais qu'une fois mariés ils sont chastes. Une femme infidèle y est une exception.

Les Bubes de Fernando-Po ont des peines gra-

pour réprimer les infidélités de la femme. A la
première on lui enlève la main gauche en trem-
pant le bras dans l'huile bouillante; à la seconde
on répète la même opération sur le bras droit; à
la troisième on lui coupe la tête.

La stérilité est un grand malheur pour toutes
les femmes de la race nègre. La femme sans
enfants est méprisée et souvent tenue pour coupable de libertinage avant son mariage. Sur la
Côte-d'Or on la traite comme les enfants que son
mari a d'une concubine ou d'une esclave. Dans
l'Angola, la stérilité est assez méprisée pour conduire la femme au suicide.

Dans le Foulah, l'adultère, de part et d'autre,
est puni comme le vol; dans le Casamanque inférieur le coupable encourt la mort; pourtant s'il
a commis son crime hors de la maison, on se
contente de lui donner une bonne bastonnade et
de lui couper la main.

Au Fouta-Djallov, la cour faite à une femme du
consentement de son mari n'atteint en rien la
fidélité conjugale. Les femmes de ce peuple paraissent avoir une position de beaucoup supérieure
à celle de leurs sœurs africaines, car elles peuvent demander le divorce et, si leur demande est
fondée, conserver leur dot.

Aux îles Mariannes et aux Carolines, la femme
est absolument libre de se donner à qui elle veut
avant le mariage; après, elle observe la chasteté la

plus absolue. Aux Carolines, le mari peut à volonté se séparer de sa femme; mais celle-ci n'a pas le même droit : la séparation lui est permise seulement dans le cas où elle est d'un rang supérieur à celui de son mari.

Les Badagas (Indes, monts Nilghiries) ont coutume, quand ils n'ont pas d'enfant, de promettre à un dieu un petit parasol d'argent ou cent noix de coco, au cas où il voudrait les exaucer. Les femmes stériles se vouent à différents dieux, mais spécialement à Mahalinga (phallus), qu'elles adorent dans les montagnes sous la forme d'une pierre dressée. Elles vont aussi en pèlerinage aux autels de Helte, déesse spéciale aux femmes et qui a de nombreux temples dans les monts Nilghiries. On attribue aussi une grande efficacité à certaines haches de pierre préhistoriques que l'on trouve parfois en labourant, que l'on croit nées spontanément dans le sol et que pour cela on appelle *Swayampha* (nées d'elles-mêmes).

Si les dieux ne lui accordent pas la grâce qu'elle demande, la femme stérile amène sa propre sœur à son mari, pourtant elle ne cesse pas d'être maîtresse dans la maison. Si cela ne se peut, elle retourne chez ses parents et y reste, ou bien épouse un vieillard pour l'aider dans ses travaux. Les filles-mères sont déshonorées.

Dans la région des Nilghiries on ne pratique pas

l'avortement, mais les Todas et d'autres tuent les nouveau-nés.

Les liens du mariage sont très lâches chez les Badagas. Le mari peut toujours renvoyer sa femme à ses parents et la femme abandonner son mari; il arrive en conséquence que souvent on passe par trois ou quatre mariages d'épreuves avant de conclure une union définitive.

Les Daïacks montrent une grande jalousie, bien que monogames, et les femmes plus encore que les hommes. Si la femme découvre que son mari est infidèle, elle a le droit de battre sa rivale à plaisir; cependant pour cette opération de haute justice, elle ne doit employer que le bâton. La coupable est-elle mariée, son mari en revanche a le droit de battre l'amant. En général les maris infidèles, pour recouvrer l'affection de leur femme, doivent se sauver dans les bois et y trouver une tête humaine; ce fétiche offert à la femme l'attendrit et la dispose au pardon.

Les Mahoris considèrent le mariage comme une institution très sérieuse, et l'adultère de la femme est puni de mort. Thoson dit que chez eux la fidélité est habituelle si le mariage est fécond, rare s'il est stérile. L'amant de la femme, d'après le même auteur, doit supporter trois attaques à la lance dirigées par le mari. Si à la première il n'est pas blessé, il peut se défendre, et la première blessure reçue par l'un des combattants met fin au combat.

D'après Nicholas, la mort du séducteur punit l'adultère s'il a été commis dans sa maison; s'il a été consommé dehors, la femme meurt. Dieffenbach dit que la femme trahie tue d'ordinaire sa rivale de sa propre main et parfois même le mari coupable.

A Tahiti, les séparations sont fréquentes quand cependant le mariage est stérile. Pourtant les réconciliations sont non moins fréquentes. Les liens du mariage se rompent aussi très facilement à Tonga, et la femme répudiée reprend la liberté de sa personne; cependant, à Samoa, la femme divorcée et la veuve ne peuvent plus se remarier. La femme adultère est punie de mort, et le plus souvent un de ses parents se charge d'exécuter la sentence. L'époux offensé a coutume de crever un œil à la femme infidèle ou de lui couper le nez d'un coup de dent.

Aux îles Carolines, l'adultère est considéré comme un grave délit; l'homme cependant n'est jamais puni, mais la femme est chassée de sa maison, souvent pour une couple de jours seulement, ou pardonnée quelquefois.

Les époux peuvent se séparer à volonté aux îles Mariannes, mais les biens et les enfants restent à la femme. Si elle est adultère, le mari confisque sa fortune, la chasse et tue son amant. Si au

contraire l'homme est infidèle ou seulement sus-
pect d'infidélité, toutes les femmes de la tribu se
précipitent sur lui, essayent de le tuer et de détruire tout son avoir. De même quand la femme
n'aime plus son mari, elle peut retourner chez
ses parents, qui saccagent les biens du mari.

Aucune cérémonie n'accompagne nécessairement le mariage aux îles Carolines ; aux Mariannes, au contraire, on le célèbre par une fête
solennelle dans laquelle le marié fait montre de
son agilité. Dans beaucoup d'îles de la Micronésie,
les femmes mariées doivent observer une vie ré-
gulière et la peine de mort châtie l'adultère. A
Rotuma, les veuves ne peuvent se remarier ; elles
se rasent la tête et se teignent la peau en noir
pour afficher leur deuil.

Là, les parents marient leurs enfants après
avoir consulté leurs goûts ; parfois cependant le
père force la fille à prendre un mari choisi par
lui. Parfois c'est le chef qui lui impose ce mariage.

A Tokopia, quand le soupirant a obtenu le
consentement de la jeune fille et celui de ses parents, il la fait enlever la nuit par ses amis, puis
il envoie à ses beaux-parents des nattes et des
provisions et il les invite à une fête qu'il donne
dans sa case et qui dure un jour entier.

L'adultère est puni, chez beaucoup de peuples
de l'Amérique du Nord, de la taille des cheveux,

de l'ablation des lèvres, du nez, parfois de la bastonnade.

Aux Carolines, au contraire, il est facile de s'arranger pour un peu d'argent. La séduction d'une femme suffit à séparer pour toujours les Assiniboines des Dakotas et à en faire deux peuples ennemis.

Chez les Clascos la femme s'achète et l'on consacre le mariage par une fête. La femme reçoit un trousseau qui fait retour au mari si elle devient infidèle. Si, au contraire, il la chasse pour une autre raison, le mari doit lui restituer sa dot et son trousseau. Le divorce peut aussi se faire par consentement mutuel. Les enfants restent avec la mère.

La veuve se remarie à son beau-frère ou au fils de sa sœur. Il arrive souvent à la femme de le faire avant que son mari soit mort.

Les époux doivent fêter leur mariage par un repas qui dure quatre jours; ils ne sont l'un à l'autre que quatre semaines plus tard.

Il paraît qu'à Vancouver on a coutume d'acheter des petites filles de cinq ou six ans pour les élever et les revendre ensuite à un prix plus élevé quand elles ont atteint l'âge de la puberté.

Les Chinooks de l'Amérique contractent mariage en se faisant des cadeaux réciproques, mais ils le dissolvent avec la plus grande facilité. L'adultère de la femme était puni de mort au temps passé; il ne l'est plus aujourd'hui.

Chez les Sahaptins de l'Orégon, maris et femmes peuvent se séparer à volonté. Dans beaucoup de tribus Selischs, le mari peut répudier sa femme, mais les enfants restent à la mère. Quand la femme meurt, le veuf épouse sa sœur, mais le mariage ne peut avoir lieu qu'un an ou deux après. Aucune cérémonie n'accompagne le mariage, mais les époux doivent écouter religieusement les discours et les admonitions sur leurs nouveaux devoirs que leur adressent les parents et les anciens.

Chez les Caraïbes, le mari apportait du pain et de la viande pour célébrer le mariage, et aussi le bois nécessaire à la construction d'une case que lui élevait son beau-père et dans laquelle il recevait sa femme des mains du *Piache;* mais elle n'était plus vierge. Le mari vivait dans la maison de son beau-père, il passait un mois avec chacune de ses femmes, qui par là devenaient entre elles plus que sœurs. Il devait éviter de se rencontrer avec les parents de sa femme. L'adultère était puni de mort ou de la peine du talion; parfois cependant on le pardonnait, mais jamais au séducteur. L'homme seul pouvait demander la séparation et les enfants retournaient à la femme.

Les Yukaras de l'Amérique du Nord tenaient le

mariage pour une institution très sérieuse; le divorce leur était inconnu.

Les Mexicains lapidaient la femme adultère; si le mari essayait de la soustraire à cette peine et la ramenait chez lui, il était sévèrement puni. En cas de divorce, on séparait les biens de la femme de ceux du mari; les fils demeuraient au père et les filles à la mère.

Un tribunal jugeait la femme adultère chez les Chibchas d'Amérique, et, la faute constatée, on rasait la coupable, parfois même on la tuait, à moins que quelque personne considérable ne se présentât pour la racheter.

Les femmes mariées, dans l'ancien Pérou, vivaient chez elles modestes et vertueuses; tout entières aux travaux domestiques, elles aidaient leur mari aux travaux des champs. L'adultère dans ce pays entraînait la peine de mort aussi bien pour la femme infidèle que pour le séducteur. On considérait comme très méprisable d'avoir des enfants hors du mariage, mais les bâtards étaient élevés dans un asile ouvert à cet effet par le gouvernement.

Les Tupi, au Brésil, ne connaissaient point de cérémonie nuptiale; mais, pour contracter mariage, le consentement des plus proches parents de la femme était nécessaire. L'adultère pouvait être puni de mort ou suivi de divorce.

Les sœurs du roi des Ashantées peuvent se séparer de leurs maris, qui doivent les suivre dans la tombe.

La reine Zinga, au Congo, avait un grand nombre de maris, mais il leur était permis de se remarier avec une autre femme, à condition cependant que les enfants nés de cette seconde union seraient tués.

Les femmes de sang royal, au Congo et à Loango, choisissent elles-mêmes leur mari et en changent à volonté. Si celui-ci est un homme déjà marié, il est tenu de divorcer pour satisfaire aux désirs de la princesse, mais après une répudiation il ne peut pas contracter un nouveau mariage.

Dans la baie de Corisco (Afrique), le mari peut répudier toute femme qui ne lui plaît plus.

Chez les Fantis, le fils hérite de toutes les femmes de son père, sauf de sa mère, mais il ne les doit pas toucher tant qu'une année ne s'est pas écoulée depuis la mort du père.

Cet usage règne chez les Patans, les Bambarros et au cap des Palems. Les M'Pongos doivent, par piété filiale, épouser toutes les femmes laissées par leur propre père.

L'infidélité commise par l'homme est punie dans le grand Bassam (Afrique), où le mari infidèle doit payer à sa femme une amende en poudre d'or. Si la femme est coupable, le séducteur devient l'esclave du mari, mais il peut racheter sa servitude. Dans d'autres pays d'Afrique, la femme

adultère et le séducteur tombent du même coup
en esclavage. Au Congo, pour réprimer le libertinage général, l'adultère est puni de mort. Chez
les Edeeyah, les adultères sont amputés d'une
main, et, en cas de récidive, chassés de la tribu.
Les Ashantees coupent le nez de la femme infidèle. Au Dahomey, entre gens de peu l'adultère
est puni (ou récompensé) par un échange de
femmes; entre gens riches, par une pénalité plus
forte. Au Winnebah, le séducteur doit payer le
prix de la femme (seize écus au maximum) et
l'épouser. Douville dit qu'il en est ainsi au Congo.

Dans quelques pays de l'Inde, le créancier a le
droit de demander en garantie la femme de son
débiteur et d'en user jusqu'à ce que la dette soit
payée. S'il demeure plus d'une année avec cette
femme, le compte est liquidé, et, s'il est né un
enfant pendant ce temps, le créancier se transforme en débiteur.

En d'autres pays d'Asie, le créancier peut vendre la fille de son débiteur.

Les lois de Manou permettent d'avoir un enfant
par procuration.

On lit au verset 59 du livre IX :

« Quand on n'a pas d'enfant, on peut obtenir
la descendance que l'on désire par l'union, dû-
ment autorisée, de sa femme avec son frère ou un
autre de ses parents. »

Les enfants sont alors considérés comme s'ils appartenaient au mari stérile, car il est dit au verset 145 du même livre IX :

« La semence et ses fruits appartiennent de droit au propriétaire du champ. »

Les Circassiens n'approchent leur femme que la nuit et ne peuvent s'en déclarer le mari qu'après la naissance d'un enfant. Les Turcomans visitent leur femme en secret pendant les six mois ou l'année qui suivent le mariage ; les Futas pendant trois ans. Les Hyoungthas ne touchent pas à leur femme pendant les sept premiers jours, et, pendant trois années, ils ne doivent pas avoir d'enfants. Les nouveau-nés sont réputés d'origine diabolique et tués par les Australiens.

Le divorce est pour eux une question très simple, qui se ramène au droit à la nourriture. Kolff raconte à ce sujet une anecdote curieuse concernant un Papou de la Nouvelle-Guinée. Il était parti à la pêche laissant à sa femme des vivres pour une semaine seulement, car il ne pensait pas rester plus longtemps hors de chez lui. Mais les vents contraires le retinrent au loin pendant deux mois. Sa pauvre femme, après avoir épuisé ses provisions, avait été obligée de demander à manger à un voisin dont elle s'était éprise peu à peu. Ils allèrent s'établir ensemble dans une île voisine, croyant le mari mort. Mais celui-ci revint tout à coup et demanda sa femme.

Ses frères l'aidèrent à retrouver les fugitifs, et
le mari exigea du ravisseur une indemnité
considérable et qu'il n'aurait pu payer en travaillant toute sa vie. Les anciens furent consultés et
décidèrent que le mari avait été très coupable en
laissant sa femme avec d'aussi minces provisions
de bouche; que s'il n'avait pas fait cela, elle n'aurait pas été infidèle; enfin ils jugèrent que le
ravisseur n'aurait à payer qu'une faible amende,
et engagèrent le mari à mieux pourvoir aux
besoins de la maison quand, une autre fois, il
partirait pour la pêche. Sentence digne de Salo-
mon!

Il n'y a pas de gens qui divorcent avec une
plus grande facilité que les Daïacks de Bornéo.

H. John dit avoir connu une foule d'hommes et
de femmes qui s'étaient bien mariés sept ou huit
fois avant de trouver un compagnon stable. Une
jeune fille de dix-sept ans avait eu déjà trois maris.
Souvent, pour justifier le divorce, il suffit que,
pendant la nuit, le mari ou la femme ait entendu
un oiseau de mauvais augure.

Et pourtant il est rare que maris et femmes se
séparent quand ils ont des enfants; s'ils le font, la
famille de la femme a le droit d'exiger une indemnité du mari inconstant. Il arrive de voir des
époux qui se séparent à la suite d'une querelle
quelconque, et qui, peu de temps après, ennuyés

de la séparation, font la paix et se réunissent de nouveau[1].

Une question qui se rattache à celle de la fidélité des époux dans le mariage est celle du *jus primæ noctis*, redevance obscène imposée par les seigneurs à leurs vassaux et grâce à laquelle le feudataire savourait la première étreinte de la mariée.

Karl Schmidt, dans un très intéressant travail, a essayé de démontrer que la croyance générale

1. Les lois des Grecs antiques punissaient de mort l'adultère. Mais la loi n'était presque jamais appliquée, les coupables étaient remis à la discrétion du mari, qui le plus souvent se contentait de les faire battre.

A Cumes, en Campanie, la femme adultère était exposée nue pendant de longues heures aux outrages de la foule, puis, montée sur un âne, on la promenait à travers la ville. Elle en demeurait à jamais déshonorée et on l'appelait ονε βατις, *celle qui a enfourché l'âne*. D'aucuns disent qu'en des temps peu reculés, dans le Latium et dans d'autres pays voisins, la femme adultère était livrée *à la lascivité* d'un âne. A Rome il fut un temps où la femme surprise en flagrant délit d'adultère était prostituée à tout venant, et l'on tirait au sort les places de ceux qui voulaient la prendre. Cet usage se serait perpétué jusqu'à la fin du cinquième siècle de l'ère chrétienne, suivant Socrate le scolastique. Le sénat et les empereurs romains poursuivirent avec la plus grande énergie la prostitution des femmes mariées et l'odieux proxénétisme des maris. Tous permirent l'exposition de l'enfant sur un bouclier abandonné au courant du fleuve quand le mari doutait de sa légitimité.

Chez les Gaulois et les Germains, « *severa illic matrimonia* », dit Tacite, et le mari était dispensé de recourir aux tribunaux, car il était à la fois juge et bourreau dans toutes les questions de fidélité conjugale.

Les peines contre les adultères étaient terribles chez les Visigoths, les Burgondes et les Francs.

à un *jus primæ noctis*, qu'auraient eu les seigneurs au moyen âge, ne serait qu'une superstition d'érudits et consisterait en un simple impôt sur la dot. Malgré l'immense érudition déployée par lui pour soutenir sa thèse, il n'a pu, selon moi, l'emporter sur l'opinion de tant d'écrivains autorisés.

Si chez beaucoup de peuples la peine de cueillir la virginité est plus grande que le plaisir d'être le premier maître d'amour de la femme, — ce qui fait qu'on abandonne facilement à un autre le soin de la déflorer, — il n'en est pas moins vrai que, pour beaucoup d'hommes, c'est un délice souverain, et que le privilège de posséder le premier une vierge est et sera un des désirs les plus vifs, une des joies les plus vives de ce monde.

Il est donc naturel, il est donc vrai que beaucoup de tyrans, que beaucoup de seigneurs se soient attribué comme un droit très précieux celui d'ouvrir pour la première fois le sanctuaire d'amour. Le même Schmidt a recueilli une foule de faits historiques qui confirment cette vérité, et ceux qu'il a appelés infamies des tyrans vont justement contre sa propre thèse. Héraclides Pontificus, 340 avant Jésus-Christ, raconte comment, dans des temps déjà anciens pour lui, dans l'île de Céphalonie, un tyran déflorait toutes les jeunes filles avant qu'elles prissent mari. Un certain Anténor délivra les jeunes filles de cet outrage en se déguisant en femme et en tuant le tyran avec une épée cachée sous ses vêtements. Pour cet acte héroïque on lui donna la couronne civique.

Le Talmud ordonne que la jeune fille, avant de se marier, accorde ses faveurs au Taphser.

On trouve beaucoup de faits semblables dans les livres arabes du neuvième au quatorzième siècle et qui se peuvent rattacher aux faits rapportés par Valère Maxime et Lactance.

Hérodote raconte que, chez les Adirmachides, les vierges qui voulaient se marier étaient présentées au roi, qui les déflorait s'il les trouvait à son goût.

Dans Barros, on lit que, dans l'île d'Isola, aux grandes Canaries, « les femmes ne pouvaient se marier si elles n'avaient été précédemment courtisées de quelque cavalier »; et dans Cadamosti, parlant de Ténériffe : « et ils n'épousaient point une femme vierge si elle n'avait d'abord passé une nuit avec leur seigneur, ce qui leur était tenu à grand honneur ».

Paul Violet a absolument raison quand il soutient que le *jus primæ noctis* du moyen âge était un reste de l'ancien esclavage. Il était naturel que l'esclave appartenant en tout au patron, dût aussi lui donner les prémices de son amour. Les objections de Schmidt ni sa dialectique ne valent rien à l'encontre. On ne trouve pas toujours dans les lois écrites une foule de choses qui s'imposent d'abord par la violence, puis deviennent des coutumes plus fortes qu'aucun code.

Comment, s'il en était autrement, expliquer les mots de *cullage* (culagium), de *jambage*, de *cuissage*, tribut *virginæ gambada*, *derecho de pernada* et d'autres semblables, si l'on n'admet pas d'abord un *jus primæ noctis* exercé positivement, puis racheté plus tard par une amende en argent.

Bien ingénue devient alors l'explication de Schmidt, qui traite cela d'expressions folâtres.

Il paraît pourtant que ce droit de *cullage* ne fut pas toujours très apprécié, puisque dans certains cas on se rachetait ici pour *cinq* sous, là pour *trois*.

Parfois le seigneur n'exerçait pas réellement le droit de déflorer la jeune épouse et ne s'en faisait pas payer l'équivalent en argent, mais se contentait de mettre une jambe dans le lit nuptial pour prouver qu'il aurait pu y mettre les deux. (Boerius, 1551. — Du Verdier, 1600. — René Choppin, 1600. — L'évêque Fléchier, de Nîmes, 1710.)

. Le *jus primæ noctis* est tellement naturel à la nature lascive, orgueilleuse et dominatrice de l'homme que nous le voyons non plus écrit, mais exercé dans la société où nous vivons. Combien de filles pauvres n'ont-elles pas vendu leur virginité en échange d'une dot plus ou moins généreuse, et combien de fois le mari n'a-t-il pas consenti à vendre le *jus primæ noctis* à qui lui procurait la richesse!

CHAPITRE XII

SITUATION DE LA FEMME DANS LE MARIAGE

Situation de la femme dans le mariage. — La femme chez les Zoulous. — En Australie et en Polynésie. — Chez les Malais. —
Aversion entre beaux-parents, gendres et brus.

Dans le précédent chapitre nous avons vu en
quelle estime diverse est tenue la fidélité dans le
pacte d'amour, et nous avons retracé ainsi la plus
grande partie de l'histoire de la moralité comparée du mariage. Il nous reste à apprendre quelle
place, dans les différentes races humaines, est as-
signée à la femme, dans la famille, au point de vue
de la hiérarchie et de l'autorité. Nous aurons aussi
à compléter la psychologie ethnique du mariage.

Je laisserai la parole aux faits. Scrupuleusement recueillis, exposés avec méthode, ils ont
toujours une valeur plus grande que celle des
théories les plus brillantes et les plus profondes.

Les Kabyles, qui considèrent la femme comme
une propriété, qui l'achètent et la vendent, tiennent cependant pour inviolable l'*anaïa* donnée
par une femme au nom de son mari.

L'*anaïa* est un mot dit ou écrit qui a le pouvoir de suspendre la lutte, et d'assurer sauvegarde, asile et protection au voyageur. Un Haï-Bouquncef, voulant traverser le pays des Haït-Menghellet, alla demander l'*anaïa* à un ami qu'il avait dans cette tribu. L'ami était absent; sa femme donna au voyageur, en signe d'*anaïa*, une chèvre suivant l'usage. A quelque temps de là, la chèvre revint seule et ensanglantée; on chercha le voyageur : il avait été assassiné. On prit les armes et on fit la guerre au village.

Masiko voulait acheter une chèvre à un indigène sur les bords du lac Nyanza et allait conclure le marché quand survint la femme du vendeur : « Vous n'êtes donc pas mon mari? dit-elle, Vendre une chèvre sans consulter votre femme! Me faire une pareille injure! Mais qui êtes-vous donc? » Masiko insistait : « Laissez-la dire, et terminons. » Mais le mari répondit : « Non, je soulèverais trop de rancunes contre moi. » Et le marché en resta là.

Chez les Balondas, la femme possède la même autorité. Livingstone vit chez eux une femme qui défendait à son mari de vendre un poulet, et cela pour montrer qu'elle était bien la maîtresse.

Les femmes, à Loango, ne peuvent parler à leur mari que dans le gynécée. Aussi nulle part, chez les nègres, la femme ne prend part à la société ou aux divertissements des hommes et ne peut manger en même temps qu'eux.

Chez les Mandingues, la femme maltraitée peut en appeler contre son propre mari. A Soulimène on peut dissoudre le mariage à condition de restituer le prix de la femme.

Le mari, chez les Damaras (sud-ouest de l'Afrique sous le 20e degré de latitude sud), a beaucoup moins d'autorité que dans d'autres pays d'Afrique. Il peut battre sa femme et la bat volontiers et souvent, mais elle peut fuir et se mettre sous la protection d'un autre homme qui la traite mieux. Galton, qui a écrit un bon livre sur les Damaras, dit que les femmes ont peu d'amour pour leur mari et leurs enfants, et qu'il est souvent difficile de dire à qui appartient une femme.

Les femmes ne coûtent rien au mari, elles se procurent elles-mêmes leur nourriture, mais lui ne peut se passer d'elles, car elles font la cuisine, servent de bêtes de somme et tiennent la case en état de propreté.

Chaque femme possède une cabane qu'elle se construit elle-même; la polygamie est à la mode, mais les femmes sont peu nombreuses; il y en a toujours une qui a le pas sur les autres et dont le fils ait un droit d'aînesse.

Chez les Ovambos ou Ovampos, la polygamie est admise et les femmes s'achètent. Le roi seul ne paye pas. Il a une femme principale. L'aîné de

ses enfants est l'héritier du trône, mais s'il n'y a
a pas de garçons le trône échet à une fille[1].

Chez les Makololos (Afrique centrale), les femmes ont une des meilleures positions possibles et
s'en remettent sur les maris des plus grosses fatigues. Pourtant elles doivent elles-mêmes construire leur case, surveiller les affaires domestiques, mais ayant beaucoup d'esclaves, elles ont
en réalité très peu de fatigue. Pour cette raison
elles conservent longtemps leur beauté. Pourtant
elles passent leur temps à fumer paresseusement
et à boire de la bière, ce dont leur santé souffre
souvent. On achète sa femme, mais elle se considère toujours comme la propriété de la famille
d'où elle vient. Enfin, quand un Makololo perd
sa femme, il doit envoyer deux bœufs à la
famille pour l'indemniser de la perte qu'elle a
faite.

La polygamie est générale; mais elle est considérée comme une bénédiction par les femmes
elles-mêmes, qui se partagent les travaux, et qui
se révolteraient contre l'introduction de la monogamie. Disons aussi que la polygamie est nécessaire à l'exercice de l'hospitalité, qui est un de
leurs premiers devoirs et de leurs plaisirs.

Un jour une Makololo, voyant Livingstone observer le thermomètre et prendre des notes, après

1. Cf. p. 191.

avoir en vain essayé de deviner ce qu'il faisait, se mit à rire en disant : « Pauvre petit, il joue comme un enfant! »

Les Banyais, qui vivent sur la côte méridionale du Zambèze, environ à 16 degrés de latitude sud, 30 degrés de longitude nord, regardent la femme comme égale, et, sous certains rapports, comme supérieure à l'homme.

La femme ne s'achète pas et le mari entre au service de son beau-père où il travaille comme un esclave. S'il veut s'en aller, il doit laisser sa femme et ses enfants, à moins de payer une grosse somme. Personne ne fait jamais la plus mince affaire sans consulter sa femme, tandis que les femmes vont seule aux marchés pour y vendre ou acheter.

Les femmes des Karagues (lat. 3 degrés sud, long. 31 degrés est) ne travaillent point. Leur occupation presque unique est d'engraisser. Pour cela elles boivent d'énormes quantités de lait et mangent sans cesse des bananes. Elles savent ainsi procurer à leur mari le plus grand bonheur possible.

Rumaniko avait cinq femmes; trois d'entre elles ne pouvaient pas passer par la porte commune et, quand elles voyageaient, elles devaient être portées par deux esclaves.

Le capitaine Specke mesura une de ces femmes, et trouva les proportions suivantes :

Circonférence maxima du bras.	1,11 pieds.
— de la poitrine . .	4,4
— des cuisses. . . .	2,7
— de la jambe. . .	1,8
hauteur.	3

Les femmes du Wanyou s'engraissent avant le mariage, presque au point de ne plus pouvoir bouger; mais il est singulier qu'on engraisse la sœur du roi qui ne peut se marier.

Chez les Wagandas, qui vivent à l'ouest du Victoria-Nyanza, les femmes sont cruellement battues et le mari a un fouet, tressé spécialement à cet effet, de lanières de cuir d'hippopotame. Le roi bat ses femmes plus qu'aucun autre, et quelquefois, par plaisir, en tue deux ou trois en un jour. Cependant quiconque a offensé le roi et veut se faire pardonner, porte devant sa case quelque belle jeune fille. Si le roi la trouve à son goût, il la prend sur ses genoux et la faute est pardonnée. Il arrive souvent le matin qu'on présente au roi vingt ou trente jeunes filles, qu'il accepte en payement des amendes et transforme, suivant le cas, en femmes ou en esclaves.

Les femmes mandingues sont placées sur le même pied que l'homme; pourtant la famille est polygame. Quand elles ont été menacées de divorce à cause de leur excessive prétention à dominer, elles demandent l'aide de leurs amies qui se rendent en masse à la case du mari, réclamant

justice pour la femme qui, bien entendu, doit toujours avoir raison.

Chez les Hottentots Nama Quas, maris et femmes
se disputent à tout moment. La femme vomit tout
son riche dictionnaire de blasphèmes et d'injures,
et l'homme, moins éloquent, se contente d'y ré-
pondre par des coups. Peu d'instants après vous
voyez l'homme et la femme se sourire et se caresser.

On peut affirmer, bien qu'elle soit placée au
degré le plus bas de l'échelle de la famille humaine, que le sort de la femme namaque n'est pas
des pires, puisque l'homme assume la part la
plus lourde du combat de la vie. Il est vrai pourtant que l'esclavage existant chez eux, les femmes
peuvent facilement reporter la plus grande partie
de leur travail sur les épaules de leurs esclaves,
qui sont pour la plupart Damaras ou Boschi-
mans.

Les Cafres imposent à leurs femmes les fatigues
les plus dures et ne gardent pour eux-mêmes que
les occupations agréables. Ils ne croient point
faire mal et disent franchement qu'ils achètent
leurs femmes comme des bœufs et les prennent
seulement pour les faire travailler. Un missionnaire anglais qui s'efforçait de faire honte à un
Cafre à ce propos, en lui citant en exemple la
manière dont les Européens traitent leurs femmes,
reçut cette réponse : « Nous achetons nos femmes

et vous non, donc il n'y a pas de comparaison possible. »

Dans le droit cafre, la femme est une propriété du mari, un objet légitimement acheté, et il en peut disposer à sa guise. Aussi, quand il la tue, personne n'a le droit d'intervenir. Toutefois la femme zoulou acquiert souvent une grande influence politique, quand à l'expérience donnée par les années elle joint la bonne fortune d'être mère ou proche parente d'un prince mineur. Quelques femmes ont le titre de reine et figurent dans l'histoire cafre.

S'il est rare qu'un Zoulou tue sa femme ou la maltraite, c'est qu'il serait pour ce fait puni d'une amende (izigs); s'il s'en sépare rarement, c'est parce que son beau-père ferait de grandes difficultés pour restituer la dot. La première, l'unique pensée d'un mari cafre est de faire travailler beaucoup sa femme et d'en avoir beaucoup d'enfants, pour se rembourser de la somme dépensée pour l'acheter.

Les Wanyoros font travailler durement leurs femmes et les battent si elles sortent le soir de leur enclos. Ils punissent l'infidélité d'une forte amende imposée au séducteur et l'ablation du pied ou de la main de la femme adultère. Parfois on la tue.

L'agriculture, qui est une lourde tâche, est confiée aux femmes chez les Mandingues, les

Krus, les nègres du Congo et de Loango, dans presque tout le Baghirmi, chez les Indiens Mosquitos, chez les Batta et beaucoup d'autres peuples malais.

Les femmes patagones travaillent beaucoup, mais ne sont pas maltraitées. Au contraire le mari juge de son devoir de défendre sa femme en quelque dispute que ce soit, et quand il la bat, c'est entre quatre murs; en public, il la traite toujours bien.

Chez beaucoup de peuples l'infériorité de la femme est consacrée par l'usage, qui ne lui permet pas de manger en même temps que les hommes, mais seulement après eux ; on le trouve principalement en Afrique et dans l'Inde. Beaucoup d'autres défenses sont faites aux femmes, entre autres celle de monter à cheval (chez les Dakotas), de manger certains mets ou de boire certaines boissons.

En Australie, le mari bat, tue sa femme avec la plus grande indifférence et sans que personne pense à le désapprouver ou à le punir. Wood raconte qu'un Australien au service d'un Anglais ayant tué une de ses femmes, fut très sévèrement admonesté par son patron, qui le chassa pour ce crime ; il lui répondit en riant : « Les blancs n'ont qu'une femme, ils ne doivent pas la tuer; mais nous qui en avons deux...! »

Les Australiens ne tiennent aucun compte de

leur femme, ne lui confient aucun secret, et se
blessent quand l'un de nous lui offre un aliment
ou une boisson. M. Gillivray parle d'une véritable
émeute qui advint parce que les Anglais avaient
chargé une femme de distribuer du biscuit aux
hommes d'une tribu.

Les femmes de la Nouvelle-Zélande travaillent
beaucoup, cultivent la terre, portent les fardeaux
les plus lourds, mais ne sont jamais maltraitées
par leurs maris, qui leur demandent souvent conseil. Elles prennent une part très active aux affaires politiques de leur propre pays.

A Tonga, la femme est très estimée et n'est
pas contrainte à un travail pénible. Et peut-être en
est-il ainsi parce qu'elle est belle, qu'elle a les
mains et les pieds petits, qu'elle est délicate de
formes. La femme de Tonga ne perd pas sa propre
noblesse; se marie-t-elle avec un homme plé-
béien? ses fils sont nobles. Le mari avant le repas baise les pieds de sa femme et de ses enfants, si sa femme est d'un rang supérieur au
sien.

Au contraire la femme plébéienne n'acquiert
pas la noblesse en épousant un noble, et elle baise
les pieds de son mari et de ses enfants avant de
prendre sa nourriture.

En revanche, à Taïti, l'homme bat sa femme
avec autant d'indifférence qu'un chien ou un
porc. Certains mets qui plaisent beaucoup aux

hommes, comme la tortue, la banane et quelques espèces de poissons, sont interdits aux femmes ; elles doivent manger à l'écart des hommes.

Aux îles Sandwich, les femmes mènent une vie agréable et sans grande fatigue ; cela tient peut-être plus à la fécondité de la terre qu'à la bonté de leurs compagnons.

Les femmes daïacks partagent avec leur mari les travaux du ménage ; mais elles ne sont pas esclaves et elles exercent leur part d'influence dans le gouvernement de la famille.

Dans beaucoup d'îles polynésiennes les femmes portent les fardeaux les plus lourds et les hommes les suivent, s'abritant sous une ombrelle des ardeurs du soleil. (Wyàt Gill.)

La femme des îles Mariannes est juridiquement placée au-dessus de l'homme. Si celui-ci ne possède pas une fortune suffisante pour entretenir sa femme, il doit la servir ; même quand il y a égalité de fortuné entre les deux époux, c'est la femme qui commande ; son assentiment est nécessaire dans les moindres conjonctures ; tous les enfants de la femme sont légitimes et toute parenté s'établit en ligne féminine. Le mari meurt-il ? la fortune de la famille reste tout entière à la veuve ; au contraire, à la mort de la femme ses enfants et ses parents en héritent, mais jamais son mari. Une veuve sans enfants reçoit de tous les parents de son mari un don, appelé *héritage*, qu'elle peut refuser, si elle désire demeurer dans leur famille.

On tient également la femme en très haute estime aux îles Carolines.

Les Micronésiens en général ne traitent pas mal leurs femmes ; mais à Tukopia elles travaillent plus que les hommes. De même on traite bien les femmes dans quelques îles de la Polynésie.

Aux îles Hawaï les femmes mangent à part et il leur est interdit de toucher aux mets délicats, la noix de coco, la viande de porc et de tortue.

Chez les Malais, la fidélité entre époux est la règle générale. La femme prépare la nourriture, l'homme fait le commerce et cultive la terre.

Usage très étrange : les Malais de Pontianak, quand une femme tombe à l'eau, mettent à mort celui qui la sauve s'il n'est pas son parent.

Chez les Orang-Benuas la femme commande dans la famille ; le mari n'a pas le droit de la battre, et s'il a quelque motif de plainte contre elle, il doit en référer à ses parents.

Les femmes des Battas de Sumatra ne sont pas mal traitées, mais elles ont la charge de tous les travaux de la famille. Le plus souvent l'homme ne fait que fumer et bercer ses poupons.

Strauch a vu les indigènes de la Nouvelle-Guinée (golfe de Mac-Cluer) porter à leur femme, probablement pour les en parer, les objets qu'on leur offrait à titre d'échange. Les femmes demeuraient dans les cases autant que possible et les Paposas n'approchaient les étrangers qu'avec la plus grande circonspection.

Les Munda-Kolhs du Chota Nagpore possèdent quelques chansons populaires dans lesquelles sont décrits les rapports de l'homme et de la femme. Les femmes disent : « Singbonga, dès le principe, nous a faites plus petites que vous, c'est pourquoi nous vous obéissons. S'il en a été ainsi, c'est vous qui nous avez imposé une somme de travail égale à la vôtre. A vous, Dieu a donné les deux mains, il ne nous en a donné qu'une, c'est pourquoi nous ne travaillons pas. »

Et les hommes répondent : « De même que Dieu nous a donné deux mains, de même il nous a faits plus grands que vous. Est-ce par hasard? Non. Il nous a partagés en grands et petits. Si donc, vous n'obéissez pas à la parole de l'homme, vous désobéissez à celle de Dieu, qui nous a faits plus grands que vous[1]. »

Quoique les habitants du Dardistan soient d'une cruauté féroce, on trouve chez eux des sentiments délicats; ils ont de grands égards pour les femmes. Quand il envoyait chaque année à Kashmir un tribut volontaire, plutôt pour éviter d'en subir un plus lourd que comme signe de soumis-

1. Sagen, *Sitten und Gebrauche der Munda Kolh in Chota Nagpor vom Missionar*. Th. Jellinghaus, *Zeitschrift für Ethnol.*, 1871, Heft V, p. 331.

sion, Chilas était gouverné par un conseil d'anciens auquel les femmes étaient admises.

Dans tout le Dardistan, mais particulièrement à Astor, le fait de boire du lait froid avec une femme formait un lien de parenté, une quasi-fraternité. Deux hommes agissant de même se juraient une foi éternelle.

En Virginie, les chefs possédaient une foule de femmes, dont une permanente, immuable, la première; les autres ne devenaient telles qu'après avoir vécu avec lui pendant plus d'une année.

Chez les Muskogus, le mariage durait ordinairement une année; si des enfants en naissaient, le mariage se renouvelait pour une autre année.

De même les Extèques dissolvaient le mariage après un an, mais les deux conjoints ne pouvaient se remarier que pendant les fêtes des moissons, comme pénitence de leur péché d'inconstance.

Au contraire, chez les Séminoles, la séparation n'était prononcée qu'après procès et jugement public, et presque toujours le mari seul put obtenir le divorce.

Dans un petit nombre de tribus nord-américaines, la femme ne peut demander la séparation. Pour l'obtenir, la simple antipathie, qui passe pour un châtiment des esprits, suffit.

Après la séparation, la femme conserve sa maison, ses enfants, et cherche à se remarier. Si

les enfants sont nombreux, la séparation s'obtient
rarement et non sans difficultés.

La stérilité est considérée par de nombreuses
tribus comme un signe d'infidélité et de manœu-
vres abortives; pour d'autres, c'est un malheur,
qui a pour conséquence la répudiation de la
femme.

On provoque très souvent l'avortement de la
femme mariée et celui de la femme libre; il n'a
jamais lieu quand elles n'élèvent que trois ou
quatre enfants.

On trouve des usages analogues chez beaucoup
de peuplades de l'Afrique centrale.

Le contrat nuptial n'est presque jamais conclu
pour toute la vie. Chez les Hurons, il l'était pour
quelques jours seulement. De même, dans d'autres tribus, le mariage n'est célébré qu'après
quelques mois ou un an d'épreuve.

Nous ne pouvons quitter le chapitre de la situation de la femme dans le mariage, sans étudier
quelques coutumes singulières qui tendent à
mettre un abîme entre la belle-mère et le gendre,
entre la bru et le beau-père.

Le gendre manifeste pour sa belle-mère une
horreur profonde, ou du moins lui témoigne un
respect plein de terreur chez les Arovaques, les
Floridiens, les Caraïbes, les Omahas, les Sioux, les
Crees, les Australiens, les Fidjiens, les Daïaks et
les Banyais. La bru fuit son beau-père chez les

Mongols, les Kalmoucks, les Yakouts, les Barca, les Basutos, les Hindous, les Chinois. Clavigero raconte que chez les Cocimies de Californie, la belle-mère ne peut pas voir sa bru. L'autre belle-mère et ses sœurs, depuis les fiançailles jusqu'à leur mort, ne peuvent pas voir le gendre. Ils doivent s'éviter, se fuir sans cesse ; s'ils ont à communiquer, le faire par un intermédiaire ; s'ils se trouvent en présence, parler un autre dialecte, ce qui s'appelle *retourner la langue*. La belle-mère peut approuver ce que dit son gendre, mais en battant des mains sans parler. Le gendre ne nomme jamais sa belle-mère, et s'il doit parler de quelque chose qui la concerne, il doit « retourner la langue ».

L'horreur de la bru pour son beau-père, du gendre pour sa belle-mère est encore plus marquée chez les Zoulous que chez d'autres peuples. Elle est telle qu'ils doivent inventer un mot nouveau pour désigner une personne qui a le malheur de posséder dans son nom une seule syllabe appartenant au nom de son beau-père ou de sa belle-mère. Le mariage entre consanguins est un grand crime toujours puni de mort. La parenté collatérale n'est pas un empêchement au mariage, et ainsi l'on peut épouser en même temps les deux sœurs.

Chez les Kausars et les Osoyrs, quand la fille aînée se marie, ses sœurs et sa mère entrent au

service du père de son mari, et les sœurs deviennent les femmes secondaires de l'époux. C'est le
contraire chez les Todos.

Le Cafre, une fois marié, ne peut voir sa belle-
mère, ni causer avec elle. A-t-il besoin de lui
parler, il doit le faire à grande distance, et si
ce qu'il a à dire ne peut être jeté aux quatre
vents, les deux interlocuteurs se placent des
deux côtés d'un mur ou d'une haie. Si par hasard la belle-mère et le gendre se rencontrent
dans un étroit sentier, ils doivent s'éviter avec
un soin extrême. Par exemple, la femme court
se cacher dans un taillis ou derrière un arbre,
et le jeune homme se masque la figure avec son
bouclier.

Gendres et beaux-pères ne peuvent jamais prononcer le nom l'un de l'autre, et comme, chez
les Cafres, les noms de personnes désignent le
plus souvent des qualités physiques ou morales, ou
des objets quelconques, l'embarras devient extrême. On y remédie par des périphrases.

Un gendre dont la belle-mère s'appelle *vache*,
quand il veut parler de cet animal, dit la *bête
qui porte des cornes*, et une belle-mère qui a la
disgrâce de posséder un gendre appelé *case*, doit
toujours, en parlant de sa maison, dire : *demeure,
habitation*. Imaginez quels efforts de mémoire
sont imposés à un roi qui a une centaine de
beaux-pères ! La femme cafre ne doit jamais non

plus prononcer le nom de son mari et de son beau-père.

Le beau-père ne peut point entrer dans la case où se trouve la femme d'un de ses fils. S'il y est forcé, il doit se faire annoncer, de façon que la femme puisse se retirer. S'il entre avant de savoir qu'elle est partie, il la déshonore.

Toutes ces restrictions rendent la vie très incommode, aussi les Cafres ont-ils trouvé des accommodements avec le ciel. Le beau-père, par exemple, gratifie sa bru d'un bœuf, et la voilà dispensée de toute fuite.

Cet usage s'appelle *uku-hlonipa*. Cette aversion imposée du gendre pour la belle-mère, et réciproquement, a pris un très grand développement dans l'humanité.

Chez les Indiens Pennes, les beaux-parents, pendant un an, ne peuvent pas regarder les jeunes époux. (Uhde.)

Il est défendu aux indigènes de Californie de regarder leur belle-mère en face pendant un certain 'emps après leur mariage. (Baegert.)

A peine le Peulhes a-t-il endossé ses habits de noces qu'il ne doit plus voir sa belle-mère. (Mollien.)

On trouve le même usage chez les Mondanes, les Arovanhes et les Caraïbes. Dans beaucoup de tribus brésiliennes, gendre et beau-père détournent la tête en se parlant.

Les Dakotas, les Omahas et d'autres peuplades conservent également l'horreur réciproque du gendre et du beau-père. Pour parler entre eux, ils se couvrent la tête afin de ne se pas voir, habitent des parties différentes de la maison et ne prononcent pas leurs noms. Cela, nous l'avons vu, est également l'usage de plusieurs peuples d'Afrique.

En Australie, les indigènes de Vottras doivent également éviter la vue de leur gendre.

Suivant Dubois, dans quelques parties de l'Inde la bru ne peut pas parler à sa belle-mère, et Duhalde affirme qu'en Chine le beau-père ne doit pas voir sa bru. On trouve la même coutume chez les Kirghiz, les Ossites et les Géorgiens.

Aussitôt le mariage accompli, en Araucanie, la belle-mère doit feindre une grande colère contre le gendre qui lui a volé sa fille, et à la première visite que lui fait la nouvelle famille, elle doit bouder ses enfants et leur tourner le dos. Puis, comme il faut concilier cette comédie et les devoirs de l'hospitalité, elle dit à sa fille : « Ma fille, demande à ton mari s'il a faim ». Enfin, après bien des discours, il se joint à un repas, dans lequel la belle-mère, malgré sa feinte colère, déploie toute son habileté culinaire. Toutefois, pendant une année entière, le gendre ne parle à sa belle-mère qu'à travers une muraille ou bien en lui tournant le dos.

Külicher explique cet usage par l'exogamie qui a laissé, comme en souvenir des antiques rapts de jeunes filles, la haine entre les deux familles des époux. Sans repousser absolument cette explication, je crois que cette coutume peut trouver une explication plus naturelle dans la jalousie.

CHAPITRE XIII

LES RITES ET LES FÊTES DU MARIAGE

Analyses des rites nuptiaux. — Leur évolution. — Revue ethnique
générale. — La religion dans les noces. — Hommes et fleurs.
— Les préjugés nuptiaux. — Mariages par procuration. —
Noces comiques.

Les rites nuptiaux sont tels et si nombreux
que, pour les décrire tous, un volume ne suffirait
pas ; il faudrait une encyclopédie entière. Tantôt si
simples qu'ils se réduisent à rien, ils sont d'autres fois si compliqués que les connaître et les
exécuter dans les formes précises exige une
science spéciale.

Je n'esquisserai que quelques-uns de ces rites,
pris en divers points du monde, et par eux nous
pourrons nous faire une idée de tous les autres.
Cérémonies, fêtes, processions, chants, danses,
contrats jurés et contrats écrits, sang et luxure,
orgie et symboles s'enchevêtrent des façons les
plus diverses pour saluer ou consacrer l'union
de l'homme et de la femme ; mais tous ces éléments divers, soumis à l'analyse scientifique, se
réduisent à trois groupes distincts.

17

1º Expressions de joie pour fêter l'amour.

2º Serment de fidélité, afin de consolider l'union.

3º Intervention de la religion pour donner une plus grande solennité au mariage ou lui imprimer un caractère sacré ou bien encore accroître l'autorité et l'influence du sacerdoce, qui aspire à intervenir dans tout acte important de la vie humaine.

Ces trois éléments sont souvent associés et marquent trois besoins différents ou, si vous le voulez, trois moments distincts de l'évolution de la pensée. Tout d'abord, l'émotion automatique de la joie qui répond à la joie, du chant ou de la danse qui répond au chant rythmique, de l'ivresse des parents et des amis, qui mêlent leur enthousiasme à celui de l'homme qui pour la première fois fait sienne une femme. Puis le besoin de surnaturel, qui porte la joie d'aujourd'hui en un monde invisible et impalpable, toujours au delà des monts, dans un monde divin qui change le nom des choses humaines dont il n'est pourtant qu'un superlatif ; et le prêtre qui se fait le ministre de ces besoins psychiques et spécule sur eux à son avantage.

Enfin, la société civile qui déclare que la fête n'est pas nécessaire, que le rite est inutile, et qui se contente d'écrire sur un livre de pactes jurés l'union d'un mâle et d'une femelle résolus à fonder une famille.

D'abord aucun rite, puis une fête joyeuse, un rite qui idéalise, un notaire qui dresse un contrat. Voici les trois formes fondamentales de tous les rites nuptiaux ; d'abord la poésie et puis la prose ; d'abord l'apparat des formes les plus bizarres, puis l'esprit cruel et sévère de la science qui effeuille les fleurs, effiloche l'étoffe et ne laisse sur pied que le squelette plus simple de l'ourdissage. C'est une succession de formes qui se répète aussi plus d'une fois dans les autres champs de la pensée et du sentiment humain. C'est le style simple de la Bible, qui devient la période laborieuse du peuple latin ou confuse de l'allemand, et qui, à travers cent évolutions, reparaît dans la forme biblique de Victor Hugo : c'est l'athéisme de certains sauvages qui à travers l'Olympe brahmanique aux mille dieux retombe dans l'athéisme du philosophe moderne. C'est, en somme, l'homme nu, qui peu à peu se revêt de cent étoffes, s'orne de mille riens et puis déchire étoffes et bagatelles et pense à l'antique feuille de figuier comme à la meilleure forme du vêtement humain.

Voici, si je ne me trompe, la psychologie comparée de tous les rites nuptiaux, dans lesquels plus tard, comme cela est naturel, tous les peuples et toutes les époques apportent le tribu de leurs goûts, de leurs propres coutumes, de leurs propres religions, de leurs propres institutions civiles.

Külischer a tenté de démontrer que dans les temps préhistoriques le mariage, ou ce qui le représentait, devait se faire au printemps et à l'époque de la récolte des céréales, déduisant cela des usages encore répandus de célébrer de préférence les pactes d'amour dans ces deux saisons de l'année, Il est certain que les hommes de la pierre auront senti comme nous les aiguillons de l'amour plus aigus au printemps ou en été, que, comme nous, ils auront joui du privilège humain d'aimer sous tous les climats et en toute saison de l'année[1].

Les Yumas de la Californie, qui sont polygames, n'ont aucune cérémonie nuptiale.

Une des premières formes du mariage, et des plus sublimes, est celle de la *Confarreatio* des anciens Romains. Les deux époux, dans la cérémonie nuptiale, se partageaient un pain de froment, *panis farreus*, et le mangeaient ensemble en signe de leur union.

A Tahïti, le mariage est d'une grande simplicité. L'époux apporte un cadeau à sa fiancée, un autre à ses parents, et l'union est conclue. Cependant ce don est essentiel et les pauvres ne peuvent prendre femme. Le cadeau accepté, le jeune

---

1. Külischer, *Die geschlechtliche Zuchtuahl vei den Meschen in der Urzeit. Zeit. für Ethn.*, Berlin, 1876, B. VIII, p. 149. Sur l'influence des saisons sur l'amour, voir Mantegazza, *Hygiène de l'amour.*

homme est admis à partager, la nuit même, la couche de l'épouse, et au matin suivant un banquet nuptial est donné.

Dans la haute aristocratie le mariage se célèbre par des fêtes et des danses. Il existe aussi un rite spécial. Les époux se placent sur un tapis, et les femmes, parentes de l'épouse, se blessant avec une dent de requin, recueillent sur un chiffon leur sang qu'elles déposent aux pieds de la mariée. Les époux sont enveloppés d'un drap et le mariage est consacré. Le drap qui les a recouverts est considéré comme sacré; le roi ou les Arcois en ont la garde.

Les filles du prince de Tonga sont gardées soigneusement avant et après le mariage, afin que leur chasteté ne coure aucun risque.

A Nouka-Hiva tout rite nuptial fait défaut, et l'on peut dire que le mariage n'est consacré que par une longue cohabitation. A Hawaï, le marié en présence des parents jetait à la mariée un morceau d'étoffe, et le mariage était conclu, puis célébré par une fête publique.

De même les Yurakares de l'Amérique du Sud n'ont aucune fête nuptiale. Le mariage est traité entre les parents comme une affaire quelconque. Il y a un parrain et une marraine: on boit de la « chicha », puis la marraine jette l'épouse sur le sol tandis que le parrain pousse l'époux sur elle. Cet acte suffisamment obscène n'est pourtant que symbolique.

Dans la Nouvelle-Zélande, le mariage s'accomplit, pour ainsi dire, sans aucune cérémonie et paraît consister en l'entrée de la jeune fille dans la maison de l'époux. Quelquefois cependant le prêtre est appelé à bénir cette union. Le consentement du frère est important, surtout quand les parents de la jeune fille sont morts.

A remarquer, la demande que le prêtre adressait à Tahiti aux époux riches : « Voulez-vous rester fidèles l'un à l'autre ? »

Aux îles Carolines, le mariage s'accomplit sans aucune fête. Aux Mariannes, au contraire, il est célébré par une fête nuptiale solennelle, dans laquelle l'époux doit faire montre de son agilité.

Nous avons déjà parlé des noces des Lapons[1].

D'autres usages encore rappellent des traditions lointaines.

Dans le Fanèse, la belle-mère présente à l'épouse une marmite pleine de cendres et de mauvaises herbes. Celle-ci la jette à terre, et plus petits en sont les morceaux, meilleur sera le mariage, heureux et plus fécond.

En général, dans toute l'Italie, il est de bon augure que quelque chose se brise un jour de noces.

Dans quelques contrées de l'Allemagne, la veille des noces, les garçons brisent toutes les

1. Vol. I, ch. viii, p. 245.

vieilles poteries de la maison en poussant des cris de joie. A Gallarate et Turbigo, en Lombardie, le voisin le plus hardi entre en cachette dans la pièce où la compagnie nuptiale festoie, et jette parmi elle une écuelle, qui se brise en mille pièces, tandis que dans la rue les garçons poussent de bruyants vivats en l'honneur de l'épouse.

A Civita de Penna, quand les époux sortent de l'église, un homme se présente à eux portant sur la tête un grand panier plein de bonbons et de noisettes enfilées et au milieu du panier un beau luminaire.

C'est un souvenir des torches qui figuraient dans les pompes nuptiales à Rome et en Grèce et symbolisaient le feu domestique et le feu générateur.

Le *feu* rappelle encore la torche nuptiale.

Dans la Prusse occidentale, on présente aux époux du pain et du sel, qu'ils doivent toucher des lèvres. Le sel signifie consentement, le pain, richesse. On cache aussi le pain et le sel dans le bahut de la mariée sans qu'elle le sache[1].

Dans l'Ermland (Prusse), au repas de noces, les époux sont assis à l'un des coins de la table, à angle droit; ils mangent dans la même assiette. A côté de la mariée est assis le prêtre, à côté du marié, l'organiste. Le coin de la table où sont

1. Treichel, *Op. cit.*, p. 109.

assis les mariés se nomme *Brantwinkel*, et l'on suspend au-dessus une couronne de branches de pin, ornée de pommes et de noix, symbole de fécondité, c'est de l'arbre de vie[1].

Si nous passons aux antipodes, nous trouvons les Fuégiens, qui paraissent n'avoir aucune fête nuptiale. Après la première nuit, le mari, s'il veut être estimé et continuer à manger la chair du lama et du phoque, doit se plonger dans les eaux glacées de la mer voisine et y prendre un bain. Après une nuit d'amour, ce bain peut coûter la vie ou causer une grave maladie, mais il paraît avoir un but de sélection sexuelle semblable aux bains de Sparte.

Dans quelques îles de la Polynésie, l'époux va de sa cabane à celle de l'épouse sur un chemin pavé d'hommes couchés à terre sur le ventre. Si les parents et les amis ne suffisent pas, ils se recouchent au fur et à mesure les uns devant les autres. Arrivé à la maison, l'époux trouve un siège vivant formé de trois femmes couchées.

---

1. Treichel, *op. cit.*, p. 111. — Sur les innombrables rites nuptiaux, voir de Gubernatis, *Storia comparata negli usi nuziali in Italia e presso gli altri popoli in Europei*, Milano, 1869 ; Ioh. Heim. Pischer, *Beschreibung des Heiraths und Hochzeitz. Gebrauche fast aller Nationen*, Wien, 1801 ; Ida v. Dürmgsfeld und Otto Frhr., v. Reimberg-Düringsfeld, Leipzig, 1871 ; William Tegg, *The Knot Tied. Marriage cerimonics of all nations*, 2ᵉ éd., London, 1878.

Les parents du mari recommencent ensuite leur manège sur le passage de la mariée.

Aux iles Andaman, les Negritos aiment en toute liberté depuis l'âge de neuf ans, sans qu'il y ait besoin de rites ou de noces ; mais quelquefois la sympathie devient un amour sérieux et alors le mariage a lieu.

C'est le soir : une belle flambée est allumée, et à quelque distance on étend une natte ; les hommes, tatoués comme pour une fête, armés d'arcs et de flèches, se tiennent autour du feu, tandis que les femmes dansent en chantant. Alors quelques hommes mariés quittent la fête, et vont chercher l'épouse, qui se tient cachée. Elle résiste, mais elle est prise, traînée sur la natte où elle est étendue, les jambes écartées. Les mêmes hommes vont ensuite chercher l'époux, qui de même feint de résister, puis se laisse enlever et déposer étendu sur le ventre de sorte que son flanc gauche touche la poitrine de sa femme; il l'embrasse et, pendant une demi-heure, il doit pleurer et sangloter, tandis que les femmes dansent autour de ce groupe singulier. Pendant cette nuit-là et les suivantes, les mariés sont séparés et ce n'est qu'au cours de la troisième nuit que les vœux de la nature s'accomplissent.

Chez les Australiens du district occidental de Victoria. Une fois le jour du mariage fixé, les invitations sont envoyées aux parents et aux amis,

et l'on commence à rassembler des vivres de
toute sorte : des œufs d'ému et de cygne, de
l'*opossum*, du kangourou et des gibiers divers.

Au coucher du soleil les amis et les parents des
fiancés, au nombre de deux cents peut-être, s'assoient en face les uns des autres dans un cercle
d'arcs et de flèches, au milieu duquel un feu est
allumé. La mariée est introduite par une dame
d'honneur et s'assied en face des invités. Ses
cheveux tressés sont tenus par un ruban d'écorce
teint en rouge. Sur le front elle porte une touffe
de plumes rouges. Au-dessus et au-dessous des
yeux elle a peint une raie brune, et plus bas des
raies rouges. Autour des reins elle a le jupon habituel de plumes d'ému; elle porte le manteau
d'opossum.

Le marié aussi a les mêmes peintures autour
des yeux, il a la même tresse d'écorce, mais
ornée sur le front d'une plume blanche dérobée
à l'aile d'un cygne. Il est mené par ses amis devant sa fiancée, qui le reçoit en silence et les yeux
baissés. C'est alors que l'époux déclare accepter
cette jeune fille pour femme. Le banquet commence et, quand tous sont rassasiés, un des chefs
s'écrie :

« Dansons un peu maintenant, avant que les
enfants aillent au lit. »

La danse enfin terminée, vers minuit, les mariés sont conduits à leur nouvelle cabane; puis

les chasses, les banquets et les danses durent plusieurs jours.

L'heureux couple est servi et nourri par les parents. La dame ou servante de la mariée, qui doit être la plus proche parente célibataire du mari, est tenue de dormir avec l'épouse deux mois durant, à côté du feu, et de la servir nuit et jour. L'époux aussi couche pendant deux lunes, de l'autre côté du feu, avec un page d'amour, qui est un de ses amis célibataire. Durant tout cet espace de temps, les époux ne doivent ni se regarder, ni se parler, et c'est pour cela que la femme est appelée pendant cette période *turock meituya* (ne regarde pas autour) et qu'elle se couvre la tête de sa peau d'opossum quand son mari est présent. Celui-ci lui-même prend bien garde de ne pas la regarder, et s'ils ont besoin de se dire quelque chose, ce doit être par l'intermédiaire des amis.

Les deux lunes pendant lesquelles ils ne doivent pas se regarder expirées, la servante ou une autre parente de l'épouse la mène pendant une ou deux semaines visiter ses parents. Au retour servantes et pages sont dispensés de leur service.

Chez beaucoup de Daïaks le mariage a une fête pour tout rite. L'époux le plus souvent va vivre chez ses beaux-parents, travaille avec eux et pour eux. Si la femme appartient à une famille

nombreuse, c'est précisément le contraire qui
arrive, et c'est elle qui va demeurer dans la maison de son mari,

Le rite nuptial des Daïacs Sibuyau de Loundou
est curieux. Deux barrières de fer sont placées au
lieu de la cérémonie, et les époux y sont conduits
de deux endroits opposés du village. Ils s'assoient sur les barrières image de la force de leur
union et le prêtre donne à chacun d'eux un cigare et du *siri*. Puis il prend deux poules et les
balance au-dessus de leurs têtes en invoquant
pour eux, dans un long discours, toutes les béné-
dictions du ciel. Il heurte ensuite par trois fois
la tête du mari contre celle de la femme, qui se
mettent alors et réciproquement à la bouche le
cigare et le siri, après quoi l'union est consacrée.

On termine en tuant les deux poules, dont le
sang est versé dans deux tasses différentes, où le
prêtre l'étudie attentivement pour en tirer les
augures du mariage.

Chez les Daïaks Balaur de Lingga, la mère du
marié donne aux parents de la jeune femme quelque ustensile domestique (un plat ou un petit
bassin) en guise d'offrande propitiatoire, et trois
jours après s'accomplit la très simple cérémonie
suivante.

La mère du marié prend une certaine quantité
de noix de coco préparées pour le siri, les divise
en trois parts et les dépose sur une espèce d'au-

tel en face de la maison de l'époux. Les amis des
deux partis, s'y réunissent et discutent la somme
et l'indemnité que le mari devra payer dans le cas
où il se séparerait de la femme enceinte ou déjà
mère.

Dans les mariages abyssins il y a table ouverte
et chacun peut prendre part au banquet. Tous
ceux qui veulent manger y accourent en foule.
Les jeunes gens chargés de maintenir l'ordre ren-
voient ceux qui sont rassasiés pour faire place
aux affamés.

Le banquet terminé, l'épouse est portée sur les
épaules d'un homme et déposée sur une chaise ;
elle assiste aux chants et aux danses. L'époux arrive précédé de la belle-mère, et un prêtre ou un
ancien consacre le mariage en un long discours.
Les arkees ou amis ont, entre autres charges,
celle d'aller de porte en porte demander des cadeaux pour les époux, en accompagnant toujours
la demande de chants et de musique. Quand on
ne leur donne rien, ils prennent, étant inviolables
pendant la durée de leur office, et ayant entre
autres privilèges celui de pouvoir se parjurer,
délit abominable chez les Abyssins chrétiens. Les
volés peuvent offrir un objet pour rentrer en possession de celui qui a été dérobé ; mais s'il s'agit
de vivres, il n'y a plus chance de restitution.

Chez les peuples qui ont une religion, l'amour
est presque toujours consacré par des rites reli-

gieux, et chez nous même, Italiens, un mariage
était nul, hier encore, s'il n'était pas consacré à
l'église.

De là un grand bien et un grand mal. Quand
la religion est l'expression sincère et parfaite de
l'idéal d'un peuple, consacrer les grands actes de
la vie devant l'autel, les entourer de rites mysti-
ques, qui peut-être ne sont pas compris, mais
qui, justement, par le mystère qui les recouvre,
excitent notre imagination et renouent le présent
avec le passé le plus lointain, tout cela ne peut
qu'entourer de fleurs idéales un acte qui par lui-
même serait purement animal.

En fait, la religion consacre par un divin sa-
crement la naissance, la génération et la mort,
qui sont les trois actes fondamentaux de toute
existence.

Mais quand la religion n'est que la foi d'un petit nombre, quand elle s'est convertie en pratiques
superstitieuses, quand elle n'est plus que l'enveloppe d'un fruit desséché à l'intérieur, quand elle
est vermoulue par les tarets du temps, de la critique et de la science, quand elle est infectée des
corruptions de la simonie, quand elle est devenue
la brutale intolérance, alors l'amour n'en reçoit
plus qu'un reflet de ridicule.

Ainsi, chez nous elle déclarait que le catholique
ne peut s'unir à une juive, à une protestante, à
une grecque hétérodoxe; mais, comme hommes

et femmes de toutes ces religions vivent ensemble
et peuvent s'aimer et se désirer, l'amour, plus fort
que toutes les croyances religieuses, protestait
par des fautes qui n'étaient que de légitimes
révoltes contre la violence hiératique. C'est alors
que le Mikado est devenu l'adversaire du Taïkoun
et que la loi civile s'est placée au-dessus de la loi
religieuse.

En de nombreux pays d'Afrique le mariage est
consacré par un prêtre, afin que la crainte du fétiche rende la femme fidèle.

Chez les Naudowessis, la cérémonie nuptiale
se réduit à tirer des flèches par-dessus la tête des
époux, qui se tiennent côte à côte. Les archers
sont leurs plus proches parents.

Le rite nuptial le plus simple est peut-être celui
des Navaios; il consiste à manger de la polenta
dans un même vase.

Les Chibchas de l'Amérique centrale font intervenir le prêtre dans la consécration du mariage.

Celui-ci demande à l'épouse :

« Aimerez-vous Bochica (le Dieu suprême) plus
que votre mari ?

« Oui.

« Aimerez-vous votre mari plus que votre
fils ?

« Oui.

« Aimerez-vous vos fils plus que vous-même ?

« Oui.

« Oserez-vous manger tant que votre mari aura faim?

« Non. »

Au mari il demande au contraire :

« Voulez-vous prendre cette femme pour épouse? »

Chez les anciens Péruviens, le fiancé mettait une chaussure au pied de sa fiancée, et le mariage était conclu. Ils jeûnaient ensuite deux jours, se faisant à l'un l'autre des recommandations solennelles sur leurs devoirs réciproques. La femme devait préparer de la chicha avec de l'eau prise en une source déterminée, et l'offrir au fiancé. Celui-ci, à son tour, servait chez ses beaux-parents comme un de leurs fils.

Dans le Ghilgit (Daghestan), le père de l'époux visite celui de l'épouse, et lui fait don d'un long couteau, de quatre yards d'étoffe et d'une gourde pleine de vin. Si ce don est accepté, le mariage est conclu. Le pacte est inviolable du côté de la femme; quant à l'époux, il peut le rompre à volonté. On donne une fête et un repas copieux.

Les natifs du Shin donnent à leur beau-père de l'argent, des provisions et des habits. Les mariages se font chez eux dès que la jeune fille est pubère. Les jeunes gens ont, en effet, de nombreuses occasions de se voir à la campagne et de parler d'amour. Ce peuple sauvage mais vertueux punit de mort la séduction, dit Leitner.

Les Dardes parlent d'amour pur; leurs chants populaires démontrent qu'ils en sont capables. Jamais, si la femme n'est pas d'un rang inférieur à celui de l'homme, on ne repousse une demande en mariage.

Dans l'Astor, parait-il, quand un prétendu est repoussé, il peut arriver à ses fins en promettant de vivre dans la famille de sa femme et de devenir enfant adoptif. Un Shin peut, dans l'Astor, vivre en concubinat avec une femme de rang inférieur au sien, mais si l'intrigue est découverte, les parents de la femme tuent le séducteur; mais ils ne peuvent lui enlever son rang.

Quand le mari prend femme dans un village lointain, il part armé de son arc. Au retour, appuyant l'arc sur la poitrine de sa femme, il lance trois flèches dans la direction de sa maison.

Lorsque le mari amène sa femme dans sa case, ses compagnons l'invitent à entrer. Ils chantent :

Sors, ô fille du Faucon.
Sors, pourquoi tardes-tu?
Sors de la tente de ton père,
Sors, et ne te fais plus attendre.
Ne pleure pas, ô belle nymphe des cascades,
Ne pleure pas, ton teint pâlirait.
Ne pleure pas, tu es notre bien-aimée à nous autres, tes
Ne pleure pas, ton teint pâlirait.   [frères.
Oh! ne pleure pas, toi la préférée du père,
Car si tu pleures, ton visage pâlira.

En Perse, les fêtes nuptiales étaient célébrées avec une pompe magnifique. Les époux allaient à la rencontre l'un de l'autre, suivis d'une suite nombreuse, puis, dans le château de l'épousée, s'asseyaient sur le même trône;' on les habillait d'or, de pierres précieuses, on les nourrissait de safran et de sucreries, et durant sept jours et sept nuits les fêtes continuaient autour du palais, de sorte que personne ne pouvait prendre de repos.

Dans aucun pays plus qu'aux Indes, on ne dépense autant de temps, de telles sommes d'argent, et on ne donne essor à des fantaisies plus échevelées pour rendre fantastiques les cérémonies nuptiales, très compliquées déjà, et je renvoie le lecteur à mon dernier livre, dans lequel j'ai consacré de longues pages à ce sujet [1].

Pour comparer les usages nuptiaux de l'Inde contemporaine avec ceux de l'Inde antique, il faut lire ce qu'a écrit le père Vincent Maria de Sainte-Caterina dans son *Voyage aux Indes orientales*, et surtout ce qu'il dit de l'interprétation de quelques rites nuptiaux :

« Les rites ne se sont pas esquissés d'eux-mêmes ni sans mystère, mais ils sont tirés des anciens usages des autres nations et signifient probablement les conditions qui doivent sceller

1. Mantegazza, *India*, 3ᵉ édit., vol. II, p. 225.

le lien du mariage. L'ablution exprime la pureté
et la propreté avec lesquelles on doit se prendre.
Effeuiller des fleurs, c'est renoncer à l'intégrité
virginale. Le gâteau de riz correspond à la cérémonie du froment que pratiquaient les Romains
en signe d'union et qu'ils appelaient *confarrea-
tione*[1]. »

Si je continuais mes excursions à travers les
rites nuptiaux des divers peuples et des diverses
époques, j'ajouterais beaucoup de pages à mon
livre, mais point de matériaux utiles à la psychologie comparée de l'amour.

Mais, sur ce terrain, nous voyons s'enchaîner
le haut et le bas de la nature humaine; nulle
part mieux que dans ce cas nous ne pouvons
dire que l'homme est comme l'animal fossile qui
avait des ailes d'oiseau et un corps de serpent.
L'homme rampe souvent dans la fange, mais
s'envole parfois vers les plus hautes régions de
l'idéal. Tantôt reptile, tantôt aigle, il est le plus
souvent reptile et aigle dans le même temps et
le même lieu.

Chez les nègres du Sahara, le mari donne à
la femme une dot, qui a pour objet d'assurer
l'existence de celle-ci en cas de veuvage pré-
maturé, ou bien au cas où les mauvais traitements et les abus de son mari la forceraient à

---

1. De Gubernatis, *Storia dei viaggatori italiani dalle Indie
Orientali*, Livorno, 1875, p. 239.

demander le divorce, ce qu'elle exprime pudiquement au cadi en retournant sa propre chaussure. Le contrat de mariage établi, le futur doit envoyer un çaa (60 litres) de grain aux parents de la jeune fille : cadeau magnifique en ce pays. La durée des noces est de un à quinze jours, selon la fortune et le rang des conjoints.

Le soir du dernier jour, qui doit absolument être un mardi, la mariée est accompagnée par des musiciens jusque chez son époux; tous deux ne sortent pas pendant sept jours. Chaque soir la musique joue devant leur porte. Pendant ce temps les époux sont nourris aux frais de leurs amis. Le matin du huitième jour, le marié se rend, armé d'une cognée, dans son jardin ou dans celui d'un ami, grimpe sur un palmier, en coupe la cime, en porte le cœur et la moelle de la plante à sa femme et lui en touche la tête. La femme fait cuire le tout, et l'offre le lendemain aux parents et aux amis avec le couscoussou.

Chez les Fans, en Afrique, les noces sont somptueuses et durent longtemps. On y mange une énorme quantité de viande d'éléphant; on y boit du vin de palme en quantité non moins grande et on y danse furieusement. La fête aboutit à une ivresse générale.

A Angola, l'épouse ointe d'une pommade sacrée est laissée seule pendant quelque temps, tandis que l'on prie pour que l'union soit heureuse et

féconde en garçons. C'est là le vœu le plus cher,
car la femme stérile est accablée de mépris.
Souvent, elle succombe sous la raillerie universelle, et le désespoir la conduit au suicide. Après
quelques jours de prières, l'épouse est transportée
dans une autre cabane. Là, vêtue avec luxe, elle
est exposée en public comme femme mariée. On
la mène ensuite à son mari, dont la case doit
être éloignée.

A Karagué (Afrique, lat. 5° sud, long. 51° est),
le rite nuptial principal consiste à lier la mariée
dans une peau noire et à la porter chez son
mari processionnellement et avec de grands cris.

Il y a certaines tribus cafres où le prêtre fait
des entailles à la peau des deux époux, et trans-
fuse le sang de l'un à l'autre.

Les Namaquas ont un usage peu pudique et
singulier qui force les époux à échanger les
premières caresses en public, pendant les noces,
sur une natte étendue devant leur cabane. Quant
à l'acceptation de la demande en mariage, elle
est formulée par le sacrifice d'un bœuf devant la
cabane de l'épouse.

Kotten a attribué aux Hottentots de grandes
cérémonies, mais il avait été induit en erreur par
les premiers colons hollandais. Leurs noces au
contraire consistent seulement en un grand repas
qu'ils n'interrompent que pour fumer.

Chez les Bushmens, une fois l'accord conclu

entre les deux partis, le prétendant fait avec ses amis une grande chasse pour fournir la viande nécessaire aux noces, qu'accompagnent des danses et des chants.

Au milieu de la fête, la famille de l'épousée fait circuler entre les mains des amis du marié un vase de terre, dans lequel ils doivent déposer quelque cadeau (verroteries, ornements, armes). Le mariage ainsi consacré, l'heureux couple demeure encore longtemps chez le père de la mariée, auquel le jeune marié témoigne sa soumission en lui offrant toujours le produit de ses chasses.

Un magistrat rétribué célèbre le mariage des Malgaches.

Aux confins du Canada, chez les indigènes américains, les époux reçoivent un bâton d'un peu plus d'un mètre. Chacun d'eux le prend par une extrémité; un ancien de la tribu leur adresse une allocution, puis coupe le bâton en autant de morceaux qu'il y a d'assistants. Ces morceaux sont conservés religieusement.

Chez les Cafres, pour célébrer les fiançailles, on tue un bœuf et on le mange en un repas solennel.

Une fois le bœuf des fiançailles tué et mangé, le père de la fille envoie à l'époux une jatte de lait, ou deux ou quatre ou dix, si c'est d'un prince qu'il s'agit. Il y ajoute parfois un veau, afin que le jeune homme fasse de sa peau un vêtement

neuf à l'épouse. Dans ce cas, elle porte au cou
une tresse faite avec les poils de la queue ; cela lui
sert d'amulette.

Le mariage se fête toujours dans le kraal de
l'époux, les invités sont nombreux.

Le matin du second jour l'épouse se retire dans
la forêt avec toute sa suite, et y reste jusqu'à
trois heures de l'après-midi. L'époux l'attend avec
les siens assis en cercle. Elle paraît enfin, suivie
de deux amies, et elle adresse à son époux un
discours, dans lequel elle peut lui dire toutes les
insolences qui lui passent par l'esprit. Elle s'approche et lui enlève une des plumes qui lui servent d'ornement et s'en pare : elle est devenue
son épouse.

Si le mariage est arrêté, les cérémonies pourtant ne sont pas terminées. L'épouse se met en
marche une lance à la main droite, suivie toujours des deux jeunes filles. Devant elle marchent beaucoup de jeunes gens, qui enlèvent
les pierres de son chemin. Lentement et solennellement elle se dirige vers la barrière des
bestiaux, et jette sa lance qui se fiche dans le
fumier.

Ceci s'appelle *Ukutshata* et veut dire qu'elle
est devenue maîtresse du *kraal* et qu'elle le dé-
fendra des voleurs et des usurpateurs. Elle retourne vers son époux qui l'attend, pendant que
les femmes lui mettent devant les yeux les em-

blèmes de ses devoirs futurs. Puiser de l'eau, faire du bois, allumer le feu, construire sa cabane, cultiver la terre, etc.

Après cela les hommes présents lui adressent de longs discours dans lesquels, au lieu de caressantes paroles, il ne s'agit que de ses nouveaux devoirs, avec des phrases qui ne sont pas toujours courtoises et polies.

Tont n'est pas fini. Pendant plusieurs soirs elle doit essayer de fuir de chez son mari et retourner dans la case paternelle. Si elle y parvient, le mari donne un autre veau à son père. Dans sa fuite elle doit être aidée par les siens, et disputée par les amis de son mari. Dans ces luttes innocentes il peut arriver quelques accidents sérieux.

Ces noces sont accompagnées de danses lascives, qui finissent en orgies; maris et femmes, amants et maîtresses font place aux mâles et aux femelles en proie à un érotisme effréné.

Dans les mariages considérables, on fait à la fin des courses de bœufs, et chacun des invités y conduit ses meilleurs coureurs.

Le cérémonial des mariages chez les Badagas est variable. Quelquefois on réunit des musiciens dans le village de la mariée; arrive alors le marié accompagné d'une foule de parents; il fait les frais de la fête et ramène la mariée chez lui. D'autres fois le marié est un trop grand seigneur pour quitter sa maison, et y conduire sa fiancée.

A peine arrivée elle se prosterne devant son mari, qui lui pose le pied sur la tête et lui dit : « Bien, bien, va et apporte de l'eau. » Elle va chercher de l'eau et le mariage est conclu.

D'habitude, le père de la femme lui donne pour dot un bœuf ou un buffle, et une foule de contestations naissent de la restitution de cette dot en cas de dissolution du mariage. Ni son père ni sa mère ne doivent accompagner le mari à ses noces.

Quand la femme entre dans le septième mois de sa grossesse, un second mariage vient consolider le premier. Les parents de la femme et les amis du ménage sont invités à se réunir le soir. Les invités s'assoient en face des époux. Le mari demande à son beau-père : « Dois-je attacher ce cordon autour du cou de votre fille? » A peine a-t-on répondu : « oui », qu'il l'attache, puis le détache au bout de quelques minutes.

Devant les époux sont deux plats : dans l'un, les parents de la femme jettent de l'argent; dans l'autre, ce sont les parents du mari. Puis on mange du laitage et des fruits et les invités passent la nuit dans la maison ou dans les maisons voisines.

A Saint-Michel (Californie), la loi obligeait les nouveaux époux à se griffer l'un l'autre jusqu'au sang; c'était là un symbole de la conquête violente de la femme par l'homme.

18

Le prétendant, chez les Quilhes de l'Amérique centrale, devait entrer au service chez ses futurs beaux-parents et leur faire des cadeaux.

Il n'y a pas de rite nuptial chez les Chéréguiens. Le prétendant offre à la jeune fille des sauvagines et d'autres fruits et dépose devant sa case un fagot de bois. Si elle le ramasse et le porte chez elle, la demande en mariage est agréée.

Une histoire complète des préjugés et des notes comiques qui accompagnent le mariage serait intéressante.

A Lébamoor (Prusse), le mariage se fait le vendredi, quoique la population soit catholique. En général c'est au contraire un jour funeste, bien que consacré à Vénus, peut-être parce que l'on doit faire maigre sous peine de péché, de même que le mercredi, jour où l'on s'abstient de la chair, est considéré comme funeste pour les noces.

En Prusse, au repas de noce on sert des poissons sans tête. Dans le même pays, pendant les danses, le voile de la mariée est déchiré et les jeunes filles en conservent les lambeaux. C'est peut-être une image de la rupture de l'hymen.

Treichel a recueilli les préjugés qui règnent à propos du mariage dans la Prusse occidentale. C'est une page de psychologie très curieuse.

Autant de fois l'on entend le cri du coucou au printemps, autant d'années il faut attendre son mariage.

Jeunes gens ou jeunes filles, si vous entamez un morceau de beurre (ou aussi un fromage ou un pain en Poméranie), sept ans s'écouleront avant votre mariage. Ce préjugé se retrouve à Berlin et en Saxe.

Une jeune fille ou un jeune homme qui coupe obliquement le pain et le divise en morceaux inégaux ne peut encore fonder de maison : en Poméranie, il faut qu'il attende sept ans ; en Saxe, qui coupe mal le pain aura une mauvaise belle-mère.

Si une jeune fille met un chapeau ou un béret d'homme, elle attendra encore trois ans ses fiançailles.

De même pour le jeune homme qui coiffe un chapeau de femme.

Quand la cuisinière sale les plats trop abondamment, et spécialement la soupe, c'est qu'elle est amoureuse ; si elle les fait trop fades, elle est bigote.

Quand une jeune fille mange à même le plat, elle doit épouser un ramoneur.

On le dit aussi en vers :

> Ist die Kochin aus der Fann
> Bekommt sie 'nen Schwarz en Mann.

Si une jeune fille se mouille trop en lavant, elle aura pour mari un buveur. Si, après avoir versé le café, elle laisse la cafetière ouverte, elle aura un mari médisant (*offenmäulig*).

Une jeune fille doit éviter, en mangeant, de s'asseoir au coin de la table, parce qu'autrement elle aurait un bossu pour mari (à Berlin, on croit qu'elle resterait fille encore sept ans).

Si une jeune fille, en balayant, touche du balai les pieds d'une autre jeune fille, celle-ci lui enlèvera son mari.

Si une femme ou une jeune fille perd sa jarretière ou si sa robe se desserre, c'est signe d'infidélité du mari ou du fiancé.

Une jeune fille doit bien traiter les chats, afin d'avoir un beau soleil le jour de ses noces.

Les jeunes filles à Letamoor ne doivent pas manger le croûton, pour éviter d'avoir des jumeaux.

La jeune fille ne doit jamais faire cadeau de souliers à son prétendu, car il s'en irait ou serait infidèle. Il en est de même pour le fiancé.

Les promis ne doivent point échanger leurs portraits, cela les séparerait. Ils ne se donnent rien qui pique ou taille, sous peine de couper leur amour.

Si l'un des époux perd l'anneau nuptial, la mort emportera bientôt l'un des deux.

Si le jour du mariage il survient un orage, les époux tomberont malades (cette superstition existe aussi en Prusse orientale).

Si, en allant à l'église, il tombe des gouttes de pluie sur la couronne de la mariée, c'est d'un bon présage. A Berlin et à Letamoor, on croit au contraire que cela amène malheurs et larmes.

Voici un quatrain qui consacre cette croyance :

Autant de gouttes de pluie,
Autant de bonheur.
Autant de flocons de neige,
Autant de malheur.

Il n'est pas bon que deux sœurs se marient le même jour; l'une des deux serait malheureuse en ménage ou mourrait bientôt.

L'épouse, en entrant à l'église, ne doit pas regarder autour d'elle avant d'avoir prononcé le *oui* fatal.

Celui des deux époux qui le premier atteindra l'autel sera maître en ménage, ou celui qui tient la main le plus haut en donnant l'anneau ou encore celui qui presse le pied de l'autre cachette.

Celui dont le cierge a la flamme la plus vive survivra à l'autre.

Celui dont le cierge s'éteint mourra bientôt.

Au repas nuptial on doit casser des poteries devant la maison des époux. Plus les morceaux sont nombreux, plus leur bonheur est sûr.

Les servantes doivent mettre dans les souliers de l'épouse une pièce de monnaie, afin qu'elle soit toujours riche.

Si une seconde femme a le même nom que la première, elle n'atteindra pas ses trente ans.

Après le second mariage, si la femme ne plaît point au mari, celui-ci doit prendre les mesures du cercueil de sa première femme et les placer à côté du lit de sa femme. De cette façon, elle ne vivra pas plus d'un an.

Dans l'ancienne Prusse, on mettait dans le lit des époux des rognons rôtis de bouc, de taureau ou d'ours (selon d'autres, des testicules), afin que l'épouse soit féconde et enfante des fils. Il paraît que dans la même intention on ne servait jamais aux repas de noces de la viande d'animaux châtrés[1].

Nous trouvons une autre note comique dans les mariages par procuration.

Pendant longtemps, l'intermédiaire dut mettre sa jambe droite, jusqu'au-dessus du genou, dans le lit de la fiancée, qui toujours était une princesse.

Louis de Bavière, qui épousa la princesse Marie de Bourgogne au nom de l'archiduc Maximilien d'Autriche, accomplit cette cérémonie. Elle était si sérieuse que lorsque l'empereur Maximilien eut épousé Anne de Bretagne, seulement par procuration, elle ne put ensuite se marier à Charles VIII de France qu'après de grandes discussions entre les théologiens et une minutieuse étude de la Bible.

1. Sur les autres usages étranges de l'ancienne Prusse, consulter Treichel, *Op. cit.*, p. 131.

Autrefois, en Pologne, l'intermédiaire ne se contentait pas de mettre une jambe dans le lit de la fiancée : il dormait tout armé à côté d'elle.

La note comique ne manque pas non plus en amour. Nous le voyons par le *charivari* qui accueille les mariages de veufs. Les chroniques de tous les temps conservent fidèlement les noms de ceux qui se marièrent plusieurs fois.

Saint Jérôme cite une femme qui se maria vingt-deux fois, et son vingt-deuxième mari avait déjà eu vingt femmes.

Élisabeth Massi, qui mourut en 1768, eut sept maris. A son lit de mort, songeant aux défauts et aux qualités de ses époux, elle découvrit que le n° V avait été le meilleur, et elle voulut qu'on l'ensevelit près de lui.

A l'histoire comique de l'amour appartiennent aussi les unions de personnes d'âges disproportionnés. Ainsi, en Angleterre, en 1753, une femme de quatre-vingts ans épousa un garçon de quatorze ans.

On peut y ajouter les croyances relatives aux jours fastes et néfastes.

Dans la paroisse de Logierait, dans le Perthshire, par exemple, le jour de la semaine qui tombe le 14 mai est néfaste pour toute l'année, et personne n'oserait se marier ce jour-là.

De même chez nous le vendredi et le 13.

Chez les Liburniens, lorsque le repas des noces

est fini, la femme doit prendre une tourte de pâte ordinaire appelée *kolack* et la lancer sur le toit de la maison du mari. La pâte étant très lourde et le toit fort bas, elle y réussit presque toujours, ce qui est d'un très bon augure.

Ainsi, de même que la nature groupe autour des fleurs, lit nuptial des amours des plantes, les formes les plus belles et les plus bizarres, les senteurs les plus délicates et les plus horribles, les essences les plus salutaires et les poisons les plus violents, de même l'homme, qui est le fils préféré de la nature, porte à l'autel de l'amour sa grandeur et sa bassesse, sa beauté et sa laideur, le sublime et le grotesque de sa nature.

CHAPITRE XIV

MONOGAMIE, POLYGAMIE, POLYANDRIE

La monogamie. — La monogamie et le concubinat. — La polygamie chez les Cafres, chez les Fuégiens, dans la Guyane, en
Amérique, en Polynésie, en Australie. — La polyandrie.

L'homme peut posséder une seule femme et,
avec elle, vivre fidèlement sa vie entière.

C'est là la forme idéale et parfaite de l'amour.

Puisqu'il nait en un même temps à peu près
autant d'hommes que de femmes, il semblerait
en théorie que l'unité de l'amour fût la forme la
plus naturelle de ce sentiment. Cependant la monogamie est chose trop idéale et trop parfaite
pour être la règle de tous les hommes. En fait
plus la polygamie est commune, plus rare est la
polyandrie. J'entends toujours parler de la forme
officielle et sociale édictée par la loi. En dehors
du mariage, l'amour est chez presque tous les
hommes polygamique, et polyandrique chez presque toutes les femmes.

En Europe, par exemple, la société repose sur la
base essentiellement morale de la monogamie,

mais combien sont ceux qui ont possédé une seule femme et combien celles qui n'ont désiré ou caressé un autre homme que l'époux légitime et unique?

En amour nous avons des forces diverses, d'autant plus opposées qu'elles combattent en un terrain sur lequel le fait, l'expression ultime est toujours une résultante, une tangente d'énergies contraires.

Le désir rapproche un homme d'une femme et marque la première caresse du souvenir commun d'une volupté passée. Que cet amour soit arrosé d'eau bénite, ou consacré par la plume d'un notaire, ou seulement juré par un mutuel serment, il y a de nombreuses raisons pour qu'un tel pacte dure et se maintienne inviolé.

Les premières caresses et les premiers baisers donnent le désir de caresses nouvelles et de baisers plus savoureux; et tandis que les deux facteurs d'un même amour récitent ensemble le poème de la monogamie, un troisième être survient presque toujours, qui scelle plus intimement ce pacte béni et juré.

La première fois que la femme, émue et tremblante, la rougeur aux joues, s'approchant de l'homme, lui dit, *Je suis mère*, ce pacte se scelle à nouveau avec l'empreinte profonde de la maternité.

La femme doit rester fidèle à l'homme qui lui

a donné un fils et l'homme doit protéger la compagne, devenue plus faible et pourvoir à la créature née de ses baisers et de ses caresses.

Telles sont les raisons d'être de la fidélité conjugale, telle la loi plus forte que toutes les lois écrites, qui parmi les races supérieures impose à toute société civile la forme monogamique.

D'autre part cependant l'homme et la femme, après le premier baiser, peuvent se trouver fatigués l'un l'autre, peuvent aussi se haïr cordialement pour mille raisons. Et puis les exigences insatiables des sens, les fréquentes infirmités, les inévitables vicissitudes de la vie génitale chez la femme, l'orgueil de posséder de nombreuses amours, les vengeances de l'amour trompé, pardessus tout l'amour, la curiosité du nouveau, — principal agent des manifestations psychiques de l'homme — sont autant de forces, contraires aux précédentes, et qui donnent à l'amour la forme polygamique et polyandrique.

Outre la monogamie, la polygamie, la polyandrie, Bastian distingue encore une *digamie*, qui se rattache à l'institution du sigisbéisme[1]. Cette quatrième catégorie des formes sociales de l'amour est cependant inutile, car à vouloir exprimer

1. *Weber die hererhaltnisse Zeitschrift für Ethn.*, 1874, t. VI, p. 887.

toutes les formes intermédiaires entre ces trois formes principales on risquerait de créer trop de formes nouvelles.

Les classifications sont toujours des nœuds gordiens et non des expressions fidèles de la vérité.

Morgan croit pouvoir classer les divers peuples selon la méthode qu'ils ont adoptée pour définir et circonscrire la parenté, et les divise en ceux qui possèdent une *définition descriptive* (Ariens, Smites, Uraliens) et en ceux qui possèdent une *définition classificative* (Américains, Touraniens, Malais).

Les premiers notent les degrés de la parenté sur une échelle descendante dont le cousin forme le dernier échelon, par rapport à celui qui a donné naissance à la famille.

Les seconds, au contraire, dirigent la parenté en groupes et tendent à fortifier les familles, en avoisinant les plus lointains parents avec les parents les plus rapprochés et en ramifiant les collatéraux à la ligne directe des ascendants et des descendants.

C'est ainsi que les Iroquois nomment père, l'oncle ou frère de la mère, et font un frère du fils de l'oncle ou cousin; de même la tante est appelée par eux mère, tant du côté du père que du côté de la mère; le frère du père restant cependant un oncle pour eux tandis que chez les

insulaires des Kingsmill, l'oncle paternel est encore un frère.

Un gros volume ne suffirait pas à décrire tous
les modes de transition de la parenté humaine,
et, comme dans l'histoire ethnographique de l'a-
mour, cette transition est un des arguments les
mieux connus, nous renverrons le lecteur aux
ethnologistes qui ont écrit sur ce sujet[1].

Tant est que, bien que nos trois distinctions
classiques du mariage en monogamie, polygamie et polyandrie soient artificielles, nous trou-
verons, comme nous le verrons plus loin, chez certains peuples contemporains de notre société, des
familles qui offrent ces divers types, de même
que nous verrons la monogamie compliquée de
concubinat.

La monogamie est l'une des bases fondamentales
de la religion du Christ, et suffisait à honorer la
foi nouvelle, lorsqu'elle vint dresser la croix de
douleur en face de la société païenne, ivre de
volupté et saturée de mollesse.

L'Évangile prêcha à haute voix et partout la
nécessité de la monogamie dans les familles; tout
au plus, les pères les plus tolérants permettaient-
ils aux premiers siècles du christianisme l'existence d'une concubine, mais celle-ci n'était point
considérée à l'égal d'une épouse. Le dix-septième

1. Bastian, *Op. cit.*, t. VI, p. 380.

canon du concile de Tolède au iv° siècle dit :

« Qui non habet uxorem et pro uxore concubinam habet, a communitate non repellatur, tantum ut unius mulieris aut uxoris aut concubinæ (ut ei placuerit) sit conjux contentus. »

L'Église allait jusqu'à préférer presque la monogamie au mariage, tolérant les rapports illicites entre un homme et une femme non mariés, pourvu qu'ils fussent unis entre eux par les liens d'un mutuel consentement, ce que le législateur romain avait depuis longtemps approuvé comme légitime. Dans l'esprit du christianisme, l'adultère ou la fornication pour l'homme commençait avec l'usage de deux femmes, quelle que fût d'ailleurs leur situation réciproque, de même que pour la femme un nombre d'hommes plus ou moins élevé fixait les degrés de la prostitution[1]. La monogamie n'est cependant pas une institution purement chrétienne, et nous la trouvons chez des peuples anciens et chez des peuples sauvages modernes, inspirée tantôt par de hautes raisons de morale, tantôt par de simples motifs d'économie.

Les Gaulois n'avaient en général qu'une seule épouse, bien que leurs chefs et leurs grands per-

[1]. Pendant plus de trois siècles en France le concubinat fut admis comme une coutume générale à côté même de l'épouse légitime, seule reconnue par l'Église, et de la sorte l'on voyait une ou plusieurs concubines dans le sein même de la famille. C'était un calque authentique de l'ancien concubinat des Grecs.

sonnages en eussent plusieurs; mais, comme le dit Tacite, c'était honneur, non libertinage, « non libidine, sed ob nobilitatem ». Leur morale devait être fort rigide, s'il est vrai qu'ils crussent qu'une femme qui s'était donnée à un homme ne pût passer dans les bras d'un autre.

Les Francs, avaient une épouse et un grand nombre de concubines, afin d'en recevoir beaucoup d'enfants mâles.

Les Germains montraient un grand sens moral de la famille, « severa illic matrimonia ».

Les anciens Mexicains étaient monogames par principes, et l'on voyait écrit dans leurs lois usuelles que Dieu a voulu que toutes les femmes eussent un homme, et tous les hommes une femme. Les riches et les puissants avaient, il est vrai, plusieurs femmes, mais il n'y en avait qu'une qui fût l'épouse légitime. Il en était de même chez les Chichimèques, les Magabestres, les Oborniens.

Les indigènes de la côte de Californie étaient monogames, mais changeaient de femme à leur gré. Dans les îles et sur les côtes du canal de Sainte-Barbe, les seuls chefs pouvaient avoir deux épouses.

Dans d'autres tribus, la polygamie régnait et souvent un même homme possédait à la fois la mère et la fille.

Au Nicaragua, la monogamie était la règle universelle; les chefs y avaient des concubines, mais une seule épouse légitime.

Les indigènes de Mosquito (Amérique centrale) sont polygames, mais les femmes n'y sont point jalouses.

Il paraît que dans le Yucatan la polygamie n'était pas dominante, mais que les mariages s'y contractaient avec une grande facilité.

Christophe Colomb trouva à Haïti la polygamie parmi les chefs seulement et les gens riches, les femmes y vivaient en bonne harmonie entre elles.

Les premiers explorateurs remarquèrent la polygamie chez les indigènes de Panama. Maniel prétend que chez les Gabiliens de la Guyane, la famille est monogame et les mœurs bonnes.

Les Daïaks sont monogames, bien que chez eux le divorce s'obtienne avec la même facilité que le mariage.

Dans le Nouveau Hanovre, Strauch a trouvé la monogamie dans la famille, et l'autorité de la femme respectée, ce qui semblerait montrer que le consentement de la femme y était toujours nécessaire.

Les Maoris sont en général monogames et leurs chefs ont plusieurs épouses. De même les Ætes des Philippines, qui restent fidèles à la foi jurée.

La plupart du temps la monogamie est imposée non par la morale, mais par la misère. Dans l'île

de Timor, les rajas ont un nombre infini de concubines, pendant que le reste du peuple se contente d'une seule épouse[1].

Les indigènes du territoire de Saint-Martin, aux
États-Unis de Colombie, sont monogames, punissent sévèrement l'infidélité et placent le respect
de la foi conjugale parmi les principales vertus.

Le mariage est chez eux des plus simples.
L'époux exprime son désir aux parents de l'épouse;
ceux-ci se réunissent et demandent à l'époux et à
l'épouse s'ils consentent à vivre ensemble. S'ils
répondent affirmativement, l'affaire est faite,
sans l'intervention d'aucun ministère[2].

La polygamie n'est certainement pas la forme
la plus morale de l'amour, mais elle en est la
forme la plus humaine.

Elle fut sans aucun doute la forme première de
la famille préhistorique, semblable en cela à la
famille anthropomorphe.

Lorsque le christianisme eut voué la polygamie
romaine et la dissolution païenne à l'éternelle
damnation, certains hérétiques chrétiens tentèrent
de ramener les hommes à leurs anciennes et faciles
amours, et Carponetus ainsi que son fils Épiphane

1, H. O. Fosches, *Tribes of the island of Timor*, Journ. *of
the anthrop. Inst.*, London, 1881, p. 416.

2. Nicolas Saenz, *Memoria sobre algunas tribus del Terri-
torio de San Marlin en los Estados Unidos de Colombia*, 1876,
p. 336.

voulurent que les femmes fussent d'un usage commun et qu'elles ne pussent se refuser à quiconque leur demanderait amour en vertu du droit de nature. Épiphane fut regardé comme un dieu, et à Samis, ville de Céphalonie, on lui éleva une statue.

La polygamie des Cafres[1] n'a point ses racines dans la luxure, car ceux-ci, en dehors du mariage, ont cent manières de la satisfaire. Ils ont beaucoup d'épouses et beaucoup de concubines, afin d'avoir un plus grand nombre d'esclaves, et par ostentation de richesse et de puissance.

Quand on veut avoir des enfants, on envoie des amis à l'*Upundlo*, c'est-à-dire à la chasse aux femmes, et les prisonnières sont tenues d'accorder leurs caresses aux chasseurs et à celui qui a ordonné la chasse : ces prisonnières s'abandonnent sans vergogne ni regret.

D'autres fois les caprices amoureux se satisfont par l'échange momentané des épouses et des concubines. Les jeunes gens ardents peuvent encore se présenter de nuit dans un village, pour y de-

---

1. Cafre est un mot vulgaire employé par les mahométans pour désigner tous ceux qui ne sont point de leur religion : il a été introduit en Europe par les Portugais, qui l'avaient appris de marchands arabes, lorsqu'au début du seizième siècle ils allèrent explorer la côte orientale d'Afrique. Il serait plus exact d'écrire : Kafir. Fritsch, qui a étudié de très près les Cafres, préfère les appeler *Abantis* (gens, hommes, du nom dont ils se nomment).

mander des enfants, avec lesquels ils passent gaiement leur temps. Enfin les voyageurs n'y sont jamais laissés seuls pour dormir.

Les harems des rois cafres sont gardés par des sentinelles, que l'on choisit parmi les hommes les plus difformes et les plus estropiés.

C'est une coutume moins cruelle, mais aussi peut-être moins sûre que celle d'avoir des eunuques[1].

Les rois cafres peuvent avoir un nombre illimité d'épouses; Tanda en avait un millier; le cruel Tchaka en avait non seulement un nombre extraordinaire, mais s'il se trouvait que l'une d'elle devint enceinte, il trouvait un prétexte quelconque pour la faire égorger, ne voulant point avoir de successeur. Pour éviter la jalousie des femmes entre elles, les femmes cafres ont chacune leur cahute, ce qui n'empêche cependant point qu'il ne survienne de continuelles querelles et même des scènes sanglantes. Wood raconte l'histoire d'une jeune favorite qui fut étranglée par ses deux rivales; elles étaient toutes trois épouses légitimes.

Un roi cafre ne connaît point souvent, même de vue, la plupart de ses épouses dans les vingt ou trente kraal qu'il possède. D'où la nécessité d'une vigilance sévère. Aucune des femmes ne sort

1. Wood, *Natural history of man. Africa,* London, 1868, p. 60.

de sa cahute sans être escortée d'un grand nombre de gardes et suivie d'une foule d'espions, qui se partagent en plusieurs groupes, afin de surveiller la fidélité de ces pauvres prisonnières. Il est enfin dangereux à qui que ce soit d'adresser la parole à l'une des épouses du roi, une espionne invisible pouvant rapporter aussitôt la criminelle conversation au roi, qui ordonne la mort de la coupable et parfois aussi celle du trop galant causeur.

Chez les Cafres, la première épouse a presque toujours sur les autres une prééminence qu'elle conserve tant qu'elle n'est point tombée en disgrâce et jusqu'à ce qu'elle soit remplacée par une autre. Celle-ci est choisie par le mari dans l'ordre d'ancienneté, mais à rebours, et élevée au rang de favorite, bien que les plus vieilles ne cessent de poursuivre les jeunes de leur jalousie.

Une femme zouloue n'est jamais jalouse de ses compagnes; au contraire, le plus souvent elle se montre très fière d'appartenir à un homme riche et qui possède de nombreuses femmes.

L'autorité de la première femme s'étend sur toutes les autres chez les Krumas, en Afrique, et souvent elle supplie son mari de prendre le plus grand nombre de femmes possible, avec qui elle partage ses travaux, de sorte qu'ils lui semblent moins lourds. Les femmes préfèrent d'ailleurs porter le n° XII ou XIII dans le troupeau d'un homme riche que d'être l'unique bête de somme d'un pauvre.

Le roi des Ashantees ne peut dépasser un nombre de femmes fixé à l'avance : il faut dire qu'il s'élève à 3333! La majeure partie se compose d'esclaves.

Les Fidjiens sont polygames. Ces querelles de jalousie ne sont pas rares entre leurs femmes. Le plus souvent, le mari, pour y mettre fin, bâtonne les rivales à tort et à travers. Pour cette œuvre de conciliation il emploie une trique spéciale; un chef montrait avec complaisance la sienne, grosse comme un manche à balai, couverte de sculptures et d'ornements d'ivoire.

On pratique à sa guise, parmi les indigènes de la Guyane, la polygamie, la monogamie ou la polyandrie. La monogamie cependant est l'état le plus fréquent. Le fait d'avoir beaucoup de femmes est un indice de grande richesse et inspire considération et respect. Un indigène avait neuf femmes, chiffre qu'aucun autre n'atteignit jamais. Il appartenait à la tribu des Warans et se montrait fort jaloux de son harem, à ce point même qu'il tua une de ses femmes et en blessa gravement une autre.

On achète la seconde femme encore en enfance; de même la troisième, la quatrième; le mari possède donc toujours dans sa maison un choix de *chair fraîche*. Cependant la première femme fait entendre de telles protestations et apporte une si grande résistance aux caprices polygames de son mari, qu'elle réussit souvent à demeurer seule gardienne du foyer et du lit nuptiaux.

Les Nord-Américains sont tous polygames, en droit; en fait, la polygamie est l'apanage presque unique des chefs et des guerriers les plus fameux, car ils regardent comme une chose très méprisable d'avoir plusieurs femmes quand on ne peut pas les nourrir. Ils préfèrent en ce cas en changer souvent. Les Nord-Américains pratiquent une polygamie restreinte qui consiste à épouser la sœur de sa femme. Il fut un temps où le mariage n'était consommé qu'après un an d'une union chaste. Les femmes traversent toutes une courte période d'éclatante beauté; puis le travail excessif et la vie nomade les abrutissent et les fanent. Aussitôt après l'accouchement, elles prennent un bain froid avec leur enfant et reprennent immédiatement leur travail ou leur route.

Crier pendant les douleurs de l'enfantement est considéré par elles comme une honte, et l'enfant mis au monde au milieu des gémissements est regardé comme un futur lâche. La veuve rentre presque toujours dans sa propre famille. Si le mari est mort à la guerre, la veuve demande vengeance; celui qui la lui offre devient son mari et prend le nom du mort. Dans ce cas on célèbre au plus tôt le second mariage, et c'est la meilleure preuve d'affectueux regrets qu'on puisse donner au premier mari. La veuve, pour perpétuer la famille, prend souvent comme époux un prisonnier de guerre.

A Samoa, les chefs s'arrogent le droit de prendre des femmes autant qu'ils en veulent et de les chasser quand ils le jugent à propos. Mais, quoique répudiées, elles ne cessent pas d'être les femmes du chef; qu'un autre chef les prenne, et voilà la guerre allumée. Bien qu'elles ne puissent se remarier, elles ont le droit de se donner à qui bon leur semble.

Les Chibcas d'Amérique étaient polygames, mais ne regardaient comme légitime que la première femme, la seule que mariât le prêtre.

Les anciens Péruviens étaient polygames, mais seulement parmi les classes élevées. Chez eux aussi il n'y avait qu'une femme vraie, légitime et pour le mariage de laquelle le consentement du chef était nécessaire.

Les Yumas californiens étaient polygames.

Chez les Malais la polygamie est permise, mais aux seuls riches, et encore les différentes femmes doivent-elles habiter des villages différents.

La polygamie est rare chez les Orang-Benues; bien que le mariage se dissolve avec la plus grande facilité, on ne change pas souvent de femmes.

Les Battas de Sumatra ont rarement plus de deux femmes.

Les Esquimaux connaissent toutes les formes

du mariage. Un mari peut avoir plusieurs femmes ;
deux hommes peuvent avoir une femme en commun, ce qui n'empêche pas qu'on rencontre beaucoup de familles monogames. Les Esquimaux de
la Baie du Prince-Régent ne prennent une seconde
femme que si la première est stérile. Ils changent
de femmes fréquemment ; au cas où il y a plusieurs
femmes, la première exerce une autorité supérieure à celle des autres.

Les Aléoutiens, polygames, offrent leurs femmes
à leurs hôtes.

D'après Waitz, les Nègres proprement dits, sauf
les Banjanis, seraient monogames par habitude,
d'autres par pauvreté. Les Banjanis du sud de la
Gambie n'ont qu'une femme, mais en changent
souvent.

Presque tous les voyageurs s'accordent à peindre
la paix et l'harmonie de la famille polygame dans
une foule de pays d'Afrique. Les femmes vivent
dans une concorde parfaite et obéissent volontiers
à la première, à la vraie femme. Celle-ci est d'ordinaire la plus riche, la plus belle, et souvent la
première par rang d'ancienneté ; il en est ainsi
dans le Bambuk, dans la Sierra Leonie, au Fatou,
au Dahomey et chez les M'Pongos. Au Congo, paraît-il, il y a deux favorites, la première et la
vice-première.

Les Malgaches sont polygames et souvent la sœur
mineure de la femme est en même temps qu'elle

épousée par le même homme. Chez eux on trouve presque toujours une femme chef qui gouverne les autres.

Dans la Caroline et aux Mariannes, un homme prend autant de femmes qu'il en peut nourrir; et la puissance d'un chef se mesure au nombre de ses femmes. Là sont licites certains pactes d'amitié, dans lesquels une clause autorise l'une des parties à jouir de la femme de l'autre partie contractante. Aux Mariannes pourtant une seule femme est légitime, les autres sont de simples concubines.

La polygamie domine à Tukopio, à Tokelare et dans l'archipel d'Ellica. Elle était universelle chez les Polynésiens. La fille du frère de la femme pouvait être la concubine du mari.

Au contraire, elle n'était pas d'un usage général chez les Maoris. En général, pourtant, un mari a de trois à six femmes qui, par cette union devenaient entre elles plus que sœurs; la femme principale est celle qui a été choisie la première ou qui a donné au mari son premier enfant. L'harmonie la plus parfaite ne régnerait pas, paraît-il, entre ces femmes.

Aux îles Marquises, Santa-Christina avait l'honneur d'avoir une population monogame.

L'origine de la polygamie peut être purement hygiénique. En de nombreux pays d'Afrique, les maris ne peuvent avoir aucun rapport sexuel avec leur femme pendant la grossesse ni, par fois, pendant la période de l'allaitement[1]; il est donc bien naturel qu'ils aient plusieurs femmes pour n'être pas obligés à une excessive continence. Keate rapporte qu'aux îles Pelew, la femme enceinte ne doit jamais se donner à un homme.

Dans quelques peuples la polygamie est seulement permise à titre de privilège. Par exemple, les Chamhas permettent deux femmes au chef et au meilleur chasseur de la tribu. La polygamie en quelques cas peut être inspirée par un bon sentiment et non par la luxure ou l'orgueil. A ce propos lisez un passage du Père Salvado[2] :

« Dans un autre pays, un de mes esclaves ayant rencontré la veuve d'un de ses amis, la prit pour femme, quoique déjà il en eût quatre. Comme je lui demandais le motif de son action, il me répondit que le défunt ayant été son meilleur ami, il ne pouvait souffrir que sa veuve demeurât sans protection. De plus il ajouta : « J'ai deux femmes chez moi, mais en l'absence de mon frère je garde les deux siennes. »

Souvent la polygamie est le privilège des chefs.

1. Gallien déconseille le rapprochement sexuel à la nourrice, et le Zend-Avesta l'interdit pendant les sept semaines qui suivent l'accouchement. Le sacrifice de la purification, dans la loi mosaïque, se rattache à ces mêmes faits.

2. Salvado, *Memorie storiche dell' Australia, particolarmente della missione Benedittina di Nuova Nereda*, ecc., Roma, 1851, p. 215.

C'est ainsi que chez les indigènes du détroit de
Victoria ils peuvent avoir autant de femmes qu'ils
le veulent, mais les autres n'en ont qu'une seule.
Les fils de chef en peuvent prendre deux[1].

Aux Antilles, les Caraïbes épousaient toutes les
filles d'une même famille. Toutes les femmes habitaient la même cabane et à tour de rôle le mari
vivait un mois avec chacune d'elles.

Je ne parle pas de la polygamie des Mormons,
parce que tout le monde la connaît. Sous l'aspect
d'une croyance religieuse, elle cache une forme
de libertinage qui ne tardera pas à disparaître de
la civilisation américaine.

La polyandrie est beaucoup moins fréquente
que la monogamie et la polygamie, et presque
toujours elle est la conséquence d'une grande
pauvreté et d'un besoin tout malthusien de restreindre l'excès de population.

Les Bretons, les Goths, les Mèdes, les Guanches
des îles Carolines furent polyandres. Les Thibé-
tains le sont encore, et aussi quelques tribus mon-
goloïdes du Sikkim : les Coorzogs, les Coriacches,
les Pandaves, les Todas. Les Bhots du Ladak et
du Thibet sont polyandres; cependant les gens
riches parmi eux ne le sont pas. Drew affirme
qu'ils doivent cette coutume à la petite étendue
des terrains cultivés et à l'isolement du pays, qui

1. Dawson, *Op. cit.*, p. 27.

s'oppose à toute émigration. Quand le frère aîné se marie, tous ses frères cadets deviennent en général les époux de sa femme. Les enfants appellent *père* tous les maris de leur mère. Une femme prend donc souvent quatre hommes d'un seul coup. En dehors de ceux-ci elle en peut épouser un ou plusieurs qui ne soient unis à son mari par aucun lien de parenté.

La polyandrie se trouve aussi chez les Aléoutiens et les Esquimaux. Les sexes vivent dans la plus grande promiscuité et l'inceste est fort commun. Nous avons déjà rencontré des sociétés où existent concurremment polygamie et polyandrie. C'est le cas des indigènes de quelques îles polynésiennes : autant le mari prend de femmes, autant la femme peut avoir de maris. Quand la femme est plus noble et plus riche que son mari, elle a le droit d'être polyandre tandis que le mari ne peut se payer le luxe de plusieurs femmes.

La polyandrie ne peut subsister comme forme normale et constante de la famille humaine que si elle s'appuie sur le meurtre des jeunes enfants. Aussi les Mubagas et les Guanas tuent souvent les nouveau-nés et les femmes disent, ce qui nous semble excessif, que les hommes ne sont pas aimables pour elles. Les femmes *guanas* sont très recherchées, bien que libertines et ardentes.

J'ai étudié la polyandrie chez les Todas de l'Inde méridionale, et j'ai trouvé que chez eux les femmes étaient beaucoup plus heureuses que dans aucun peuple polygame.

Tout ce qui est rare est recherché et apprécié, et quand l'habitude a émoussé la jalousie, beaucoup d'hommes boivent à la même coupe sans répugnance ni rancœur; tandis que la femme, toujours désirée, toujours habile à rendre heureux qui la recherche, sait dispenser ses caresses et son amour avec une sage économie.

La monogamie est l'unique forme morale de la société humaine; mais quand le bas étiage moral d'une race la rend impossible, cent fois mieux vaut une race polyandre qu'une race polygame, quand ce ne serait que pour rabaisser notre sot orgueil de mâles humains.

CHAPITRE XV

LA PROSTITUTION

La prostitution. — Définitions diverses empiriques et scientifiques. — L'amour vénal chez les esclaves. — Prostitution sacrée, épicurienne, tolérée. — Aperçu de ces trois formes. — A Babylone, en Grèce. — Solon et le *Dicterion*. — A Venise.

Pour nous autres, peuples civilisés et gens par-dessus tout hypocrites, la prostitution est l'une des plus grandes infamies de l'amour, puisqu'elle signifie vente de ce qui ne devrait être accordé qu'au sentiment, et qu'elle veut dire achat de l'amour à tant, à l'heure ou à la minute, au jour ou à la nuit, selon les cas.

Par contre, pour d'autres peuples également civilisés, mais éloignés de nous par le cours des temps, et parmi des nations contemporaines, mais sauvages, la prostitution n'a été et n'est ni une honte ni un délit, mais bien une des douces nécessités de la vie, une institution sociale qui confine au mariage, au concubinat et autres pactes d'amour.

Ce n'est point un livre de morale que j'écris,

mais bien une page de l'histoire naturelle de l'humanité, et pour ce ne dois-je faire ni le procès ni le panégyrique de la prostitution, mais seulement décrire les diverses formes ethniques sous lesquelles elle se présente, étant donné qu'elle ne fait faute à aucune époque ni aucune race humaine.

Le concept empirique de la prostitution est bien différent des concepts éthique et juridique, et ce mot a une portée qui varie avec les exigences morales de chacun de nous.

Si vendre la volupté est acte de prostitué, il faut inscrire dans cette triste légion les enfants qui épousent un vieillard riche et puissant, les épouses qui mettent à prix leurs baisers pour obtenir un collier ou un carrosse, les femmes qui se font les amies des grands hommes pour passer avec eux à la postérité, les hommes qui vendent leur jeunesse robuste à vieille lascive.

Tout autres sont les définitions classiques de la prostitution. Nous en avons ici que de fort diverses.

Anaxilas, dans sa comédie du *Ménotrope*, dit : « La femme qui s'exprime avec réserve et accorde ses faveurs à ceux qui ont recours à elle pour satisfaire leurs besoins de nature a été appelée hétaïre et bonne amie à cause de son hétarisme ou bonne amitié ».

Saint Jérôme, reproduisant la définition d'Ulpien, dit : « La courtisane est celle qui s'abandonne à un grand nombre d'hommes, « Meretrix est illa, quæ multorum libidini patet ».

Un casuiste du moyen âge, de conscience fort large, voulait qu'on ne pût dire putain d'une femme, qu'après qu'elle s'est donnée à vingt-trois mille hommes. Pour d'autres, ce chiffre se trouve réduit à quarante ou à soixante.

D'aucuns ont cru trouver la définition de l'amour vénal dans l'étymologie des mots qui servent à le désigner.

Dans la langue populaire, le *Meretricium* se disait *Putagium* (*puteum, putaria*). Dufour ne pense pas qu'il faille, comme le veut Scaliger, rattacher ce mot au vieux latin *putus* (petit), expression mignarde d'amour. Il le fait dériver de *puteus* (puits), soit parce que la prostitution est un puits dans lequel tous peuvent puiser, soit parce que de tout temps le puits a été lieu de rendez-vous aux aventures amoureuses[1].

Selon nous, ni les définitions larges, ni les définitions étroites, ni celle d'Ulpien, ni celle de saint Jérôme, ne donnent un concept précis de la prostitution.

Si Ulpien et saint Jérôme avaient raison, les femmes polyandres seraient autant de prostituées. Par contre, qui veut que la prostitution soit

---

1. Dufour, *Histoire de la prostitution*, t. III, p. 374.

l'amour vendu à diverses personnes du même sexe ou de sexe différent, lui fait embrasser toutes les formes de la débauche, les plus communes comme les plus rares.

Si nous manquons de définitions scientifiques de la prostitution, nous trouvons pour la désigner, dans les dictionnaires de toutes les langues, une quantité de mots telle qu'elle suffirait à lasser la mémoire la plus robuste.

L'abbé de l'Aulnaye a récolté dans son *Glossaire* tous les synonymes suivants de *filles publiques :*

Accrocheuses, alicaires, ambubayes, bagasses, balances de boucher qui pèsent toutes sortes de viandes, barathres, bassara, bezoches, blanchisseuses de tuyaux de pipes, bonsoirs, bourbeteuses, braydonnes, caignardières, cailles, cambrousses, cantonnières, champisses, cloistrières, cocquatris, coignées, courieuses, courtisanes, demoiselles du marais, drouines, drues, ensoignantes, esquoceresses, femmes de court talon, femmes folles de leur corps, folles d'amour, filles de joie, filles de jubilation, fillettes de pis, folles femmes, folieuses, galloises, jannetons, gast, gaultières, gaupes, gondines, godinettes, gouges, gouines, gourgandines, grues, hanebanes, hollières, hores, hourieuses, hourrières, lesbines, lescheresses, lévriers d'amour, linottes coiffées, loudières, louves, lyces, mandrounos, manefles, maranes, maraudes, martingales, maximas, mochés, muscquines, pannanesses, pantonnières, femmes de péché, pèlerines de Vénus, pellices, personnières, posoères, postiqueuses, présentières, prêtresses de Vénus, rafaitières, femmes de mal recepte, redresseuses, révéleuses, ribaudes, ricaldes, rigobètes, roussecaignes, sacs de nuit, saffrettes, scaldrines, sourdittes, tendrières de bouche et de reins, tireuses de vinaigre, toupies, touses, trottières, usagères, viagères, femmes de vie, villottières, voyagères, wauves, etc.

A ces termes, usités en France au seizième siècle, Dufour en a ajouté d'autres, parmi lesquels : « gaures, gorres, friquenelles, images, poupines, poupinettes, bringues, bagues, sucrées, paillasses, paillardes, brimballeuses, sérannes, chouettes, câpres, chèvres, ancelles, guallefretières, peaultres, peaulx, gallières, consœurs, basculs », etc.

De tous les termes adoptés en France pour désigner une prostituée, le plus usuel a toujours été *putain*, mot d'une grande décence jusqu'au règne de Louis XIV et qui se retrouve encore dans les comédies de Molière. On le rencontre dans des livres écrits par des dames et aussi dans ces quatre proverbes :

Amour de putain, feu d'étoppes.

Putain fait comme corneille :
Plus se lave, plus noire elle est.

Quand maistre coud et putain file,
Petite pratique est en ville.

Jamais putain n'aima preud'hom,
Ny grasse geline chapon.

Le mot *catin* est tout moderne et n'est qu'un diminutif du nom de Catherine, très commun parmi les femmes du peuple et devenu aussi synonyme de poupée.

L'histoire universelle de la prostitution est encore à faire, et bien que Dufour ait consacré à ce sujet six gros volumes, il n'y a pu traiter que de la débauche en Grèce, à Rome, dans le Bas-Empire et en France jusqu'au règne de Henri IV.

On s'imagine, en général, que la prostitution est tout à fait inconnue aux peuplades plus sauvages et n'apparaît que comme une forme de civilisation corrompue. Rien n'est plus faux. Je trouve la prostitution jusque parmi les petits enfants africains, encore impubères ou à peine adolescents. Les Cafres achètent l'amour des enfants avec des verroteries, des fils de laiton, ou autres semblables bagatelles.

Ils appellent cela *Xo raloka*, c'est-à-dire jouer, faire l'amour sans conséquence, et ils disent encore : « Jouer comme coqs ». Pour eux un homme n'est un misérable libertin que s'il fait l'amour avec toutes les femmes, et principalement avec les femmes mariées.

Chez certains peuples les jeunes filles se prostituent pour augmenter leur dot.

Dans l'ancien Mexique il y avait des prostituées
publiques ; on les méprisait et on ne leur donnait
aucun salaire.

Il en était qui suivaient les armées en marche,
et plus d'une qui cherchèrent, de désespoir, la
mort dans une bataille.

Au Nicaragua, les femmes se prostituent pour
avoir de l'argent.

Les anciens Péruviens avaient des prostituées,
mais elles étaient l'objet de leurs mépris et devaient
vivre en dehors des villes.

La prostitution est extrêmement rare chez les
Malais, et on ne la trouve parmi eux que dans les
endroits qu'ont visités les étrangers.

L'offre des femmes aux hôtes, coutume dont
parlent certains voyageurs de l'Amérique du Nord,
est presque une forme de la prostitution, d'autant
que cette offre devait être payée d'un cadeau (chez
les Assiniboines).

La vraie prostitution fleurit depuis la conquête
chez les indigènes de l'Amérique septentrionale,
mais elle y préexistait déjà. On raconte que dans
les Carolines du Sud, chez les Waxsaws, il existait des enfants publics dont le maître tirait un
revenu ; ils étaient reconnaissables à leurs cheveux
coupés et s'occupaient aussi d'affaires commerciales. Quelques voyageurs nient cependant ce fait.

La prostitution est très répandue chez les Chinooks d'Amérique.

Elle est commune en Afrique et s'exerce dans le Dahomey pour le compte du roi, dont elle compose un des principaux revenus. Les prostituées, en ce pays, reçoivent une instruction spéciale à l'exercice de leur profession.

L'une des formes les plus abjectes de la prostitution est celle que l'on trouve sur la Côte d'Or et autres pays voisins, où la femme se prostitue d'intelligence avec le mari, afin que celui-ci puisse surprendre le coupable et en recevoir le prix de la faute.

Chez les Yumas de la Californie, la fidélité conjugale, bien qu'elle y fût une exception, était fort appréciée. Dès leur jeunesse, cependant, les femmes se prostituaient toutes.

La prostitution était aussi fort commune dans toutes les tribus du Colorado.

Si de ces peuples très humbles nous passons aux peuples de moyenne civilisation, nous retrouvons la prostitution également répandue. Tout le monde sait comment et combien se vend l'amour au Japon et en Chine. Parmi les voyageurs modernes je ne citerai que le bon père Armand David, lequel à Peiho, en Chine, resta scandalisé de voir arriver à l'auberge où il était descendu des voyageurs très *Hoa-Niang* (messieurs tout fleuris) qui jouèrent de la guitare toute la nuit, invitant à l'amour.

Il raconte que dans cette ville, d'ailleurs mal famée, les femmes mariées elles-mêmes exercent la prostitution, partageant ensuite avec leurs maris le fruit de leur métier.

Parmi les peuples de haute civilisation, la prostitution ne diminue point, mais s'affine, suivant la loi universelle de la divison du travail. Ainsi, tandis que chez beaucoup d'indigènes de l'Afrique et de l'Amérique, amour et prostitution, mariage et vente de l'amour se trouvent confondus ensemble, chez nous la prostitution se disjoint du mariage et de l'amour, et se personnifie dans une fonction spéciale du contrat social et dans une profession spéciale de l'individu.

A travers les temps et l'évolution de la pensée, ce serait folie présomptueuse que de nier le progrès moral, ou tout au moins l'intention, le désir de la volonté. Nous constatons ce fait dans l'histoire même de la prostitution, qui apparaît sous une forme *hiératique et sacrée*, devient *épicurienne* et finit par être *tolérée*.

Laissons pour un moment les noms et les temps et essayons d'esquisser à grands traits les formes de la prostitution.

Avant tout l'homme, ignorant et par suite craignant tout, se livre pieds et poings liés aux prêtres, qui pensent pour lui, qui apaisent les dieux, qui lavent les péchés et font commerce de la foi et de l'espérance. C'est la période mystique dans laquelle tous les actes de la vie ont un cachet de sainteté et doivent avoir un rapport avec le monde spirituel. Dès lors la prostitution devient une force dirigée par le clergé, qui en fait une véritable industrie et qui en tire profit tout le premier. Mais peu à peu la science progresse, conquiert la terre qu'occupait la superstition, et la pensée émancipée se dégage de l'Église et des prêtres.

Dans l'hymne esthétique que la Grèce a chanté, dans la plus belle jeunesse de la civilisation ancienne, l'on voit la prostitution belle encore et dominant par-dessus tout le culte de la beauté. C'est la période que j'appellerai *épicurienne* et que l'on pourrait aussi bien appeler *esthétique*. Elle reste en partie contemporaine de la prostitution hiératique et devient en partie distincte d'elle, avec un caractère propre.

Bien que la prostitution épicurienne ait atteint sa plus grande splendeur dans l'ancienne Grèce, elle apparaît encore après cette civilisation ; elle brilla d'une lueur moins forte à Rome et pendant le moyen âge, sans être pour cela morte, jusqu'à nos jours, dans les grandes capitales de l'Europe et dans les colonies européennes d'outre-mer.

Le monde, las de luxure, se frappe le sein et se recueille dans les joies sereines de la famille et le frais ascétisme de la vertu chrétienne. C'est alors que, ne pouvant disparaître de la face de la terre,

car l'homme est l'animal le plus lascif de sa planète, la prostitution est d'abord maudite et per-
sécutée, puis, par l'impuissance des lois et des
pénalités, reste *tolérée*, entrant ainsi dans sa troisième période, qui est la nôtre.

Par atavisme, par intermittence de la pensée et
de la vertu, nous voyons encore, exceptionnellement, apparaître, dans les temps modernes, la
prostitution sacrée et la prostitution épicurienne.

Et maintenant, après cette théorie, qui simplifie
l'enchaînement des cas particuliers, passons *aux
faits*.

« Les Babyloniens, dit Hérodote, ont une loi
fort honteuse : toute femme indigène est obligée,
une fois en sa vie, de se rendre au temple de
Vénus afin de s'y prostituer avec un étranger.
Beaucoup d'entre elles, dédaignant de se voir
confondue avec les autres, par l'orgueil que leur
inspire leur richesse, s'y font porter en superbe
carrosse. Les unes se font séduire devant un
grand nombre de laquais, mais les autres se contentent de leur seul mari, qui se tient dans le
temple la tête couronnée d'une cordelette. Celles-
ci arrivent, celles-là partent. On voit dans toutes
les directions des allées tendues de cordes, et les
étrangers qui passent choisissent les dames qui
leur plaisent le mieux.

« Lorsqu'une femme a pris place dans ce lieu,
elle ne peut retourner chez elle sans que quelque

étranger lui ait jeté son denier sur les genoux et l'ait possédée. Il est de règle que l'étranger, lui jetant son denier, lui dise: « J'invoque la déesse Militta », qui est le nom assyrien de Vénus. Quelque minime que soit la somme que lui offre l'étranger, elle ne peut la refuser, car la loi le défend, et cet argent devient sacré. Enfin, quand la femme, en s'abandonnant ainsi, a payé sa dette à la déesse, elle retourne à la maison et quelque formidable somme qu'on lui puisse offrir, il n'est plus possible de la posséder. Celles qui sont bien faites et belles ne séjournent point longtemps dans le temple, mais les laides y restent plus de temps, parce qu'elles ne peuvent satisfaire à la loi. On en a vu parfois qui y sont restées jusqu'à trois et quatre années. »

Cette prostitution sacrée passa avec le culte de Vénus Milita ou Vénus Urania, à Chypre et en Phénicie.

La ceinture de chanvre qui enveloppait la femme représentait la pudeur, que l'amour devait rompre par son impétuosité. Qui voulait la posséder devait prendre l'extrémité de cette corde et entraîner la victime à l'ombre des cèdres et des lentisques, sous lesquels se consommait le sacrifice. Cette offrande à Vénus était d'autant plus agréable à la déesse que le sacrificateur, dans ses transports amoureux, brisait tous les obstacles qui retardaient l'assouvissements de son désir[1].

En Arménie, Vénus était adorée sous le nom d'Anaïtis, et aux entours du temple de la déesse vivait toute une population consacrée aux rites amoureux. Les étrangers avaient seuls le droit de rechercher la volupté, et quand une enfant, sortant du temple d'Anaïtis, abandonnait sur ses autels tout ce qu'elle avait gagné à la sueur de son propre corps, elle n'avait point à rougir d'elle-même ; et plus facilement trouvait-elle un mari, qu'elle avait plus sacrifié à la déesse d'amour.

A Chypre également, les jeunes filles faisaient de longues traversées en mer pour s'aller prostituer aux étrangers qui abordaient cette île, dans laquelle on comptait vingt temples consacrés à Astarté. Justinien vit de ses propres yeux cette traversée à la fin du deuxième siècle, mais à cette époque le prix de la prostitution n'était plus déposé sur les autels, il s'accumulait dans un coffre-fort pour former une dot aux futurs époux.

L'Égypte aussi connut la prostitution sacrée, et les Perses l'apprirent des Lydiens.

En Grèce, la prostitution commença par être hiératique et devint ensuite épicurienne et esthétique.

Platon dit : «Nous avons deux Vénus, l'une très ancienne, sans mère et fille d'Uranus, de qui lui

---

1. Dufour, *Op. cit.*, t. I, p. 41.

vient son nom d'Urania, l'autre plus jeune, fille
de Jupiter et de Dioné, que nous appelons *Pande-
mos* (Vénus du peuple, Vénus pour tous). »

Mais la Grèce a eu bien d'autres Vénus, et la
Vénus Etaria, et la Vénus Peribasia, et la Muchcia,
et la Castina, et la Scotia ou ténébreuse, et la
Dercate ou corruptrice, et la Callipyge, et tant d'autres, hymnes de luxurieuse imagination, et fantaisies transcendantes du peuple le plus sensuelle-
ment esthétique qu'ait eu l'humaine famille.

Strabon raconte que le temple de Vénus, à Corinthe, avait plus de dix mille courtisanes qui lui
étaient consacrées. C'était un usage général en
Grèce de consacrer à Vénus un certain nombre
de vierges, quand on voulait rendre la déesse favorable ou pour la remercier des faveurs obtenues.
Xénophon, de Corinthe, sur le point de partir
pour les jeux Olympiques, promet à Vénus de lui
consacrer cinquante hétaïres, si elle lui accorde
la victoire. Vainqueur, il paye sa dette.

« O souveraine de Cypris, s'écrie Pindare, Xénophon a mené dans ton vaste jardin cinquante
belles enfants ! O jeunes filles qui accueillez tous les
étrangers et leur donnez l'hospitalité, prêtresses
de la déesse Pito dans le riche Corinthe, c'est
vous qui, faisant brûler l'encens devant l'image
de Vénus et invoquant la mère des Amours, ob-
tenez mainte fois son aide céleste et procurez les
doux moments que nous font goûter les cou-

ches voluptueuses sur lesquelles on cueille les tendres fruits de la beauté. »

Le sage Solon, regrettant les profits somptueux que rapportait aux temples l'exercice de la prostitution sacrée, résolut de donner à l'État tout ce lucre, par l'établissement d'un vaste *Dicterion* où de nombreuses esclaves, achetées des deniers publics, augmentaient avec le produit de leurs baisers les revenus de la République.

« O Solon, s'écrie le poète Philémon dans ses *Delphiques*, ô Solon ! tu as été le bienfaiteur de la patrie; tu n'as pensé, en cette institution, qu'au salut et à la tranquillité du peuple. Elle était en effet absolument indispensable à une cité dans laquelle la bouillante jeunesse ne pouvait obéir aux lois les plus impérieuses de la nature. Tu as de telle sorte prévenu de très grands malheurs et d'inévitables désordres, plaçant dans des maisons spéciales les femmes que tu as achetées pour l'usage du peuple et qui doivent accorder leurs faveurs à quiconque est prêt à les payer. »

Ni la prostitution hiératique, ni la prostitution légale ne pouvaient cependant suffire aux Grecs, dans toute l'ardeur de leur enthousiasme esthétique, et la vénalité de l'amour devint alors chez eux épicurienne.

Les courtisanes d'Athènes se distinguaient en trois catégories principales : les Dictériades, les Aleutrides, les Hétaïres. Les premières étaient les *parias*, les esclaves de la prostitution, les secondes en étaient les auxiliaires, et les dernières les reines.

Les Dictériades prirent le nom de la femme de Minos, roi de Crète (*Dictæ*), Pasiphaé, qui se cacha dans le ventre d'une vache de bronze pour recevoir les caresses d'un vrai taureau. Elles habitaient le Dictérion, maison officielle de la prostitution, et devaient satisfaire les besoins érotiques du bas peuple.

Les Aleutrides étaient joueuses de flûte, menaient une existence plus libre et allaient faire de la musique dans les festins particuliers dont leur chant, leurs notes tendres, leurs danses lascives divertissaient les convives. Et comme elles avaient excité les désirs, il était naturel qu'elles les satisfissent.

Les Hétaïres se donnaient à qui elles voulaient, et avec leur fine éducation, leur instruction, leur esprit, elles ont écrit plus d'une page de l'histoire grecque.

De cette histoire de l'ancienne prostitution grecque je retiens une seule page, elle suffit à donner une idée de la puissance érotique et esthétique de nos très remarquables ancêtres. Au milieu de l'orgie la plus sensuelle, ils restaient les frères de Phidias et d'Apelles. L'aleutride de Mégare écrit à l'hétaïre Bacchis, et lui raconte les particularités d'une fête splendide à laquelle assis-

taient ses amies Tessala, Triallis, Mirrhyna, Philomène, Crysis et Eusippe, à la fois hétaïres et
joueuses de flûte.

« Quel délicieux festin ! Je veux que le récit t'en
aiguillonne de désir. Quels chants ! Quel esprit !
Les coupes se sont vidées jusqu'au jour. Il y avait
des parfums, des couronnes, les vins les plus
exquis, les plats les plus délicats. Un bois om-
breux de lauriers était la salle du banquet. Personne n'y manquait que toi seule...

« Mais voici qu'une discussion s'élève, qui vient
augmenter nos plaisirs.

« Il s'agissait de décider laquelle, de Triallis ou de
Mirrhyna, était la plus riche en ce genre de beauté
qui a fait donner à Vénus le nom de Callipyge.
Mirrhyna laisse tomber sa ceinture, sa tunique
était transparente, elle s'en enveloppe; nous
crûmes voir des lis à travers un cristal; puis elle
imprime à ses reins un balancement rapide; et
regardant en arrière, elle sourit au déploiement
de ses formes voluptueuses qu'elle agite. Alors,
comme si Vénus même eût reçu son hommage,
elle se prend à murmurer je ne sais quel doux
gémissement, dont je suis encore bouleversée.
Mais Triallis ne se donne point pour battue. Elle
s'avance et sans aucune retenue s'écrie : « Je ne
« combats point derrière un voile, je veux me
« montrer ici telle qu'en un exercice gymnique,
« ce genre de lutte n'admet point de travestisse-

« ment. » Disant cela, elle laisse tomber ses vêtements et découvre ses grâces rivales. « Regarde, « dit-elle à Mirrhyna, cette chute des reins, la « blancheur et la finesse de cette peau, et ces « roses que la main de la volupté a comme ef- « feuillées sur ces gracieux contours, soulignés « sans dureté et sans exagération, dans leur jeu « rapide, dans leur douces convulsions, ces globes « n'ont pas le frissonnement des tiens, leur mou- « vement semble le doux soupir de l'onde. » Et disant cela, elle redouble ses lascives vibrations avec une telle agilité qu'un applaudissement général lui décerna les honneurs du triomphe.

« On passa ensuite à d'autres luttes, et l'on disputa de la beauté, mais aucune de nous n'osa lutter contre le ventre égal, souple et ferme de Philomène qui n'a point connu les fatigues de Lucine. »

L'anthologie nous a conservé le cri d'admiration échappé à un heureux qui avait à juger entre trois callipyges, se disputant la prééminence.

« J'ai rendu mon jugement sur ces trois callipyges. L'une avait les fesses d'une blancheur fulgurante et l'on y apercevait des fossettes, comme il s'en voit sur les joues de certaines personnes qui rient. L'autre, raidissant les jambes, faisait apparaître sur une peau blanche comme la neige, des couleurs plus adorables que celles de la rose. La troisième, avec son air tranquille, excitait sur sa peau de délicates et légères ondulations. Si Pâris, le juge des trois déesses, eût vu ces callipyges, il n'eût point regardé ce que lui montrèrent Junon, Minerve et Vénus. »

Les hétaïres grecques, dit Dufour[1], avaient une foule de privilèges sur les femmes mariées. A la vérité, elles ne paraissaient que de loin dans les cérémonies religieuses, elles ne participaient pas aux sacrifices, elles ne donnaient pas la vie à des citoyens, mais que de compensations, douces et fières pour leur vanité de femmes! Elles étaient l'ornement des jeux solennels, des exercices guerriers, des représentations scéniques; elles seules allaient dans les chars, ornées comme reines, brillantes de soie et d'or, le sein nu et la tête découverte; elles formaient un public choisi dans les assises des tribunaux, dans les luttes oratoires, dans les assemblées de l'académie; elles applaudissaient Phidias, Apelles, Praxitèle, et Zeuxis, après leur avoir procuré leurs modèles inimitables; elles inspiraient Euripide et Sophocle, Ménandre, Aristophane et Eupolis, les encourageant à disputer la palme du théâtre. Dans les occurrences les plus difficiles on suivait leurs conseils, on répétait partout leurs mots, on craignait leur critique, on recherchait avidement leurs élo-

1. Dufour, *Op. cit.*, t. I, p. 269.

ges. Malgré leur costume, malgré le scandale de
leur profession, elles rendaient hommage aux
belles actions, aux nobles efforts, aux grands caractères, aux talents sublimes. Leur blâme et
leur approbation étaient une récompense ou une
punition qui ne s'éloignaient pas beaucoup de la
vérité et de la justice. Leur esprit élégant, cultivé,
fin, suscitait autour d'elles l'imitation du beau et
la recherche du bien, répandait les leçons du goût,
perfectionnait les lettres, les sciences, les arts, les
échauffant du feu de l'amour. Telle était leur force
telle était leur séduction. Admirées et aimées, elles
incitaient leurs adorateurs à se rendre dignes d'elles.
Sans doute elles étaient la cause de beaucoup de dé-
pravation, de beaucoup de prodigalité, de beaucoup
de folies ; parfois elles corrompaient les mœurs,
avilissaient telle vertu publique, déprimaient les
caractères et dépravaient les âmes, mais dans le
même temps elles donnaient naissance à de géné-
reuses pensées, à de magnifiques actes de patrio-
tisme et de courage, à des œuvres de génie, à de
nobles manifestations de la poésie et des arts.
Voilà un portrait trop séduisant, peut-être, mais
très ressemblant de l'ancienne hétaïre grecque,
telle que l'offre l'histoire de la prostitution.

L'une des plus célèbres parmi les hétaïres fut
Bacchis, la maîtresse de l'orateur Ipéride. Elle aimait son amant avec une passion telle, que dès
qu'elle l'eut connu, elle refusa de coucher avec

nul autre homme. Elle avait une nature loyale, incapable de faire le mal.

Lorsque Phryné fut accusée d'impiété par Euthias, Bacchis supplia Ipéride de prendre sa défense et contribua de toutes ses forces à la sauver. Elle était d'ailleurs réprouvée par ses compagnes pour *gâter le métier*, en se montrant trop vertueuse.

Quand elle mourut dans la fleur de son âge, elle fut pleurée par tout le monde. Elle avait repoussé les plus magnifiques présents pour rester fidèle à Ipéride, et mourut pauvre, n'ayant que le manteau de son amant pour se couvrir sur le misérable lit qui gardait encore la trace de ses baisers[1].

La prostitution, telle que nous l'avons aujourd'hui, est la résultante de la vertu chrétienne, qui veut l'homme parfait, et de l'instinct animal qui l'attire dans les bras de la femme.

Depuis saint Louis jusqu'à Butler, des lois ont été édictées, des imprécations ont été lancées contre la vénalité de l'amour, mais ni lois ni imprécations n'ont réussi à rayer de la face de la terre l'une des choses les plus humaines de l'humaine nature. Dans ma *Physiologie de l'amour*[2], j'ai déjà essayé de montrer la vanité de ceux qui,

1. Ceux qui voudront connaître l'histoire de Phryné, de Laïs et des autres hétaïres célèbres de la Grèce, n'ont qu'à lire l'ouvrage de Dufour pour y trouver des tableaux éclatants de la prostitution épicuréenne. (Dufour, *Op. cit.*, t. I p. 315.

2. Deuxième édit., 1875, p. 286.

croyant réaliser un grand progrès, ferment les maisons dans lesquelles l'amour se vend. Et aujourd'hui encore, après beaucoup d'années, après un examen approfondi des villes d'Europe où la prostitution est libre et étrangère aux lois, je suis plus que jamais de l'avis de saint Augustin, lorsque, dans sa merveilleuse connaissance de l'homme, il disait :

« Aufer meretrices, de rebus humanis, turbaveris omnia libidinibus; constitue matronarum loco, labe ac dedecore dehonestaveris. »

De tous ceux qui ont écrit pour ou contre la prostitution, nul n'a dit vérité plus haute, plus pratique, plus vraie.

Il ne me reste plus qu'à donner quelque aperçu de la prostitution tolérée, de même que j'ai donné une esquisse de la prostitution sacrée et de la prostitution épicuréenne. Pour le faire, je me guiderai sur le très savant Dr Calza, lequel publiant, il y a déjà seize ans, différents documents inédits sur la prostitution dans la république de Venise, a esquissé sans le vouloir un tableau de toutes les prostitutions tolérées, dans lequel on voit tous les ébranlements, toutes les contradictions qui naissent d'un faux équilibre des forces diverses et contraires.

Le plus ancien document relatif aux courtisanes

---

1. Dr Carlo Calza, Documents inédits : *Sulla prostituzione, tratti degli Archivi della republica Veneta*, Milano, 1869.

de Venise que j'aie trouvé dans les Archives gé-
nérales des Frari, remonte à l'an 1266. C'est une
décision du grand Conseil portant ordre aux
signori di Notte[1] d'expulser de la maison. des
citoyens toutes les femmes de mauvaise vie.

« 1266. — *Indictio X. die X mensis octobris. In
Majore Consilio.*

« Capta fuit pars quod quicumque de Venecia habet
meretrices publicas in domibus eorum commorantes
ipsas de dictis domibus expellere debeat usque ad
octo dies proximos postquam stridatum fuerit; et aliquis de Venecia ab ipso termino in antea aliquam meretricem publicam in domibus suis retinere non
audeat aliquo modo vel ingenio; et hoc in pena librarum X, pro qualibet demo in qua invente fuerint; et
tociens quociens invente fuerint; que libræ X ut dictum est auferi debeant ab eo patrono domus si contra-
factum fuerit. Et injungatur capitulari illorum de
nocte quod inquiri facere teneantur si aliqui contra-
facerint, et si aliquos invenerint penam predictam ab ·
eis excutere teneantur de quibus denariis commune
habeat medietatem pueri[2] quintum et illi de nocte

___

1. Les signori *di Notte al criminal* et les signori *di Notte
al civil* étaient deux sortes de magistrats. Les premiers, qui
étaient les plus anciens, avaient pour mission de veiller
pendant la nuit à la sûreté publique; ils étaient chargés de
garder la ville contre les incendies, les malfaiteurs, les assas-
sins, les voleurs. Les seconds, créés en 1544, examinaient les
procès pour escroquerie et pour fraude, étaient chargés de
l'arrestation des personnes, et suppléaient encore les autres
magistrats de première instance, quand ceux-ci vaquaient aux
jours fériés ou en l'absence du doge.

2. Les *Pueri* étaient des employés de l'Officialité.

quintum; et quelibet meretrix que ab ipso die in antea inventa fuerit debeat spoliari et panni debeant esse puerorum qui eas invenerint; et debeat esse in discrecio ne illorum de nocte ad cognoscendum que fuerint publice meretrices. Et si eis denuntiatum fuerit quod aliqua publica meretrix in domo alicujus maneat debeant mittere pro patrono et ipsam examinare per sacramentum; quod hoc facto et si dixit se nescire quod illa que accusata fuerit sit publica meretrix; et ipso de nocte crediderint ipsam esse publicam meretricem, in eorum discrecione remaneat ad ipsam expellendam vel non. Et precipere debeant patrono si eam pro publica habuerint quod eam expellat usque ad octo dies in pena predicta, quam penam ipse de nocte cum condicione predicta excutere teneantur. »

(Miscellanea. Codici, n° 133.)

Une fois chassées les femmes de mauvaise vie des maisons des citoyens, et poursuivie la prostitution parmi la gent domestique, il était naturel qu'on les réunit dans des maisons spéciales, dans des bordels.

Et cependant sur ceux-ci aussi frappe la sévérité des lois.

1314. — *Die ultimo augusti.*

Quum aliqui vel alique teneat prostibulum in domibus suis propriis contra quos de expellendo eos domini de nocte nequeunt procedere eo quod morantur in domibus propriis.

Capta fuit pars in Majori Consilio quod domini de nocte habeant illam libertatem ad expellendum malas feminas vel homines talia committentes de domibus

suis propriis qualem habent contra illas morantes in
alienis domibus et tantum plus quod pro expulsione
talium possunt imponere penam et penas et eas exi-
gere et habeant partem sicut habent de aliis penis. Et
si consilium est contra revocetur.

(*Capitolare dei capi dei sestieri.*)

Le besoin de tolérer la prostitution, en tant
que convenablement surveillée, s'étant peu à peu
fait sentir, le Grand Conseil, ordonna qu'il fût
trouvé à Venise un endroit opportun pour y remi-
ser les courtisanes.

1358. — *Die III junii. In Majore Consilio.*

Quia necessario propter multitudinem gentium continue intrantium et exeuntium Civitatem nostram expe-
dit providere de dando aliquem locum habilem in
Venetiis pro habitatione pecatricium.   ʼ

Vadit pars quod committetur capitibus sexteriorum
quod debeant diligenter examinare omnia loca Rivoalti que forent apta pro hoc, et facta bona examina-
tione debeant nobis dare suum consilium in scriptis,
videlicet, de loco magis habili et de modis et condi-
tionibus cum quibus debebunt ibi stare, cum quorum
consilio versiatur ad consilium de quadraginta[1], et
fiet sicut videbitur. Et si consilium est contra revocetur. »

Et plus tard :

1360. — *Die XIV junii.*

« Quia alias commissum fuit capitibus sexteriorum

---

1. L'institution de la *Quarantia* (quarantaine) remonte au
douzième siècle; elle reçut de nombreuses attributions, dont
la principale fut le jugement d'appel des décisions civiles et
criminelles.

per partem captam in majori consilio quod examinent de loco habili pro pecatricibus que omnino sunt necessaria in terra ista, et sicut notum est hucusque nihil fuit provisum, sed continue expelluntur per ipsos capita sexteriorum. Vadit pars quod mandetur capitibus sexteriorum et Dominis de nocte quod ipsis pecatricibus non faciant novitatem in insula Rivoalti donec locus sibi fuerit deputatus ubi debeant morari, verum ex nunc captum sit quod capita sexteriorem teneantur dedisse ordinem usque ad calendas mensis augusti proximi de loco ubi debeant morari et cum quibus ordinibus sub pena librarum quinquaginta pro qualibet eorum in suis bonis propriis. Et nihilominus si usque dictum terminum non fuerit deputatus locus tamen non expellantur sed deputetur omnino eis locus ubi debeant morari. Intelligendo quod ipse pecatrices non audeant ire circum per terram nisi in die sabati, et teneantur stare in suis callicellis, declarando quod dicte pecatrices non possint morari in via per quam itur ad bonariam, que via est in capite callis vel ruge ab olio versus S. Matheum. »

(Leggi. ecc. to. XIII.)

Mais les désordres continuèrent et la morale publique demandait impérieusement l'obéissance aux lois promulguées ainsi que de nouvelles mesures préventives.

C'est à cela que se rapporte l'important document suivant, qui contient les dispositions prises à ce propos par le Conseil des Quarante, de concert avec les chefs des Sestieri.

1425. — *Die XV Julii. in consilio de XLᵃ.*
Primo. Che tutte le meretrixe che tien villa pu-

blica de meretrixio sia astrette ad andar habitar entro
el castelletto[1] et tegnir una casa da basso in el ditto
luogo per cadauna, overo una camera de uno di soleri
de sora al suo piaser. Et sia concesso a quelle meretrice le qual habitterà dentro el castilletto potter tutto
el di dalla marangona[2] del di fino al comenzar della
prima campana a sonar star alle volte de Rialto, cioè
alle volte che son sotto el volto che va alla via de Andar a San Cassan et alle volte che son dredo l'hostaria
del Melon et dell'Anzolo et alle volte che son dredo
l'hostaria del Serafin, le qual sempre è stade volte
usade a queste meretrice. Et immediate come comin-
cia a sonar la prima campana a San Marco debia remo-

1. Nul historien n'indique clairement l'origine de ce nom
de *Castelletto*. Gallieccioli lui-même (*Dalle memorie venete an-
tiche, profane ed ecclesiastiche*, livre III), qui nous a formé
avec tant de soins une si précieuse collection de mémoires sur
Venise, et qui décrit dans ses plus grands détails la paroisse de
San-Cassiano, dans laquelle se trouvait le Castillet, se borne à
dire qu'au quatorzième siècle les courtisanes étaient « chiuse
in luogo detto il castelletto ». Il est à remarquer qu'à Gênes
il existait aussi un local où étaient enfermées les filles publiques et que ce local était situé près des *hauteurs du Castillet*, comme il appert d'un règlement de 1459 rapporté par
Granara en son estimable livre des *Nozioni storiche sulla
prostituzione in Genova*. Je ne sais quelle analogie il peut
exister entre ces deux Castillets; en tous cas on peut avancer
que ce nom vient de la raison d'être même de ce local, où les
courtisanes étaient enfermées comme en un château.

2. La *Campana della Marangona* est la cloche qui sonne
au lever du soleil dans les jours fériés, pour appeler au travail,
outre les ouvriers de l'arsenal, les artisans de toute la ville.
Son nom lui paraît venir de ce que sa cage était autrefois bâtie
pour la plus grande partie en bois. Elle devait nécessairement
avoir occupé nombre de ces menuisiers que l'on appelle à Venise des *Marangoni*.

verse tute que le meretrice che sarà stà el dì a le
volte, sichè avanti el cessar de la prima campana
ditta, tute sia redute dentro el castelleto, sotto pena
de lire tre de pizzoli et scuriate diece, eccetto che con
alcun alcuna de quele non andasse a dormir la notte,
la qual pena pecuniaria sia divisa secondo l'uso de
l'officio, et intendese perciò che alcuna de quele meretrice che andasse la notte dormir con alcuno non
possa star a le volte in altro loco per Rialto oltre
l'hora espressa della prima campana, ma si nel castelletto, et lì dentro con tute le altre che sarà stà el dì
a le volte star infin chel sarà serado soto la pena sora-
ditta. Et acciò chel sia più comodità a tutti siccome
el castelletto se serava al sonar de la prima campana
a San Marco, si da mo avanti stia averto fino al cessar de la terza campana a San Marco et sia ordinato
per potter schivar le risse overo brighe podessero oco-
rer li dentro, che come comenza la prima campana a
San Marco quatro di officiali dei cavi de sestier overo
signori de notte a chi toccherà la cerca per tessera,
overo come meglio parerà al suo signor, debia andar
a la porta del castelletto di star fino al cessar de la
terza campana, et più et meno fin chel cavo de sestier
overo signor de note de chi sarà la cerca zonzerà li
per far serar el dito castelletto. Et sia concesso ai
capi de sestier soto pena de lire venticinque de pizzoli per cadauno far in tutto e per tutto observar
questa leze. Et habia libertade i ditti capi de sestier
de metter pena et pene sì pecuniarie come di scuriade
et quelle mandar ad esecutione a quelle meretrice
alle quale per loro serà fato far comandamento se
debia redur al luogo publico de Rialto, come è ditto
de sopra, et se i ditti cavi de sestier quando per alcuno i serà ricercadi mandar questo ad esecutione i

sarà negligenti, sia commesso ai Avogador de comun[1], soto debito de sagramento i debia tuor la so-
pradetta pena de lire 25 de pizoli, et niente men far
observar et per tutto la ditta parte, et non possa le
ditte meretrice bever altro vin che del vin de la taverne.

Idem. Perchè el son molti berthoni i qual schuode
mamole de soto le matrone et tiene nel castelletto et
manzali tutto quello che le vadagna et plui volte le
ditte mamole se vorave separar de loro azo che non i
tolesse el sol vadagno nè quelle struxiare, et non
possa perchè quelli tal berthoni sentenziar quelle mamole per lor schosse de tanti denari per quanti loro
le ha schosse de soto le matrone et per vigor de quella
sententia le astrenze a la prexon siche per tema de
non andar in prexon pluitosto consente starle subju-
gade et darli quello lor vuol, che è contra ognia sua
volontà, la qual cossa è pessima et bon sia a proveder
si per remover tal giotoni che non viva nè usurpa el
guadagno de quelle misere mamole chome ancor per
dar larghezza a le dite mamole possa star nel castelletto se le vorrà et similmente viver ben. Sia prezo in
questo modo che chadaun berthon over altri chi se
voja non possa schuoder chadauna de quele mamole

----

1. Les *Avogador di comun* ont une origine fort ancienne;
avocats et juges du fisc, ils conservent et défendent les privilèges
communaux, semblables en quelque sorte aux tribuns de la
plèbe de la République romaine. Ils exercent le ministère public
dans les causes civiles et criminelles; ils décident devant quel
tribunal les procès doivent être portés; leur intervention est
nécessaire pour rendre valables les délibérations du Grand
Conseil et celles du Sénat; enfin, ils ont la garde du Livre
d'or, dans lequel sont enregistrés les naissances et les mariages
des patriciens.

si veramente che quela mamola scossa non sia ne
possa esser astretta dar alguna cossa ni per vadagno
ni per utile de denari per i qual la sera sta schossa a
quel tal verthon o altri che l'avesse schossa. Et azo
ancor che per timidità de non esser astretta per sententia del chadeval[1] per el qual la fosse sta schossa
desser messa in prexon hocultam ente la consentisse
dar a quel berthon over a quelli lavesse schossa alguna
cosa. si ordenado per questo muodo che per alchun
muodo chon que la sententia del chadeval quel tal
berthon over altri non possa far meter in prexon quella
tal mamola per loro schossa per algun modo, ma debia i cavi de sestier per la maor parte de loro limitar
quelo li parerà secondo el vadagno de quela mamola
che la i possa dar al mexe, et chussi far dar a quel
tal berthon over altri lavesse schossa ogni mexe fin a
intriego pagamento del chadeval, et aquesta condition
sia quele fosse sta franchade avanti el prender de
questa parte.

Idem. — Chonziosia che de 1421 de mazo fosse
prexo nel conscio de pregadi che mamole podesse andar a dormir per le hostarie et taverne, et nel ditto
millesimo fosse anchor prexo chel se podesse zogar
in le taverne et hostarie in fin a la suma de lire X de
pizoli, la qual cossa è pessima et iniqua, perho che
come a tuti è manifesto lè sta cazon de haver fato de-
ventar assaissimi non solamente inuteli ma anchora
laronzelli perho che avendo consunta la sua fachultà
inilichidi nel star a poltronizzar con quelle meretrixe
et al zuogo se mette a voler viver de le altrui fadige,
che è injustissima cossa et contra el comandamento

---

1. *Caredal*, capital, est proprement la somme donnée en
prêt au public en cas de déficit du trésor.

de missier Domenedio et honor de Venexia, et utilis-
sima cossa sia a proveder, sia revocada in tuto et per
tuto la parte messa sora quesba materia, et observisse
come si observava da prima, zioè che le dite mamole
non possi dormir in le hostarie ne in le taverne, ne
in quele se possi zgar chomo si contien in li ordini
veci.

Idem. — Et quia multi juvenes incorrepti qui potius appellantur lenones non curantes ex suo sudore
vivere quottidie secuuntur dictas meretrices vivendo
ex sua paupertate et meschinitate rapiunt sibi vi denarios et alia sua bona et minantur eis et multotien ver-
berant eas quando nolunt dare sibi denarios propter
quod ipsis convenit exire de veneliis quod est malefactum. Ordinetur quod si pervenerint ad aures capitum
sexteriorum inconvenientia, videlicet quod scire pote-
rint per querelam dictarum meretricum et aliorum
testium vel alio modo tales juvenes sive bertoni ca-
dant de libris XXV et stent uno mense in uno carcerum inferiorum et bannantur per unum annum de insula Rivoalti et hoc totiens quotiens contrafecerint et
si reperientur in insula Rivoalti ante terminum iterum stent uno mense in uno carcerum inferiorum et
solvant libras X et iterum baniantur per unum annum
de dicta insula Rivoalti et hoc totiens quotiens contra-
feceriat que pene dividantur ut supra.

Item quia dicte meretrices tenent seu faliunt teneri
e dictis suis bertonis domos extra insulam Rivoalti et
omni nocte vadunt secum dormitum et multotiens
stant de die in dictis domibus quod est malefactum
propter bonos homines volentes vivere honeste, ordinetur quod si qua meretrix castelletti cujuscumque
conditionis existat tenebit vel teneri faciet aliquam
domum extra insulam Rivoalti cadat de libris X et si-

militer qui per ea tepebit, que pena dividatur ut supra et stet uno anno in uno carcerum nec incipiat
terminus carceris nisi prius solverit penam pecunia-
riam et postea banniatur per duos annos de veneciis,
qui si revertetur ante terminum iterum stare debeat
in uno carcere per unum et solvat libras X accusatori
et iterum banniatur et incipiat terminum banni ut
supra, et sic procedatur in infinitum donec dictum
bannum completum fuerit. Mulier vero que sic steterit
exponsata in castelletto habere debeat scoriatas cuin-
quaginta et banniatur de insula Rivoalta, que si re-
verteretur iterum habeat scoriatas L et solvat libras X
accusatori et sic procedatur in infinitum, quarum pe-
narum non possit fieri gratia, donum, remissio, re-
compensatio; termini elongatio, neque aliqua declaratio, nec accipi pena pecuniaria per parte sub pena
ducatorum C in suis propriis bonis pro quolibet capite sexteriorum ponente aut consentiente partem in
contrarium et qualibet vices que pena ducatorum cen-
tum debeat exigi per dominos advocatores comunis et
habeant partem ut de aliis sui officii.

Item quod aliqua meretrix subjecta matrone non
possit se obligare divisim nec conjunctim in totum
nisi ad summam ducatorum sexaginta trium, quod si
se obligaverit tale debitum non debeat scribi in qua-
ternis officii.

Item quod aliqua persona non possit in dicto loco
publico tenere meretricem aliquam nisi comodo quo
tenent matrone scripte ad nostrum officium, scilicet
tenendo capsam pro reponendo lucrum meretricum
et faciendo se scribi ad officium, pena librarum quinquaginta parvorum, que pena dividatur ut supra.

A titre de curiosité et pour montrer les préjugés de cette époque, je reproduis les deux documents qui suivent :

1424. — *Die 14 julii, in Rogatis.*

« .... Quod si decetero repertus fuerit aliquis judens cum aliqua muliere christiana de loco publico Rivoalti, cadat ipse hebreus de libris 500 et stare debeat menses 6 in uno carcere inferiorum. Si vero mulier non fuerit de ipso loco publico Rivoalti stare debeat uno anno in uno carcerum inferiorum et solvere libras 500, de quibus penis vel aliqua earum non possit ipsi hebreo fieri aliqua, donum remissio, decompensatio vel aliqua declaratio, aut presentis partis revocatio sub pena ducatorum ducentorum pro quolibet ponente vel consentiente partem in contrarium... »

(*Capit. dei Signori di Notte,* c. 32.)

1438. — 12 *dicembre.*

« ... Che da mo in avanti alguna meretrixe sia de che condition se voia non ardissa ne presuma per modo alguno ove forma farse tochar de pecado in vigilia de la Nàtività con le do sue feste, tuta l'adomada santa col di dela resurection gloriosa et le sue feste, et eziando tute le vezilie et feste de la gloriosa verzine Maria, soto pena per chadauna et chadauna fiada che contrafesse de libris X de pizzoli et schoriade XXV et de star 8 di in prexon... »

(*Capit. Capi dei Sestieri,* c. 58.)

Quant aux précautions hygiéniques au sens étroit de ce mot, c'est-à-dire relatives à la diffusion des maladies vénériennes et de la syphilis, qui depuis la descente de Charles VIII en Italie, en 1493-94, sévit de singulière façon dans l'armée,

il m'a été donné de trouver un curieux document
dans les Archives du Conseil de santé. Je crois
devoir le faire précéder d'une note du journal de
l'historien vénitien, Marin Sanudo, passage qui
contient une description bien exacte des phéno-
mènes de la syphilis.

1496. — *Juglio.*

« Nota che per influxi celesti da anni doi in qua zoe
da poi la venuta de Francesi in Italia se ha scoperto
una nova egritudine in li corpi humani dicta *mal
franzoso*, lo qual mal si in Italia come in Grecia,
Epagna et quasi per tutto il mundo è dilatado et de
natura he che debillita li membri, le mane e piedi in
spocie di gotte et fa alcune puscule et vesciche tumi-
des infiade per tuta la persona e sul volto con febre e
dolori artetici che fa tuta la codega piena e coperta
di broze su la faza fino ai oehii come fano varuole a le
femine tute le coxe fino a la natura in tanto fastidio
che tal paciente chiamavano la morte et comenza ditto
mal a la parte pudicha prima et nel coyto e conta-
giosa altramente no, dicitur etiam puti l'hanno, dura
a varir langamente, et è conclusive spurgissimo mal,
tamen pochi ne more el qual mal licet molti dicono
sia venuto da Francesi tamen lhoro l'hanno da anni do
in qua habuto et lo chiamano mal italiano. »

(*Journal de Marin Sanuto*, to Ier, p. 171.)

Il est difficile de trouver un document de cette
époque qui soit plus exact dans la description des
diverses altérations que produit la syphilis sur la
peau. Des vésicules aux ulcères, à la gomme, aux
plaques muqueuses, nous voyons tout indiqué

dans le scrupuleux historien ; aussi ne douté-je point que ce ne soit là un précieux passage de l'histoire de la syphilis.

Voici maintenant la décision des magistrats chargés de la santé, relativement à la vente des huiles dans lesquelles avaient été plongés des malades du mal français ; c'était alors là le remède que l'on regardait comme le plus propre à les guérir.

1498. — 5 *septembri*.

« Conzosia che per diverse vie sia pervenuto a notitia del officio di proveditori de la sanità che in questa nostra cità vieno venduti olii tristi et de pessima sorte ne li quali sono sta dentro persone, le qual hanno havuto et hanno mal franzoso, per el qual suo star indicti olij se hanno trovato assai immondisie, broze et altre immundicie et sporchezi, il che è cossa molto periculosa, et contra la salute de la cità nostra, Perho a tuti se fa a saper che sel sarà persona alcuna sia de che condiction et grado esser se voglia che ardissa ne presuma vender ne far vender simel olij in alcun loco di questa nostra cità, caza a pena de Lire 500 da esser immediate scosse senza alcuna remissione ne gratia. Et tel sara schiavo o schiava che per la sua accusa se habi la verità, siano franchi et habino la mità de la suprascripta pena pecuniaria. Et tel sarà faute over fautescha che sia scripti haver debino tuto el suo salario como se i havesseno compito el suo tempo et habi ancoro la mità de la pena pecunaria, da esser scossa di beni di contrafazenti, se haver se ne potrà, se non di danari de la sig. nostra. El resto veramente de le dicte L. 500 vadino a beneficio di nostri Lazarretti.

« Publicata per Petrum Ricardi preconem. »

(Notatorio 1°, c. 49.)

Il faut remarquer cependant que ce n'est point seulement à Venise que la croyance populaire regardait comme propre à guérir le mal français l'immersion des malades dans des tonnes d'huile. A Rome, à cette même époque, le même usage était en vigueur. En effet, Burchard, qui fut maître des cérémonies du pape Alexandre VI Borgia, dans son journal, dont une copie est conservée à la bibliothèque Marcienne, écrit sous la date de 1497, sans indication de jour :

« Hoc mane fuerunt mitrati[1] sex rustici et venditores olei et fustigati ex eo quod recepto pretio a quibusdam morbo gallico laborantibus, qui illorum oleo linis imposito et balneati ab eadem infirmitate se liberos evadere sperabant, in his linis oleo plenis illos balneari permisserant et pro bono et mundo aliis per urbens more solito vendiderunt. »

(Burchardii Diarii, Hanovre, 1697, c. 45.)

Cette déplorable coutume était toute-puissante dans la seconde moitié du seizième siècle, et les magistrats peu capables de la réfréner. Les documents qui suivent, tirés des Archives du Conseil des Dix et qui terminent la série de mes recher-

---

1. On mettait au patient une sorte de mitre en tête

ches sur la prostitution de l'ancienne Venise, montreront combien à cette époque, plus qu'en aucune autre, étaient en trop grand honneur ces courtisanes qui, d'abord tolérées, arrivèrent peu à peu à mépriser les lois les plus sages.

1563. — *Die ultimo martii, in Consilio X.*

« Le violationi delle povere verginelle sono state sempre et·tuttavia sono giudicate per casi gravi et molto perniciosi, onde quelli che le commettono, giustamente devio esser castigati secondo la forma delle leggi nostre; ma se in genere questi sono flagitri enormi, senza dubbio sono di peggior qualità quando sono perpetrati con quelle che sono in età minore ed immatura, le quali per non haver ancora l'uso della ragione, ne cognitione del bene o male che se gli appresenta non gli si può dire che consentano al peccato. Peril che hova che si intende che in questa città grandemente molltiplica il vitio di violar le fanciulle che sono minori et in età molto tenera prostituise spesse fiate et come vendute delle proprie matri overo da i suoi più congiunti di parentato per cupidità di danari ; è necessario per lo bueno et regolato vivere, per honor et beneficio delle dette povere creaturine che senza sua colpa restano vitiose et infami, ma niolto più per rispetto et riverentia della divina Maestà far più gagliarda provisione di quella che è stata fatta per li sempi presenti in questa materia.

« L'anderà parte che salve et riservate le leggi et ordini nostri soprà ciò disponenti a questo non repugnanti, i detti delitti di verginità violata, preipetrati con fanciulle di età minore et immatura come è soprascritto, i quali essendo quodammodo compresi sot-

to il peccato abominevole contro la natura, raviogne-
volmente dieno esser puniti con l'autorità di questo
consiglio de cetero sieno commessi al magistrato delli
essecutori nostri contio la biastema con autorità di
proceder contro i delinquenti, et punir quelle ut infra
videlicet. Le matri che per danari ò per qual altra si
voglia causa mettesero le loro figliuole della età so-
praditta immatura in mano di quelli da i quali fossero
private della loro verginità, o esse matri consentissero
a tale effeto, sieno poste sopra uno solaro eminente
fra le due colonne di S. Marco con una eorona in capo,
et uno breve sopra il petto che dichiarasse la colpa
sua, et poi sieno bandite per anni doi da questa città
et suo destretto. I padri veramente, parenti o altri
quomodocumque, che commettessero il delitto preditto di prostituir le preditte fanciulle per danari overo per altra causa, o consentissero che fossero violate,
siano coronat col breve sopra il petto ut supra, et
poi siano posti o servir al reme in ferri nelle galee
nostre di condannati per anni due, et non essendo
sufficienti a tal servitio, debbano esser posti in pri-
gione, ove habbiano a star serreti per lo tempo di anni
due, et poi siano banditi di questa città, et suo dis-
tretto per altrettanto tiempo di anni due continovi.
I delinquenti veramente, et violatori della verginità ut
sopra, essendo nobili nostri siano privati del nostro
maggior consiglio et delli officii che havessero, overo
consegli ne i quali fossero per lo tempo di anni due,
et oltre a ciò debbano pagar lire quatro cento di piccioli, et la loro condanatione debba esser pubblicata nel
preditto maggior consiglio. Se i detti violatori fossero
cittadini nostri o di altra conditione quol si sia, et di
cadaun luogo el patria che fossero, debbano pagar lore
quattrocento di piccioli, et oltre di cio debbano esser

bandidi di questa nostra città di Venetia et suo dis- tretto per anni quattro, i quali non debbano princi- piar se non dappoi pagate le predette lire quatrocento. Et se alcuno dei banditi in executione della presente parte romperà i confini, et sarà preso, debba siaranno uno inprigione serrato, et poi sia rimesso al suo bando, il qual allora debba incominciare, et hoc toties quoties, con taglia di lire quattro cento di piccioli da esser pagati dai beni de i delinquenti se ne saranno se non de i denari de questo consegio deputati alle taglio, a quello o quelli che prenderanno i detti banditi et condurano nelle forze della giustitia; potendo i detti esecutori contro la biastema oltre le altre pene sopra- dette assegnar alla puta violata per sua dote quella quantità di danari che lor parerà esser conveniente, considerata la qualità et conditione del violator et della puta preditta. Et quando ad essi essecutori pa- resse chel delitto meritasse maggior punitione, deb- bano venir a questo consiglio per castigar i violatori coma sarà giudicato ricercar la colpa loro. Le dette pene delle lire quatrocento, come di sopra è dichia- rito, siano divise essendo accusator per metà fra lui, il qual debbe esser tenuto secreto, et la puta violata, et non essendo accusator, tutte esse pene siano appli- cate alle predette fanciulle per lo suo maritare o altri loro bisogni. Et la presente parte sia publicata sopra le scale di San Marco et Rialto per intelligentia di cadauno. (*Registri comuni*, N. 26, c. 10.)

1572. — *Die* 28 *martii, in Consilio X.*

Le Maggiore gratie che si possano render al signor Dio per li continui beneficii che si recivono dalla po- tentissima mano sua, et le più afficaci orationi che si possano fare a sua Divina Magestà per che habbia la protettione nostra in tanti travagli et pericoli del

Mondo, sono il procurar con ogni via possibile che si offendi manco che si possa la Divina Magestà sua, et particolarmente con li vitii della carme, le quali oltrachè *infectano l'anime, ammorbano li corpi et consumano la faculta*, il che ben considerato dalli prudentissimi maggiori nostri statuirono diversi ordini in materia delle meretrici, et particolarmente dal 1539 alli 12 settembre, li quali quando fossero stati osservati non sariano dette meretrici accresciute in tanto numero che al presente non si po andar in parte alcuna di questa città che non ve ne sieno molte lequali con la petulantia et lascivia loro allacciano et fanno pericolar la gioventù di questa città con danno ed infamia publica; pero dovendosegli far provisione.

L'anderà parte che sia fatto proclamati che tutte le meretrice quali da cinque anni in qua sono venute in questa città debbano in termine di giorni quindici prossimi esser partiti di essa, e più ritornavi sotto pena di star mesi sei in prizione serrata, et di pagar ducati venticinque aquello o quelli che l'accuseranno, da esser tenuto secreto, et se vi saranno trovate la seconda volta li sia dupplicata la pena cosi della prigion come della taglia, et contrafacendo la terza volta come ad incorregibile li sia fatto tagliar il naso. Et alla medesima pena cadano quelle che ne l'avvenire, venissero ad habita in questa città. Le altre meretreci veramente che non saranno alla condicion delle sopradette, non possano habitar vicino alle Chiese, nè andar in quella a tempo della frequentia delle persone, nè mescolarsi con le nobile cittadine et altre donne di honesta vita, ne possano andar a perdoni o a chiesie ove si facciano solennità, se no tra nona et le campane, sotto le medesime pene dette di sopra. Et la presente parte sia publicata sopra le scale di San Marco et di

Rialto, della qual l'essecutione sia commessa alli Proveditori nostri sopra la sanità con ordine che la facciano pubblicar ogni prima domenica di mese in ca-
daune contrada et in cadauna chiesa a tempo della
maggior frequentia di populo, et tanta publicata o no
habbi la debita essecutione ; quali proveditori alla sanità siano obligati anco far osservar et esserguir li
altri ordini fatti delli precessori loro, del detto tempo
1559 di settembre, che non siano contrari alli sopre-
detti.   (*Registri comuni*, n. 30, c. 102.)

L'histoire de la tolérance de la prostitution en
Europe est une des pages les plus curieuses et
les plus comiques de la morale humaine. Un désir
arcadique, idéal, exquis, saint, tant qu'on le voudra, de voir l'homme pur et chaste, et un besoin
ardent, irrésistible, de vendre et d'acheter la
plus chère jouissance de la vie, un continuel « je
ne veux ni ne puis ». Des lois édictées et des magistrats chargés de les faire respecter; un jeu
comique de l'amour, qui, nu, enfant et désarmé,
avec ses joues roses, raille le moraliste, le législateur, le bourreau, et leur dit à tous : Tel que
vous me voyez, petit et nu, je suis plus rusé que
vous tous[1].

1. Il est curieux de trouver à Venise le paradis de la prosti
tution européenne dans les siècles passés, à côté des lois les
plus sévères et les plus fréquentes pour la réfréner et l'étouffer.
    Pendant que se promulguaient les édits que j'ai reproduits
après le docteur Calza, un livre, par exemple, se publiait, qui
avait ce titre :
    « Questo si è il catalogo de tutte le principal et più hono-

rable cortigiane di Venetia, il nome loro et il nome delle loro piaze, et le stantie ove loro habitano, ed di più ancor vi narra la contrata ove sono le loro stantie et etiam il numero de li dinari che anno da pagar quelli gentilhomeni ed altri che desiderano intrar nella sua gratia. 8°. »

Ce livre est du seizième siècle et dédié par l'auteur.

A. C. « *Alla molto magnifica e corteza signora, la signora Livia Azalina.* »

CHAPITRE XVI

L'AMOUR DANS L'AVENIR

Coup d'œil général sur l'ethnographie de l'amour. — L'amour
chez nous. — Son passé, son présent et son avenir.

Au moment de quitter le lecteur qui a bien
voulu me suivre jusqu'ici, outre le regret qui accompagne toujours les adieux, je suis effrayé de
l'insuffisance de mes forces pour traiter le sujet
que j'ai choisi. Dans ce labyrinthe de l'amour,
dans l'enchevêtrement inextricable de tant de
fils et dans la multiplicité des cas, aurai-je pu
suivre la voie scientifique, aura-t-il pu avec moi
voir la substance à travers les formes multi-
ples et ne pas perdre de vue l'ensemble de la
question?

S'il y a quelque mérite à tracer pour la première fois une ethnographie psychologique de
l'amour, que cela me serve d'excuse.

Pour un écrivain cynique, l'ethnographie comparée de l'amour serait une étude vaine, puisque
dans tous les temps et dans tous les lieux
l'homme et la femme font l'amour de la même

manière. « *Putains partout et cocus partout, la chasteté n'habite pas en une région plus qu'en l'autre.* » C'est Brantôme qui le dit ; mais avec des mots à peine différents, cent autres ont écrit et pensé de même. Ces ignorants superbes sont les mêmes qui applaudissent au proverbe provençal : « *Ombre d'hom vau cen fremos,* l'ombre d'un homme vaut cent femmes ».

Tout cela est vil et, ce qui est pis, faux. L'ethnographie de l'amour est toute une science dont je n'ai tracé que quelques lignes.

L'homme aime comme animal et comme homme. Il aime parce qu'il a un sexe, et il aime différemment de tous les animaux, parce qu'il diffère d'eux, parce qu'il est la plus complexe et la plus élevée des formes de l'animalité. Ses amours ont donc des caractères communs à tous les êtres vivants (chez les plantes même, l'amour est plus qu'on ne croit analogue à celui des animaux) et des caractères particuliers.

Le squelette n'est pas l'organisme entier, il n'en est que la charpente ; mais en l'étudiant on comprend les muscles qui s'y attachent, les nerfs qui le traversent, les viscères qu'il renferme. Ainsi il faut, en psychologie, chercher le squelette de la grande fraternité biologique que recouvrent ensuite les formes de l'humanité la plus élevée.

L'homme a, comme les animaux, les violences,

les jalousies, les batailles de l'amour, mais il aime plus et il aime mieux que tous les autres animaux. Tout ce qui peut modifier la nature humaine, modifie la manière de sentir et d'exprimer l'amour. La race est une somme de modificateurs de l'homme, et par suite, un des plus puissants modificateurs de l'amour.

Nous aimons différemment, non seulement parce que nous sommes hommes ou femmes, jeunes ou vieux, d'un tempérament ou d'un autre, mais parce que nous sommes Italiens ou Chinois, Français ou Australiens.

Lorsqu'un voyageur, un philosophe, un ethnographe nous décrivent le caractère d'un peuple, ils doivent nécessairement nous dire aussi comment il traite l'amour, parce que sa manière d'aimer constitue un des traits les plus saillants de sa physionomie morale.

Dans les variations ethniques de l'amour il y a différence de quantité et de qualité, les premières beaucoup plus importantes et plus variées que les secondes.

Parmi les préjugés vulgaires qui ont cours dans les masses, on trouve encore celui-ci : Au nord on aime moins, au sud on aime plus; les méridionaux sont ardents, les septentrionaux sont froids. Il y a certainement là une part de vérité, mais très fruste.

Est-ce à dire que Byron ou Burns, pour être nés

dans les brouillards de l'Angleterre, ont aimé moins ardemment qu'un montagnard de la Grèce ou de la Turquie?

En général, toutefois, on peut dire que les nègres ont l'appareil génital et l'énergie virile très développés. Ils sont précoces, lascifs, polygames et débauchés.

Il y a cependant des exceptions. Falkenstein, par exemple, a trouvé que même chez les négresses de Loango, l'apparition de la menstruation présente de grandes variations, comme chez nous. Elle se montre entre douze et dix-sept ans et quelquefois à vingt ans.

D'un autre côté pourtant, la violence des appétits inspire néanmoins au nègre de grandes tendresses et d'ardentes passions.

J'ai connu quelques négresses fidèles et aimantes, qui feraient honneur à nos femmes les plus idéales. En voici un exemple :

Le capitaine Stedman s'étant épris d'une belle négresse de Surinam, fut soigné par elle dans une grave maladie, et grâce à ses soins il guérit. Il lui offre la liberté et son amour. Elle refuse en disant :

« Je suis destinée à vivre dans l'esclavage; si vous me traitez avec trop d'égards, vous serez perdu dans l'opinion de vos amis. Du reste, le rachat de ma liberté vous sera difficile, très coûteux et peut-être impossible. Bien qu'esclave, je crois

n'être point inférieure aux Européennes, et je ne
rougis pas de vous avouer que je ressens une
grande tendresse pour vous qui m'avez distinguée
entre celles de ma condition. Vous avez eu pitié de
moi, monsieur, et je mets tout mon orgueil à
vous prier, à genoux, de me permettre de rester
auprès de vous jusqu'à ce que le sort nous sépare
ou jusqu'à ce que ma conduite vous autorise à
me chasser. »

Cette pauvre femme pleurait.

Elle devint la compagne de Stedman. Il lui
avait fait des cadeaux pour 20 livres sterling,
mais il trouva le lendemain cette somme sur
sa table. C'était elle qui s'était fait rembourser
tous les objets, ne voulant pas être payée de son
affection.

Un Makololo qui accompagnait Livingstone
dans ses voyages était très amateur de femmes.
A chaque belle jeune fille qu'il voyait il disait :
« Oh! comme elle est belle, je n'ai jamais vu la pareille. Je voudrais savoir si elle est mariée », et il
la regardait avec amour jusqu'à ce qu'il l'eût perdue de vue. Il avait déjà quatre femmes et il pensait à en augmenter le nombre.

Adamoli vit à Mogador une femme dont le mari
avait tué l'amant, répéter constamment que son
amour ne cesserait qu'avec sa vie. Il vit aussi une
jeune femme noble nommée Fatma, qui, s'étant
éprise d'un jeune Génois, abandonna tout pour le

suivre; emprisonnée et fouettée par le cadi, elle répétait, sous les coups, qu'elle aimerait toujours le chrétien.

Mais quant à la véritable passion et à la place qu'occupe l'amour dans la vie, nous pouvons dire que les peuples de la zone tempérée chaude, doués d'une vive imagination, sont certainement les plus aimants.

Sans vouloir blesser personne, les Italiens sont, pour moi, ceux qui aiment le plus parmi les peuples civilisés.

Aux antipodes, il faudrait placer les Indiens Tinné, qui manquent des mots *amant* et *cher*; aussi les missionnaires, traduisant la Bible en langue algonquine, ont-ils été obligés d'inventer un mot pour suppléer au verbe *aimer*.

Ces différences ethniques s'observent aussi chez les individus. Pour les uns, l'amour est la première et la dernière joie de la vie et l'idée fixe devant laquelle s'efface toute autre.

Il y a en a de semblables à Metellus Numidicus le censeur, qui disait au peuple romain : « Si la nature eût été libre de nous donner l'existence sans le concours de la femme, nous serions délivrés d'une compagnie fort importune. »

La prédominance d'autres passions qui absorbent la plus grande partie de l'énergie morale d'un peuple peut affaiblir l'amour. Lorsqu'une race est prise par la fièvre des conquêtes, elle aime moins que si, en paix et riche, elle aspire à jouir de la vie. En étudiant l'histoire, on trouve toujours qu'à une époque donnée, l'amour s'épanouit quand le milieu est favorable. Il en est comme d'un jardin. Une année vous avez une floraison très riche de pêchers, une autre fois ce sont les arbres à fruits acides qui dominent. Le terrain pourtant est toujours le même, le jardinier n'a pas été changé; mais l'année favorise tantôt une plante, tantôt une autre.

Il naît ·à peu près autant d'hommes que de femmes; mais en réalité, il meurt beaucoup d'hommes qui n'ont jamais eu un seul amour, tandis qu'il y a des femmes qui comptent leurs amants par centaine, et il est des sultans qui ont jusqu'à mille femmes.

Sans le frein des lois, des préjugés, et sans les craintes religieuses, l'homme serait naturellement polygame et la femme polyandre; si l'homme est plus souvent polygame que la femme polyandre, c'est parce que celle-ci est plus faible et moins riche. Les raisons principales de la polygamie et de la polyandrie sont la variété et le désir de posséder ce que les autres ne possèdent pas.

Le besoin de varier est tel que bien souvent on préfère le pire, rien que pour le changement. La curiosité qui a perdu Ève est une source féconde de péchés encore aujourd'hui, et les Européens se sont unis aux femmes de toutes les peuplades qu'ils ont connues, quelle que fût leur laideur. La polygamie et la polyandrie, qui ont leurs racines dans la nature humaine, peuvent devenir des institutions sociales, sanctionnées par des lois.

L'intensité de l'amour dépend plutôt de l'individu que de la race. J'ai vu en Amérique des exemples de passions ardentes, durables, je dirai même sublimes chez une négresse et chez une Indienne Guarani, tandis que j'ai connu plus d'un Européen d'une grande sensibilité et d'une belle intelligence pour qui l'amour n'était rien, ou presque rien dans la vie.

Wood raconte qu'une jeune fille cafre ayant vu un chef danser avec grâce, en devint si éperdument amoureuse, qu'elle perdit toute pudeur, et alla au *kraal* du prince pour lui déclarer sa passion. Le chef, qui ne l'avait jamais vue, l'invita à s'en aller, mais elle voulut rester malgré tout, et l'on fut obligé d'appeler son frère pour l'emmener. Elle retourna aussitôt au kraal, et cette fois son obstination lui valut des coups. Une semaine après, pour la troisième fois, elle frappa à la porte de son bien-aimé, et son insistance fut si grande que son frère engagea le chef à l'épouser, ce qu'il fit. Fait éloquent mais non unique qui confirme le proverbe ancien : *Ce que femme veut, Dieu le veut.* Ce fait paraît incroyable chez les Zoulous, qui achètent leurs femmes. C'est un caractère tout spécial à cette peuplade de séparer entièrement le mariage de l'amour. L'amour pour eux est libre (nous l'avons déjà vu) et presque sans frein; le mariage est un contrat d'intérêt, c'est un trafic de vaches et une fabrique d'enfants, ce qui abaisse le niveau de la famille, plus peut-être que la polyandrie et la polygamie.

L'idéal de la famille humaine, c'est le libre choix, c'est l'amour qui consacre le mariage, qui le maintient par l'affection, par la communauté des souvenirs, qui résout le problème de faire survivre l'amour à la jeunesse disparue, à la beauté perdue, en substituant lentement une tendre amitié pleine de souvenirs à la passion brûlante des premières années.

Quand l'intérêt ou la vanité usurpent la place de l'amour, nous nous rapprochons des Zoulous, pour lesquels l'amour et le mariage sont deux choses séparées.

La base fondamentale de tout amour est toujours celle que j'ai décrite dans ma *Physiologie de l'amour, l'attaque et la défense*. A part quelques exceptions, elle représente la mission diverse des deux sexes dans l'amour.

Si de cette formule simple vous vous élevez aux plus hautes expressions psychologiques de l'amour, à la jalousie, à la pudeur, vous trouverez toujours qu'au fond il s'agit toujours d'une *attaque et d'une défense*.

En dehors de l'intensité de l'amour nous trou-

vons autant de formes qu'il y a d'états mentaux
pour chaque famille humaine et pour chaque individu.

La moralité en fait d'amour est mesurée avec
une rigueur quasi scientifique par le libre choix
et par le respect de la femme; l'idéal est atteint
lorsque ni l'un ni l'autre des époux ne se vend
ni ne s'achète, et lorsque la femme n'est pas
considérée comme inférieure à l'homme. La
moralité peut être bien différente dans des tribus
très voisines et de la même race. Chez les Daïaks
de Sibuyan, si une jeune fille devient mère, elle
offense la dignité, les deux coupables sont punis
d'une amende et l'on sacrifie un porc gras pour
apaiser les dieux offensés. Si pendant ce temps il
meurt quelqu'un, les coupables doivent payer une
indemnité parce qu'ils sont cause du malheur.
Les Daïaks de Batang Lupar sont moins moraux, et il est rare qu'une fille se marie sans
déjà avoir été mère. C'est le coupable qui rachète
la faute par le mariage. Mais souvent on ne le
retrouve pas, et comme la jeune fille ne peut
accuser sans preuves certaines, tout le monde la
repousse, et elle n'a plus qu'à s'empoisonner pour
échapper au mépris général ; puis les parents tuent
un cochon et de son sang enduisent les portes de
leur case afin d'apaiser les divinités offensées.

Les femmes en Patagonie sont généralement
fidèles à leurs maris, ce n'est que lorsqu'elles

sont maltraitées qu'elles ont recours à un protecteur étranger. Si le défenseur est d'un rang inférieur au mari, ce dernier cherche à s'en venger, mais s'il lui est supérieur, il se résigne à son sort.

Après avoir vu comment aiment les Australiens, les Hottentots, les Nègres et les Américains ; comme on aime aux pôles et sous les tropiques, il ne sera peut-être pas inutile de rechercher comment nous aimons, nous qui sommes ou croyons être au plus haut degré de la hiérarchie humaine. C'est, en effet, le plus souvent ce qui nous entoure que nous connaissons le moins.

Nous ne pouvons accorder que quelques pages à cette étude, bien que plusieurs volumes y soient nécessaires.

Celui qui veut tracer exactement l'état actuel d'une société humaine, ne doit pas oublier que dans le présent on trouvera toujours le passé, prolongé par atavisme, par tradition, par routine acquise. Les éléments du passé, du présent et de l'avenir se mélangent intérieurement sur le fond de l'organisme humain.

Ainsi, en Europe, l'amour a des caractères ataviques communs, parce que les Européens ont une même descendance ; nos pères étaient des sauvages et peut-être des anthropophages et de toute façon au niveau des Australiens et des Fuégiens. Il offre ensuite des caractères actuels qui nous caractérisent, comme Italiens, Français ou Allemands, comme fils du christianisme de la Renaissance, de la Révolution de 89, etc., etc. Et nos aspirations à un sentiment plus idéal constituent les caractères naissants de l'amour futur.

Les détails de ce tableau seront fournis par les diverses religions, par les codes, par les caractères nationaux et individuels, par les influences géographiques, par les lettres, les arts et les sciences. Dans ce réseau inextricable et dans cette complication du problème, comment peut-on édifier des théories?

La plus grande complexité des organes nerveux chez l'homme, fait qu'il aime par tout son être, et le caractère le plus humain de l'amour est d'aimer même sans assouvissement matériel. L'homme aime même avant d'être pubère et au delà de l'âge de la fécondation; il aime avec toute sa pensée, toute sa tendresse, il aime platoniquement, il peut faire le vœu de chasteté et modérer avec ses hémisphères cérébraux la plus irrésistible et la plus tyrannique de ses énergies centrifuges, celle qui, même chez les animaux, fait sacrifier la vie de l'individu à celle de l'espèce.

L'amour animal, ne connaît que le but étroit, de mettre en contact l'œuf avec le liquide fécondant. L'amour humain, au contraire, se meut et n'est limité que par la volonté.

L'amour devient d'autant plus humain qu'il

s'éloigne davantage de l'instinct pour devenir pensée et sentiment.

L'homme peut adorer une créature qu'il n'a jamais vue et qui n'existe que dans son imagination. Il peut aimer et rester chaste toute sa vie.

La femme peut aimer un homme au point de lui sacrifier son amour et de faire son bonheur en le jetant dans les bras de celle qu'il aime.

L'Européen est un des types les plus élevés de la famille humaine, mais il n'est arrivé si haut qu'en passant par tous les degrés du développement mental.

Aussi, bien qu'Européens, nous avons dans notre sang le sang de ces hommes qui conquéraient leurs femmes en les frappant sur la tête, qui les achetaient ou les vendaient.

Nous pouvons donc, par exception, présenter toutes les formes grossières de l'amour que nous avons vues chez les Australiens, les Hottentots et les Cafres.

De même que dans notre organisme nous avons du protoplasme comme les amibes, des cellules à cils vibratiles, qui se meuvent comme beaucoup d'infusoires, des respirations partielles comme chez les poissons, de même nous avons des exemples de viols, de violences, de rapts, de débauches abjectes : nous sommes polyandres, polygames. nous avons l'amour libre, la prostitution, l'inceste, l'achat et la vente de l'amour, les orgies contre

nature et toutes les ignominies et les hontes de
l'amour bestial et sauvage, de l'amour quaternaire·
et tertiaire, si jamais il y eut des hommes à ces
âges reculés.

Même en dehors de ces cas d'atavisme, qui sont
exceptionnels, nous avons conservé par tradition
plusieurs usages nuptiaux qui rappellent les époques anciennes où l'on enlevait presque toujours
l'épouse dans d'autres tribus ou dans une tribu
ennemie.

Les mythologistes métaphysiciens ont été chercher au ciel l'origine de cet usage. Mais comment
peut-on dire que le soleil épouse l'aurore et la
ravit aux génies de la nuit, et que l'homme copie
ce mythe sur la terre? C'est justement le contraire
qui arrive. Nous faisons les Dieux à notre image
et nous portons dans le ciel ce que nous voyons
sur la terre.

A Sparte, la cérémonie nuptiale était un rapt
que l'époux consommait d'accord avec les parents.
Au temps de Catulle, l'époux feignait d'arracher
la jeune épouse des bras de sa mère. Tout cela
représente les restes d'un lointain passé, c'est un
symbole de ce qui fut une réalité.

Mais l'amour actuel, qu'est-il aujourd'hui en
Europe?

On peut le dire en deux mots : Il est la résultante
de deux forces opposées, d'une idéalité très haute
consacrée dans la religion et dans la morale, et

de la passion irrésistible, qui, affirmée encore par
la civilisation, est devenue plus exigeante et plus
raffinée.

La religion et la morale disent :

Tu ne désireras pas la femme d'autrui; tu n'ai-
meras qu'une seule femme; tu ne la posséderas
que par le mariage et la mort seule pourra te
séparer d'elle; elle sera l'unique amante, l'unique
compagne et la seule mère légitime de tes enfants.

Il ne peut exister une morale plus élevée ni plus
parfaite. Elle n'exige pas seulement de l'homme
un devoir très difficile, celui de n'aimer qu'une
seule femme et de l'aimer toujours, mais elle va
même au delà du possible, en lui défendant de
désirer la femme d'autrui.

Quant à la femme, on ne songe même pas à lui
faire une défense analogue, parce que l'on n'admet
même pas la possibilité d'un tel crime.

D'un autre côté, la société, pour des raisons
économiques, rend le mariage impossible à beaucoup d'hommes et à beaucoup de femmes. Puis la
fidélité à un seul amour est extrêmement difficile. D'où trois conséquences terribles qui rendent les usages bien différents de la loi écrite :
masturbation, prostitution, adultère.

Ces trois crimes, religions et codes sont d'accord pour les menacer de châtiments sévères
dans cette vie et dans l'autre, de purgatoire et

d'enfer, de prison et de supplices. Mais, hélas!
lorsque l'on impose l'impossible, les lois et les
peines restent dans les livres; la faute s'étale
sur la voie publique, et pénètre dans chaque maison, sans escalader les fenêtres et sans briser les
portes. D'ailleurs on croit peu au purgatoire et à
l'enfer, et l'adultère est désormais chose si commune, qu'il entre dans notre littérature et dans
nos mœurs; il est représenté sur nos théâtres en
toute liberté.

Le premier résultat de ce contraste entre ce
que l'on devrait faire et entre ce que l'on fait,
entre ce qui est imposé et ce qu'on ne peut faire,
c'est l'hypocrisie, qui est devenue le vêtement sous
lequel tout crime, toute vilenie, toute bassesse en
amour, peut se montrer en public, sans crainte
des tribunaux ni des codes.

Le mot de Tartufe :

Et ce n'est pas pécher que pécher en silence,

est l'expression fidèle de la réalité, et pourvu
que les apparence soient respectées et que l'on
pèche avec décence, l'adultère devient un jeu, la
prostitution une porte de sûreté, qui garantit la
santé et maintient la paix dans les familles.

La résultante de la lutte entre un idéal trop
élevé et une habitude trop générale de faire ce
qui plait, c'est que pendant que nous nous disons
monogames, nous sommes fort bien polygames et

polyandres, et dans beaucoup de familles, qui à la surface paraissent heureuses et morales, la femme a plusieurs amants, le mari d'autres femmes ou des filles. Par suite, non seulement polyandrie, polygamie et prostitution, mais promiscuité des sexes; formule la plus basse et la plus bestiale de l'amour.

Pour augmenter cette immoralité générale de l'amour en Europe, vient s'ajouter une puissante influence, la nécessité de restreindre la famille. Les exigences du luxe ont pris un accroissement bien plus grand que la facilité de gagner de quoi le satisfaire. La crainte des difficultés économiques rend les mariages plus rares, et le célibataire, lorsqu'il n'achète pas l'amour, vit de rapine et sème ses enfants chez les autres.

Combien nous sommes loin de ce divin précepte : « Ne désire pas la femme d'autrui ! »

Nous ne payons plus au père la jeune fille que nous voulons avoir pour compagne, mais nous nous faisons payer par ce père en bons écus sonnants, et le possesseur d'un titre le met à l'encan pour dorer son blason; et la riche héritière cherche une couronne de comtesse, de marquise ou de princesse, selon le nombre des millions qu'elle peut offrir.

Le problème économique s'impose avec tant de force dans la question du mariage, qu'il se substitue à la sympathie, à l'affection, à l'affinité élective des caractères et de l'éducation.

Jusqu'en Angleterre, où la moralité est plus grande que chez nous, les cadets des grandes familles cherchent les filles uniques, et Galton a démontré depuis longtemps déjà les tristes effets de cette sélection sur l'avenir de la race anglaise.

Le mariage n'est donc plus la consécration du libre choix, ce n'est plus la route qui conduit à la satisfaction de l'amour, c'est un contrat de vente et d'achat et une association de capitaux et de titres. De là l'adultère, comme première conséquence nécessaire, parce que hommes et femmes ont besoin d'un amour sincère, libre, ardent, et si le mariage exclut l'amour, on le cherche ailleurs. Cela n'est pas tout. Le stupide préjugé qui tient caché aux jeunes filles tout ce qui concerne l'amour, les livre pieds et poings liés à un mari qui est peut-être un libertin, auquel la loi a donné le droit de viol légal, et la première nuit d'amour souvent n'est que cela. Hier un baiser était un crime, un sacrilège, aujourd'hui les caprices les plus insensés du mâle sont des devoirs pour cette jeune fille innocente et pure.

Ce tableau n'est pas aussi hideux dans tous les pays : là où les jeunes filles sont plus libres et où elles n'ont point de dot, les dangers sont moindres, le mariage est plus moral, l'adultère une exception et non une habitude tolérée.

Après avoir observé le présent, cherchons à deviner l'avenir.

Sera-t-il meilleur ou pire que le présent?

Je suis peut-être trop optimiste, mais j'ai foi absolue dans le progrès humain.

Ne soyons pas trop attristés par l'augmentation des crimes, du cynisme, du scepticisme et la diminution de l'idéalisme autour de nous.

Le ciel nous avait gâté la terre. Ce centre de gravité, la morale, se déplace, une nouvelle époque va naître et nous ressentons les douleurs de l'enfantement. Mais le monde s'améliorera parce qu'une connaissance plus exacte du cœur humain nous aidera à construire pour l'amour un nid plus beau, plus chaud et plus sûr.

Voilà, si je ne me trompe, comment nous y parviendrons :

Chez les jeunes filles, moins d'ignorance.

Libre choix dans les deux sexes; pas de contrat imposé par les parents et subi par les enfants.

Moins d'hypocrisie.

Dignité rendue au mariage par le divorce, entouré de sages précautions.

Et puis, — ne vous scandalisez pas, — séparation nette et sincère de l'amour libre et sexuel d'avec l'amour juré entre deux créatures qui se connaissent à fond depuis longtemps, et veulent fonder une famille.

Conservons-nous monogames dans la famille,

tenons aussi bien haut l'idéal de l'amour, mais
n'exigeons pas de l'homme plus que ce qu'il peut.
Ne donnons pas des ailes de carton à une créature
destinée à poser toujours sur terre.

En 1605, à Delft, en Hollande, mourait un
homme de cent trois ans, et sa femme, qui le sui-
vit trois ans après dans la tombe, en avait quatre-
vingt-dix-neuf. Ils avaient vécu heureux ensemble
soixante-quinze ans. Ce qui fut possible pour eux
pourrait l'être pour tous.

Je vous le souhaite en échange de la gracieuse
attention que vous avez mise à me suivre dans le
dédale de ce livre hérissé de citations ardues et
de noms barbares.

FIN

TABLE DES MATIÈRES

CHAPITRE XV.

LA PROSTITUTION.

CHAPITRE XVI.

L'AMOUR DANS L'AVENIR.

FIN DE LA TABLE DES MATIÈRES.

13908 — Imprimeri A. Lahure, 9, rue de Fleurus, à Paris.

www.ingramcontent.com/pod-product-compliance
Lightning Source LLC
Chambersburg PA
CBHW072005270326
41928CB00009B/1547